21世纪经济管理新形态教材·大数据与信息管理系列

机器学习与商务决策

刘 军 李大芳 ◎ 主编

清华大学出版社
北京

内 容 简 介

本书是作者多年在人工智能领域中运用机器学习实战经验的理解、归纳和总结,旨在将机器学习理论与商务决策实践相结合,以较小的编程代价实现商务决策应用。

本书共分 7 章,内容包括回归模型、分类模型、集体学习、无监督学习、神经网络等模型和算法的概念及原理。为了帮助读者更好地运用机器学习解决商业决策中出现的问题,本书选择 Kaggle 竞赛经典商务案例,运用 Python 语言解决案例中的问题,使读者既能理解处理问题背后的原理和思路,又能学习实际解决问题的方法和过程。

本书可以作为高校大数据管理与应用、管理科学与工程、计算机科学及相关专业大学生或研究生的教材,也可以作为机器学习爱好者的参考用书。

本书封面贴有清华大学出版社防伪标签,无标签者不得销售。
版权所有,侵权必究。举报:010-62782989,beiqinquan@tup.tsinghua.edu.cn。

图书在版编目(CIP)数据

机器学习与商务决策 / 刘军,李大芳主编. -- 北京:清华大学出版社,2025.4.
(21 世纪经济管理新形态教材). -- ISBN 978-7-302-68969-0
Ⅰ. F715.1-39
中国国家版本馆 CIP 数据核字第 2025LD2606 号

责任编辑:高晓蔚
封面设计:汉风唐韵
责任校对:王荣静
责任印制:沈 露

出版发行:清华大学出版社
网　　址:https://www.tup.com.cn, https://www.wqxuetang.com
地　　址:北京清华大学学研大厦 A 座　　邮　编:100084
社 总 机:010-83470000　　邮　购:010-62786544
投稿与读者服务:010-62776969,c-service@tup.tsinghua.edu.cn
质量反馈:010-62772015,zhiliang@tup.tsinghua.edu.cn
印 装 者:涿州市般润文化传播有限公司
经　　销:全国新华书店
开　　本:185mm×260mm　　印　张:13　　字　数:295 千字
版　　次:2025 年 4 月第 1 版　　印　次:2025 年 4 月第 1 次印刷
定　　价:49.00 元

产品编号:108478-01

前　　言

　　党的二十大报告指出,"加快发展数字经济,促进数字经济和实体经济深度融合,打造具有国际竞争力的数字产业集群"。在这样一个数据爆炸的时代,企业如何驾驭数据的浪潮,从海量信息中提炼出商业智慧,制定出精准高效的决策策略,已成为决定其竞争力的关键所在。机器学习作为人工智能领域的核心驱动力之一,正逐步成为企业转型升级、优化决策、提升竞争力的关键工具。《机器学习与商务决策》旨在搭建一座桥梁,连接技术的深邃与商务实践的广阔,帮助读者深刻理解并掌握如何运用机器学习的力量来驱动更智能、更高效的商务决策过程。

　　在大数据时代,数据不仅仅是记录和存储的信息,更是企业洞察市场、理解客户、优化运营的重要资源。面对数据的多样性、复杂性和海量性,传统的数据分析方法已难以应对。而机器学习,凭借其强大的数据处理能力、模式识别能力和预测分析能力,成为企业在复杂环境中寻找解决方案的利器。

　　本书共分为7章,从基础到深入,系统介绍了机器学习的基本原理、关键技术及其在商务决策中的应用场景。首先,我们将回顾机器学习的基础知识,包括数据预处理与特征工程和常见的算法类型(如回归模型、分类模型、集成学习、神经网络等)。随后,我们将深入探讨机器学习在市场营销、需求预测、数字识别、评论分析、房价预测、图像识别等多个商务领域中的具体应用案例,展示其如何帮助企业实现精准营销、风险预警、效率提升和成本节约。

　　本书由刘军、李大芳主编。第1、2、3章由刘军编写,第4、5、6、7章由李大芳编写。全书由李大芳负责统稿。刘政雨参与了本书的校阅、代码调试等工作。

　　本书适用于各类商科专业(包括但不局限于管理科学与工程、信息管理与信息系统、大数据管理与应用)的学生和工商管理硕士(MBA),以及对机器学习和商务决策感兴趣的企业管理者、商务分析师和决策者、机器学习工程师。无论是初学者还是有一定经验的数据分析师,本书都将为你提供宝贵的见解和实用的指导。在撰写过程中,我们特别注重将理论与实践相结合,通过丰富的案例和实际操作指导,帮助读者更好地理解机器学习在商务决策中的应用。每一章都配有详细的实例分析和实践练习,力求让读者在学习中动手实践,真正掌握机器学习的应用技能。为了方便读者的学习,本书配套提供全部代码。

　　由于编者水平有限,同时机器学习领域快速发展,书中可能存在一些疏漏或不精确之处。我们诚挚地欢迎并期待读者提出宝贵的意见和建议,以帮助我们不断改进和完善内容。

　　感谢所有为本书的撰写和出版付出努力的同仁和朋友,特别是为我们提供宝贵建议的专家学者。希望本书能为读者带来知识的收获和实践的启迪。让我们共同迈向数据驱动的未来。

编者
2024 年 12 月

目 录

第 1 章 绪论 ... 1
引导案例:"智慧小苏" ... 1
1.1 什么是机器学习 ... 2
1.2 机器学习类型 ... 3
1.3 机器学习一般步骤 ... 4
1.4 机器学习在商务决策中的应用 ... 5
1.5 机器学习发展 ... 6
练习题 ... 10
即测即练题 ... 10

第 2 章 数据预处理与特征工程 ... 11
引导案例:"智能炼厂" ... 11
2.1 数据清洗 ... 12
2.2 数据规范化处理 ... 16
2.3 特征工程 ... 22
练习题 ... 27
即测即练题 ... 27

第 3 章 回归模型 ... 28
引导案例:优鲜沛利用机器学习加强运营 ... 28
3.1 回归问题概述 ... 28
3.2 线性回归 ... 30
3.3 岭回归和 Lasso 回归 ... 38
3.4 多项式回归 ... 42
3.5 线性回归算法应用案例 ... 45
练习题 ... 56
即测即练题 ... 56

第 4 章 分类模型 ... 57
引导案例:基于决策树的中国银行产品推荐 ... 57
4.1 分类问题概述 ... 57
4.2 基于统计的算法 ... 61
4.3 基于决策树的算法 ... 73
4.4 基于规则的算法 ... 82
4.5 支持向量机算法 ... 84
4.6 分类算法应用案例 ... 93

— Ⅲ —

练习题 ··· 105
　　即测即练题 ··· 105
第 5 章　集成学习 ··· 106
　　引导案例："会思考"的信用卡智能反欺诈模型 ·· 106
　　5.1　AdaBoost 算法 ·· 107
　　5.2　随机森林算法 ··· 112
　　5.3　集成算法应用案例 ··· 119
　　练习题 ··· 129
　　即测即练题 ··· 129
第 6 章　无监督学习 ··· 130
　　引导案例：亚马逊的推荐系统 ·· 130
　　6.1　K-means 聚类算法 ··· 131
　　6.2　主成分分析 ·· 138
　　6.3　关联规则 ··· 142
　　6.4　无监督学习算法应用案例 ··· 149
　　练习题 ··· 159
　　即测即练题 ··· 159
第 7 章　神经网络 ··· 160
　　引导案例：中国天网 ··· 160
　　7.1　神经网络概述 ··· 160
　　7.2　多层感知机 ·· 162
　　7.3　反向传播算法 ··· 165
　　7.4　深度神经网络 ··· 177
　　7.5　神经网络的代码实现 ·· 180
　　7.6　神经网络算法应用案例 ··· 185
　　练习题 ··· 197
　　即测即练题 ··· 197
参考文献 ··· 198

第1章
绪论

本章学习目标

通过本章学习,学员应该能够:
(1) 了解什么是机器学习;
(2) 了解机器学习的类型和一般步骤;
(3) 了解机器学习在商务决策中的应用;
(4) 熟悉机器学习的发展历程。

引导案例:"智慧小苏"

江苏银行作为一家积极拥抱金融科技的金融机构,面临着客户对金融服务个性化、便捷化需求日益增长的挑战。尤其在客户服务领域,传统的人工服务模式已难以满足日益复杂多变的客户需求,同时成本高、效率低的问题也日益突出。

为了应对上述挑战,江苏银行自主研发了"智慧小苏"——一个拥有1760亿参数的大语言模型平台(见图1-1)。该平台采用了先进的自然语言处理、机器学习和深度学习技术,能够处理包括中文对话、提纲写作、摘要生成、信息抽取、数理推理在内的多种任务。"智慧小苏"主要应用于客服场景,以"话务工单助理"身份融入人工客服流程,能够实现智能客服应答、个性化服务推荐、风险预警与处理等功能。

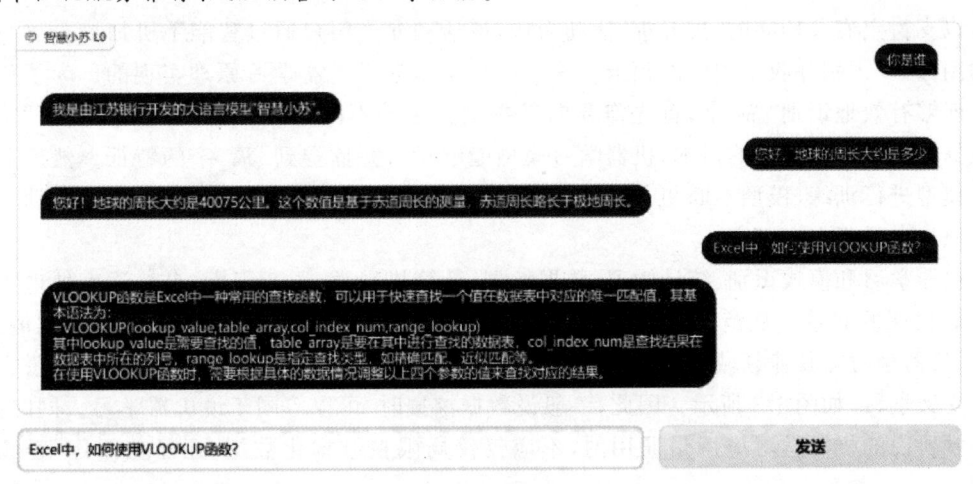

图1-1 "智慧小苏"

"智慧小苏"助力江苏银行实现 24 小时高效服务,提升客户满意度与忠诚度,同时减轻客服负担,加快处理速度,降低成本。作为大型自研 AI 模型,"智慧小苏"成为金融业智能化转型的典范,引领金融科技新进展。

资料来源:2023 鑫智奖第四届中小金融机构数智化转型优秀案例评选。

1.1 什么是机器学习

机器学习(machine learning,ML)是人工智能领域及计算机科学领域中的一个重要分支,它是一门涉及概率论与数理统计、计算机科学等多学科相互交融的综合性学科。机器学习的基本概念是通过输入大量的训练数据对模型进行训练,从而使模型能够捕捉到数据内部的潜在规律,并据此对新的数据进行有效的分类或预测。机器学习的核心在于运用算法对数据进行解析和学习,进而对新数据做出决策或预测。这一过程类似于人类通过积累经验来对新情境进行判断和预测的学习方式,如图 1-2 所示。机器学习的过程体现了从数据中学习和模式识别的能力,是现代信息技术发展的重要成果之一。

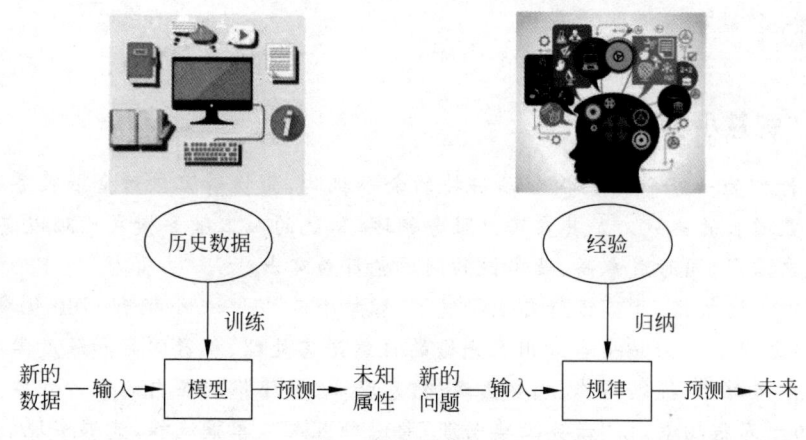

图 1-2 机器学习的过程与人的学习过程

以支付宝春节期间的"集五福"活动为例,该活动允许用户通过智能手机扫描包含"福"字的图像,以识别并收集相应的福卡。这一过程正是基于机器学习原理实现的。为了使计算机能够有效地识别"福"字,首先需要向其提供充足的不同字体、不同大小等的"福"字图像数据。通过这些丰富的样本,机器学习模型能够学习并捕捉到"福"字的特征。然后通过算法模型进行训练,模型不断更新学习。当用户输入一张新的"福"字照片,机器自动识别这张照片上是否有"福"字。

机器学习和模式识别、统计学习、数据挖掘、计算机视觉、语音识别、自然语言处理等领域有着很深的联系。从范围上来说,机器学习和模式识别、统计学习、数据挖掘是类似的,同时,机器学习与其他领域的处理技术的结合,形成了计算机视觉、语音识别、自然语言处理等交叉学科,如图 1-3 所示。因此,一般说数据挖掘时,可以等同于说机器学习。同时,我们平常所说的机器学习应用是通用的,不应仅仅局限在结构化数据,还涵盖图像、音频等应用。

图 1-3　机器学习的范围

1.2　机器学习类型

根据训练数据对人工参与类别划分或标签标识的需求程度，可将机器学习划分为三种主要类型：监督学习、无监督学习和强化学习。机器学习的分类和主要算法见图 1-4。

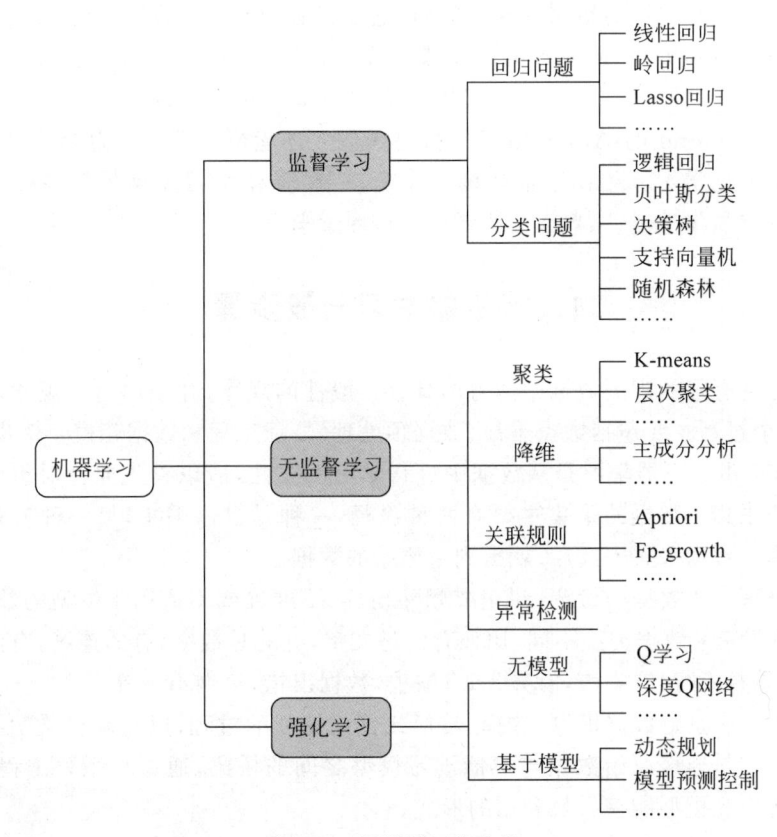

图 1-4　机器学习的分类

在**监督学习**(supervised learning)算法中,提供给算法用于模型训练的数据,其实例的类别或标签是需要人工进行标注的。监督学习可用于垃圾邮件识别、文本情感分析、图像内容识别、股价预测等方面。

监督学习算法主要分为两类:回归和分类。回归算法通常根据数据实例的各种属性值,去预测一个目标数值。比如,给出一辆二手车的一些属性值,像车龄、里程数、品牌、型号等,模型预测出该二手车所对应的估值交易价格。分类算法通常用于执行分类操作。比如,给一邮件,模型判断该邮件是不是垃圾邮件。

在**无监督学习**(unsupervised learning)算法中,不需要对训练数据进行类别或标签的标注。无监督学习算法主要分为四类:聚类算法、降维算法、关联规则学习和异常检测算法。

聚类算法主要用于对数据实例进行聚合分组。例如,聚类算法可以让我们对网购的消费者进行分类,而不需要人工为算法提供消费者的预定义类型数目。降维算法应用于高维数据的可视化展示、降维优化。例如,我们对二手车价格进行评估的时候,其车龄和里程通常是高度正相关的,通过降维算法就可以将这两个特征进行合并,以简化问题的复杂性。特别是当处理大量数据的时候,降维算法可以有效节约内存空间、存储空间、计算时间等。关联规则学习应用于挖掘实例数据不同属性之间的关联关系。例如,针对网购消费者,通过关联规则学习可以发现,买了羊蹄和羊肉串的顾客,通常也会买些孜然粉。异常检测算法主要应用于对异常实例的检测发现。例如,挖掘交易事务流中的异常交易。

强化学习(reinforcement learning),主要基于"行动+赏罚"机制,用于描述和解决智能体在与环境的交互过程中通过学习策略以达成回报最大化或实现特定目标的问题。例如走路机器人、DeepMind 的 AlphaGo 等。按是否建立环境模型可以分为无模型的强化学习和基于模型的强化学习。相比于前述两种学习机制,强化学习无疑另辟蹊径,自成一体。本书不深入讲解强化学习,感兴趣的读者可自行探索学习。

1.3 机器学习一般步骤

机器学习从有限的观测数据中学习出具有一般性的规律,并使用这些规律对未知数据进行预测,整个过程主要包括数据采集、数据预处理、特征工程和数据建模 4 个步骤。

数据采集:由于机器学习是从数据中进行学习的方法,所以首先要针对想要解决的问题进行数据的采集。数据的采集主要有两种途径,一种是自己采集,另一种就是去网上找公开的数据集。数据采集完成后,就得到了原始的数据。

数据预处理:从数据中检测、纠正或删除损坏、不准确或不适用于模型的数据的过程。可能面临的问题有:数据类型不同,比如有的是文字,有的是数字,有的连续,有的间断。也可能,数据的质量不行,有噪声,有异常,有缺失,数据出错,量纲不一等。

特征工程:从原始数据提取、选择、转换或创建特征的过程,以提高机器学习模型的性能和准确性。它是连接原始数据与机器学习模型之间的桥梁,通过一系列工程化的手段,将原始数据转换为模型能够有效利用的形式。

数据建模:包括机器学习模型选择、参数调整、在测试集上评估最佳模型、解释模型结果、得出结论等。

数据建模中，**模型**、**学习准则**与**优化算法**是机器学习的三大要素。

模型的作用是根据输入的特征给出输出的结果（针对具体的问题），也可以将模型理解为函数。不同的机器学习模型实质上是不同的待选择函数簇。当模型的类型确定后，函数的大体框架就确定了，剩下的就是对函数中的参数的学习。所以，机器学习的本质就是在一堆由不同的参数所决定的函数里面，选出最好的那个（一个优化问题）。

学习准则的作用是针对想要解决的问题，评价某一个模型的好坏程度。在监督学习中，一般是看模型的输出与数据集中的真值的差异，差异越小，一般就代表模型越好。

优化算法的作用是对选出最好的模型这个优化问题进行求解。

这三大要素确定好之后，将数据集带入其中，即可训练出一个在当前的数据集情况下的最优模型。

1.4 机器学习在商务决策中的应用

1.4.1 商务决策管理

研究表明，经理们在平均一周的工作时间里可能需要做出数百个决定。然而，有些决定是如此复杂，以至于一个决定可能需要几周、几个月，甚至更长时间才能最终确定。无论你的工作场所的决策有多少或多复杂，重要的是要知道决策是管理者的核心管理能力，并有机会审查他们的方法，在必要时做出调整。有效的管理决策往往包括选择和应用适当的工具，并意识到每一种工具在哪里可以发挥作用。

（1）问题分析与决策制定的区别

虽然问题分析和决策制定是相互关联的过程，但它们在本质上是不同的活动。决策制定通常针对一个具体的问题或挑战，涉及在多个备选方案中进行选择。在做出决策之前，决策者需要收集和评估相关数据，以确保选择的最优性。问题分析包括通过定义问题的边界来确定问题的框架，建立从备选方案中选择的标准，以及根据现有信息得出结论。分析问题虽然是决策过程中的关键环节，但并不直接导致决策的产生。尽管如此，分析结果仍是所有决策制定中不可或缺的组成部分。

（2）决策制定的步骤

管理决策可以被视为有两个关键组成部分：内容和过程。内容指的是决策所依据的数据、信息和知识。而过程指的是做出决策所经历的步骤。虽然内容对每个决策都是独一无二的，但无论决策是简单还是复杂，都应该包含以下步骤。

- 确定决策问题；
- 认识到在决策时应该咨询谁以及为什么；
- 从适当的来源收集正确的决策内容，包括酌情咨询；
- 通过使用机器学习方法分析内容和生成选项；
- 批判性地评估备选方案；
- 选择最好的方案，做出决策；
- 传达决策；

- 执行决策并审查这一决策的影响。

尤其是当管理者处于压力之下时,这些步骤中的一个或多个往往会被忽略或妥协。那么,本可以是一个有效的决定就会变成一个产生不利后果的决定。例如,花时间正确地定义问题为接下来的步骤提供了坚实的基础。当管理者将症状误认为正确的问题定义时,他们可能会冒险收集和处理错误的数据。当管理者避免咨询其他可能会受到决策影响的人时,他们可能会疏远那些原本可能会致力于决策的人。

1.4.2 机器学习的应用领域

机器学习帮助企业识别通常不被注意或隐藏的重要事实、趋势、模式、关系和异常。如今,由于机器学习在各种行业和学科的分析工作中发挥着核心作用,它被广泛应用于不同的领域。表1-1列出了机器学习的应用领域及其使用情况。通过分析顾客的购买模式,零售商可以想出更聪明的营销促销活动,增加销售额。通过市场细分,零售商可以识别购买相同产品的顾客。因此,他们可以通过分析客户的兴趣和人口统计数据,在正确的时间推出新产品。机器学习还可以用来预测客户的需求,谁最有可能从这些市场竞争对手转移购买。

表1-1 机器学习在一些代表性领域的应用和用途

应用	用途
通信行业	机器学习技术用于通信领域,以预测客户行为,提供高度针对性和相关性的活动。
保险业	机器学习帮助保险公司为其产品定价,使其有利可图,并向其新客户或现有客户推广新产品。
教育	机器学习帮助教育工作者获取学生数据,预测成绩水平,找到需要额外关注的学生或学生群体。例如,数学成绩差的学生。
制造业	通过机器学习技术,制造商可以预测生产资产的磨损情况,可以预期维护,这有助于减少停机时间。
银行业	机器学习帮助金融部门了解市场风险和管理合规。它帮助银行识别可能的违约者,以决定是否发放信用卡、贷款等。
零售行业	机器学习技术帮助零售商场、杂货店分析顾客的购物篮数据(即顾客在一次购物中购买的商品集合),识别出潜在的商品关联规则,从而优化货架布局,将相关商品摆放得更近,促进连带销售。
服务提供商	手机和公用事业行业等服务提供商使用机器学习来预测客户离开公司的原因。服务提供商分析账单细节、客户服务互动、公司收到的投诉,然后给每个客户打分并提供奖励。
电子商务	电子商务网站利用机器学习提供交叉销售和向上销售。使用机器学习算法让更多的客户进入电子商务商店。
犯罪调查	机器学习帮助预测犯罪最可能发生的地点和时间,有助于警局合理部署警力。
生物信息学	机器学习有助于从生物学和医学中收集的海量数据集中挖掘生物数据。

1.5 机器学习发展

1.5.1 机器学习的发展历程

机器学习实际上已经存在了几十年,或者也可以认为存在了几个世纪。追溯到17世纪,贝叶斯(Bayes)、拉普拉斯(Laplace)关于最小二乘法的推导和马尔科夫链,这些构成了机器学习广泛使用的工具和基础。

自1950年阿兰·图灵（Alan Turing）提出图灵测试机，到21世纪有深度学习的实际应用，机器学习有了很大的进展。从20世纪50年代研究机器学习以来，不同时期的研究途径和目标并不相同，可以划分为四个阶段。

（1）知识推理期

知识推理期始于20世纪50年代中期，当时普遍认为，一旦机器被赋予逻辑推理的能力，它就能够展现出智能行为。这一阶段的代表性工作有赫伯特·西蒙（Herbert Alexander Simon）和艾伦·纽厄尔（Allen Newell）共同开发了"逻辑理论家"（Logic Theorist）程序，证明了著名数学家伯特兰·罗素（Bertrand Russell）和怀特海（Alfred North Whitehead）的经典著作《数学原理》中的全部52条定理，并且其中一条定理甚至比罗素和怀特海证明得更巧妙。然而随着研究的深入，人们逐渐意识到，单纯的逻辑推理能力并不足以实现真正意义上的人工智能，要使机器具有智能，就必须设法使机器具有知识。

（2）知识工程期

从20世纪70年代中期开始，人工智能进入知识工程期。这一时期大量专家系统问世，在很多应用领域取得了大量成果，费根鲍姆作为知识工程之父在1994年获得了图灵奖。由于人工无法将所有知识都总结出来教给计算机系统，所以这一阶段的人工智能面临知识获取的瓶颈。

在这个时期，研究的重点是将各领域的知识植入到系统里，目的是通过机器模拟人类的学习过程。研究者们采用了图结构和逻辑结构来详细描述系统，并使用各种符号来表示机器语言。研究内容从学习单一概念扩展到掌握多个概念，探索不同的学习策略和方法。同时，学习系统开始与实际应用相结合，并取得了很大的成就。专家系统对知识获取的高需求，极大地促进了机器学习领域的深入研究和快速发展。

（3）归纳学习期

1980年夏，在美国卡耐基梅隆大学举行了第一届机器学习研讨会（IWML）；1983年Tioga出版社出版了里夏德·S.米哈尔斯基（Ryszard S. Michalski）、海梅·吉列尔莫·卡博内尔（Jaime Guillermo Carbonell）和汤姆·米切尔（Tom R. Mitchell）主编的《机器学习：一种人工智能途径》，对当时的机器学习研究工作进行了总结；1986年，第一本机器学习专业专刊 *Machine Learning* 创刊；1989年，人工智能领域的权威期刊 *Artificial Intelligence* 出版机器学习专辑，刊发了当时一些比较活跃的研究工作。总的来看，20世纪80年代是机器学习成为一个独立的学科领域、各种机器学习技术百花初绽的时期。

20世纪80年代以来，被研究最多、应用最广的是"从样例中学习"，即从训练样例中归纳出学习结果，也就是广义的归纳学习，它涵盖了监督学习和无监督学习等。在20世纪80年代，"从样例中学习"的一大主流是符号主义学习，其代表包括决策树和基于逻辑的学习。典型的决策树学习以信息论为基础，以信息熵的最小化为目标，直接模拟了人类对概念进行判定的树形流程；基于逻辑的学习的著名代表是归纳逻辑程序设计，可以看做机器学习与逻辑程序设计的交叉，它使用一阶逻辑（即谓词逻辑）来进行知识表示，通过修改和扩充逻辑表达式（例如Prolog表达式）来完成对数据的归纳。符号主义学习占据主流地位与整个人工智能领域的发展历程是分不开的。

20世纪90年代中期之前,"从样例中学习"的另一主流技术是基于神经网络的连接主义学习。连接主义学习在20世纪50年代取得了大发展,但因为早期的很多人工智能研究者对符号表示有特别偏爱,所以当时连接主义的研究未被纳入人工智能主流研究范畴。1983年,霍普菲尔德利用神经网络求解"流动推销员问题"这个著名的NP难题取得重大进展,使得连接主义重新受到人们关注。1986年,著名的BP算法诞生,产生了深远的影响。

20世纪90年代中期,统计学习出现并迅速占据主流舞台,代表性技术是支持向量机(SVM)以及更一般的"核方法"。这方面的研究早在20世纪60年代就已经开始,统计学习理论在那个时期也已打下了基础,但直到90年代中期统计学习才开始成为机器学习的主流。一方面是由于有效的支持向量机算法在90年代初才被提出,其优越性能到90年代中期在文本分类应用中才得以显现;另一方面,正是在连接主义学习技术的局限性凸显之后,人们才把目光转向了以统计学习理论为直接支撑的统计学习技术。在支持向量机被普遍接受后,核方法被广泛应用于机器学习的诸多领域,并逐渐成为机器学习的基础性内容之一。

(4) 深度学习

21世纪初,连接主义学习又卷土重来,掀起了以"深度学习"为名的热潮。2006年,深度学习概念被提出。2007年,希尔顿(Hinton)发表了深度信念网络论文,约书亚·本吉奥(Yoshua Bengio)等人发表了逐层训练方法的论文 *Greedy Lay—Wise Training of Deep Networks*,扬·勒丘恩(YannLeCun)团队发表了 *Efficient Learning of Sparse Representations with an Energy-Based Model* 论文,这些研究成果标志着人工智能正式进入了深层神经网络的实践阶段。同时,云计算和GPU并行计算为深度学习的发展提供了基础保障,特别是最近几年,机器学习在各个领域都取得了突飞猛进的发展。

1.5.2 机器学习中的问题

新的机器学习算法面临的主要问题更加复杂,机器学习的应用领域从广度向深度发展,这对模型训练和应用都提出了更高的要求。随着人工智能的发展,冯·诺依曼式的有限状态机和理论基础越来越难以应对目前神经网络中层数的要求,这些都对机器学习提出了挑战。在机器学习发展成为一种成熟的和可信的学科之前,还有许多悬而未决的问题需要解决。下面将讨论其中一些问题。

安全和社会问题:对于任何共享或打算用于决策分析的数据,安全都是一个重要问题。此外,在收集数据进行客户分析、用户行为理解、个人数据与其他信息的关联等时,大量个人或组织的敏感隐私信息被收集和存储。考虑到这些数据的机密性和对信息的潜在非法访问,机器学习变得有争议。此外,机器学习可能会披露关于个人或团体的新的隐性知识,这些知识可能违反隐私政策,特别是在发现的信息可能被传播的情况下。由此引起的另一个问题是机器学习的适当使用。由于数据的价值,各种内容的数据库经常被出售,发现隐性知识可以获得竞争优势,因此,一些重要的信息可以被保留,而其他信息可以不受控制地广泛传播和使用。

偏见问题:人类会有偏见,有些人规避风险,有些人则是冒险家。有些人天生关心他人,有些人则不敏感。人们可能会认为,机器的一个优点是它们能做出合乎逻辑的决定,而且根本不受偏见的影响。然而事实并非如此。机器学习算法表现出许多偏见。这种偏见与收集到的数据有关。它可能不具有代表性。这里有一个经典的例子(早在机器学习出现之前),那就是《文学文摘》试图预测1936年美国总统大选的结果。该杂志调查了1000万人(样本很大),收到了240万份回复。它预测兰登(共和党)将以57.1%比42.9%的优势击败罗斯福(民主党)。事实上,罗斯福赢了。到底是哪里出了错?答案是,《文学文摘》使用了一个有偏见的样本,包括《文学文摘》的读者、电话用户和那些有汽车登记的人。这些人主要是共和党的支持者。

机器学习有一种自然的倾向,即使用现成的可用数据,并倾向于支持现有的实践。未来用于贷款决策的数据很可能是过去实际发放的贷款数据。如果能知道过去没有发放的贷款是如何计算出来的就好了,但从本质上讲,这一数据是无法获得的。在开发机器学习算法时,分析师还可以通过许多其他方式(有意识或无意识地)表现出偏见。例如,数据清理的方式、模型的选择以及解释和使用算法结果的方式可能会受到偏见的影响。

机器学习方法问题:机器学习方法的通用性、可用数据的多样性、领域的维数、广泛的分析需求(已知时)、所发现知识的评估、背景知识和元数据的利用、数据中噪声的控制和处理等都是影响机器学习技术选择的问题。例如,通常认为可以使用不同的机器学习算法,因为不同的方法可能会根据手头的数据执行不同的操作。此外,不同的方法可能是合适的,满足不同的客户需求。然而,大多数算法都假设数据是无噪声的,这显然是一个很强的假设。许多数据集包含异常、无效或不完整的信息,或异常数据等,这些可能会使分析过程变得复杂,甚至模糊,在许多情况下会损害结果的准确性。因此,数据预处理(数据清洗和转换)变得非常关键。虽然数据清洗通常被认为是耗时和令人沮丧的,但它是数据挖掘和知识发现过程中最重要的阶段之一。机器学习技术应该能够处理数据中的噪声或不完整信息。

值得注意的是,对于数据挖掘技术来说,搜索空间的大小甚至比数据大小更具有决定性意义,这通常取决于域空间中的维数。当维数增加时,它通常呈指数增长。这就是众所周知的"维度诅咒"。这一"诅咒"严重影响了一些机器学习算法的性能,因此成为最迫切需要解决的问题之一。

过拟合和欠拟合:当与给定数据集关联的模型生成时,希望该模型也适合其他数据集。通常,学习算法是使用一组已知期望输出的"训练数据"来训练的。我们的目标是,当输入训练过程中没有遇到的"验证数据"时,算法也将在预测输出方面表现良好。当模型在训练数据上学习得太好,以至于学到了训练数据中的噪声和细节,导致模型泛化能力差(模型在新的、未见过的数据上表现不佳),就会发生过拟合。表现为模型偏差低但方差高,即模型对训练数据中的随机噪声反应敏感。例如拥有过多的参数,或者训练时间过长,使得模型对训练数据中的噪声也进行了学习。当模型在训练数据上没有获得足够的学习,以至于无法捕捉到数据的基本结构,既不能在训练数据上表现良好,也不能在新的数据上做出准确的预测,就会出现欠拟合。表现为模型方差低但偏差高,即模型预测的准确度低。例如使用线性模型来处理非线性问题,或者训练时间不足,数据特征提取不够等。过拟合和欠拟合都是模型泛化能力不足的表现,过拟合是由于模型过于复杂,而欠拟合则是由于模型过于简单。两者都会影响模型在新数据上的表现,因此,寻找合适的模型复杂度是提高预测性能的关键。

1.5.3 机器学习的未来

机器学习技术极大地转变了商业运营的方式。在众多行业中,每时每刻都在产生海量的数据,这就要求我们掌握相应的工具和技术来有效处理这些数据。在当前这个数据激增、信息泛滥、竞争激烈的时代,任何组织或企业的决策都不应仅凭经验行事。机器学习已经成为商务决策不可或缺的部分,如揭示产品间的购买关联,助力企业在商品布局和促销活动中提升交叉销售和增销效果。随着机器学习算法和软件的不断进步,管理者能够更准确地做出决策,以实现利润的最大化。尽管机器学习仍面临诸多挑战,但我们有理由相信,机器学习算法和技术将会不断优化,以应对未来数据的复杂性。

练 习 题

1. 简述机器学习的定义及其类型。
2. 简述机器学习的一般步骤。
3. 请找到一些已经在管理决策中使用的机器学习应用的例子。

即测即练题

第 2 章
数据预处理与特征工程

> **本章学习目标**
>
> 通过本章学习,学员应该能够:
> (1) 了解什么是数据清洗;
> (2) 掌握处理缺失值的方法;
> (3) 掌握数据规范化处理方式;
> (4) 掌握特征工程。

引导案例:"智能炼厂"

炼化企业为应对低油价与成品油市场寒冬,纷纷以生产优化为核心深入实施降本增效,"智能炼厂"通过快速创建智能化应用,为安全生产、降本增效提供了智能决策优化。某石油炼化企业以炼化企业加氢装置(包括加氢精制、加氢裂化)为研究目标,建立深入融合加氢过程机理与机器学习等人工智能算法、面向炼化工程师的端到端建模平台,从模型算法层面,通过提供自动机器学习功能,实现自动数据预处理、自动特征工程和机器学习超参数自动寻优等先进功能。同时搭配平台的模型服务发布与工作流调度能力,助推机器学习模型工程化落地,形成一站式炼化大数据自动建模解决方案,构建炼化工程师主导、工艺机理与数据联合驱动的敏捷智能建模平台,最终实现炼化生产智能化应用的快速创建与部署。

炼油化工大数据低代码建模平台,解决了炼油化工企业"有数据、无模型、有模型、难应用""建模成本高、建模周期长"的问题。通过实践证明,在预测误差、利润产品收率、建模周期等方面得到显著改善。随着石化炼化生产智能化的不断推广,低代码建模技术将会得到越来越广泛地应用。

资料来源:某石油炼化企业——炼油化工大数据低代码建模平台,https://www.163.com/dy/article/HPEMHDR20552YZST.html。

机器学习领域一致认为:数据和特征决定了机器学习的上限,而模型算法只能逼近这个上限而已。数据不给力,再高级的算法都没用。在大多数情况下,原始数据并不适合直接用来训练机器学习的模型,需要对数据进行进一步的处理才能被模型使用。数据预处理是机器学习领域中的一个关键步骤,它指的是在进行数据分析、建模或其他数据驱动任务之前,对原始数据进行系统性处理、清洗和准备的过程。其主要目的是提高数据的质量、可用性和适用性,以确保后续分析和建模的准确性和有效性。在实际工作中,需要根据具体情况选择不同的数据预处理方法,本章主要讨论一般性的数据预处理方法,包括数据清洗、数据规范化处理等。

2.1 数据清洗

数据清洗(data cleaning)是对数据进行重新审查和校验的过程,包括填充缺失值、移除异常值、解决重复数据等。目的在于消除数据中的错误、冗余和噪声,使数据更加干净和可靠。

2.1.1 缺失值

2.1.1.1 缺失值的处理

在数据分析工作中,数据缺失是最常见的一种情况。有些缺失值是由搜集数据时外部的干扰造成的,有些是由各种社会条件的限制(如人们逐渐强化的隐私权意识)造成的。这些缺失值对机器学习的模型处理会带来一系列的问题,因此首先需要对缺失值进行处理。

一般而言,对于缺失值处理的第一步是判断样本的规模,如果样本的数量非常大,可以直接将有缺失值的样本删除。第二步是判断特征数据的重要性。如果缺失数据所在的维度对于预测值的预测影响不大,那么可以直接将该特征删除。如果缺失变量比较重要,或者样本数据的数量太少,则需要对缺失值进行处理。首先,我们会采用对缺失值不太敏感的机器学习算法直接进行建模,对模型的性能进行评估,如果性能可以满足要求,就采用该算法进行建模。如果性能不够理想,这时就要用对缺失值比较敏感的算法来进行建模了,此时必须要做的就是缺失值的填充。

缺失值填充有这样一些常用的方法。

(1) 平均值或者中位数填充法。这种方法具有处理效率高,简单易行的优点,缺点是填充的精度偏低,也就是说没有充分利用样本集合中蕴含的信息来对缺省值进行处理;

(2) 回归填充法。将缺失值填充问题转换为一个新的预测问题,即利用无缺失数据的样本对其进行回归处理。具体的回归方法,可以参考本书后面章节介绍的回归方法。回归填充法获取缺失值的精度较高,但是由此也会带来计算复杂度过高的问题。

在处理缺失值时我们更关心的是模型的最终预测性能,因此可以采用上述两种方法分别处理缺失值,然后对模型进行评估,从而选择理想的处理方法。实际工作中,我们更倾向于第一种方法,即采用简单的方法来处理数据,这样可以有效降低计算复杂度,另外还可以对模型的过拟合进行某种程度的抑制。

2.1.1.2 缺失值的代码实现

本书模型的代码实现使用的是 Python 语言。Python 是一门面向对象的解释性编程脚本语言,具有跨平台、开源、免费等特点。Python 代码具有清晰的结构、简洁的语法以及强大的功能,拥有大量的几乎支持所有领域应用开发的成熟扩展库。

Scikit-learn 简称 sklearn,是机器学习领域当中最知名的第三方 Python 库之一,它对一些常用的机器学习方法进行了封装,在进行机器学习任务时,并不需要每个人都实现所有的算法,只需要简单地调用 sklearn 里的模块就可以实现大多数机器学习任务。

1. 缺失值的填充

缺失值填充有多种类支持,本书主要介绍以下两种。

(1) SimpleImputer

在 sklearn 的 impute 模块中的 SimpleImputer 类提供了缺失值处理的功能,通过它可以方便地对数据集中的缺失值用平均值、中位数和众数进行替换。SimpleImputer 类的构造函数如下。

```
SimpleImputer(missing_values = nan, strategy = 'mean', fill_value = None, verbose = 0, copy = True, add_indicator = False)
```

构造函数的主要参数如下。

- missing_values:数据中的缺失值是什么。默认空值为 np.nan 或是 None。
- strategy:空值填充的策略,共四种选择 mean、median、most_frequent、constant。mean 表示该列的缺失值由该列的均值填充。median 为中位数,most_frequent 为众数。constant 表示将空值填充为自定义的值,但这个自定义的值要通过 fill_value 来定义。
- fill_value:默认值为 None。当 strategy 为 constant 时,fill_value 被用来替换所有出现的缺失值(missing_values)。当处理的是数值数据时,缺失值会替换为 0,对于字符串或对象数据类型则替换为 missing_value 这一字符串。
- verbose:默认值为 0,控制 imputer 的冗长。
- copy:默认值为 True,表示对数据的副本进行处理,False 对数据原地修改。
- add_indicator:默认值为 False。True 则会在数据后面加入 n 列由 0 和 1 构成的同样大小的数据,0 表示所在位置非缺失值,1 表示所在位置为缺失值。

在下面代码中,我们对变量 messing 用 SimpleImputer 分别使用[mean, median, most_frequent]等方法对 np.nan 进行填充。

代码 2.1.1-1

```
import numpy as np
from sklearn.impute import SimpleImputer
messing = [[1,np.nan,4], [2,7, 7],[3,7, 5],[4,3, 2],[5,2, 2],[5,2, 2]]
strategys = ['mean', 'median', 'most_frequent']
for strategy in strategys:
    model = SimpleImputer(missing_values = np.nan,strategy = strategy)
    messing_imputed = model.fit_transform(messing)
    print(messing_imputed)
```

输出结果如下。

```
[[1. 4.2 4. ] [2. 7. 7. ] [3. 7. 5. ] [4. 3. 2. ] [5. 2. 2. ] [5. 2. 2. ]]
[[1. 3. 4. ] [2. 7. 7. ] [3. 7. 5. ] [4. 3. 2. ] [5. 2. 2. ] [5. 2. 2. ]]
[[1. 2. 4. ] [2. 7. 7. ] [3. 7. 5. ] [4. 3. 2. ] [5. 2. 2. ] [5. 2. 2. ]]
```

通过输出结果可知，用平均值、中位数和众数对缺失值进行替换，填充后的值分别为 4.2、3 和 2。

（2）fillna

pandas 库 fillna 类也提供了处理缺失值的功能。这个方法将 DataFrame 中的每一列的缺失值（NaN 或 None）替换为该列的平均值，可以选择填充具体的数字，或者选择临近填充。类的构造函数如下。

```
fillna(value = None, method = None, axis = None, inplace = False, limit = None, downcast = None)
```

构造函数的主要参数如下。
- value：用于填充缺失值（例如 0）。
- method：指定填充缺失值的方法，默认值为 None。值为 ffill 或 pad 表示用前一个非缺失值填充（前向填充）。值为 backfill 或 bfill 表示用后一个非缺失值填充（后向填充）。如果未指定 value 且 method=None，则使用默认的填充方法，用 0 填充。
- axis：填充缺失值所沿的轴，取值 0（沿着行填充）或 1（沿着列填充）。
- inplace：默认值为 False。如果为 True，则就地填充。
- limit：指定填充缺失值的最大次数。仅在使用 ffill 或 bfill 方法时有效。默认值 None。
- downcast：指定是否将填充后的列转换为更小的数据类型，以节省内存。如果为 True，则自动尝试将列转换为更小的数据类型。如果为 False，则不进行转换。

现有一个购买数据集，包含一个自变量（Purchased）和三个因变量（Country，Age 和 Salary）。通过以下代码查看是否存在缺失值。

代码 2.1.1-2

```
import pandas as pd
df = pd.read_excel('Data.xlsx')
df
```

通过图 2-1 可知，Age 和 Salary 存在缺失值。现将 Age 的缺失值用中位数替换，Salary 的缺失值用平均数替换。Purchased 中将 Yes 和 No 分别替换成 1 和 0，代码如下。

```
df['Age'].fillna(df['Age'].median(), inplace = True)
df['Salary'].fillna(df['Salary'].mean(), inplace = True)
df['Purchased'] = df['Purchased'].apply(lambda x: 0 if x == 'No' else 1)
df
```

输入结果如图 2-2 所示。由此可见，所有缺失值都按照要求替换成功。

需要指出的是：缺失值的处理是用主观估计的数值进行填补的，与客观事实一定会存在差异。因此，对缺失值根据各领域的专业知识进行个性化处理的效果，往往要好于通用的处理方法。

	Country	Age	Salary	Purchased
0	France	40.0	70000.0	No
1	Germany	25.0	40000.0	Yes
2	Spain	30.0	54000.0	No
3	China	NaN	30000.0	No
4	Germany	40.0	NaN	Yes
5	France	35.0	55000.0	Yes
6	Spain	NaN	52000.0	No
7	France	48.0	79000.0	Yes
8	Germany	50.0	800000.0	No
9	France	37.0	60000.0	Yes
10	China	NaN	50000.0	Yes

图 2-1　有缺失值的购买数据集

	Country	Age	Salary	Purchased
0	France	40.0	70000.0	0
1	Germany	25.0	40000.0	1
2	Spain	30.0	54000.0	0
3	China	38.5	30000.0	0
4	Germany	40.0	129000.0	1
5	France	35.0	55000.0	1
6	Spain	38.5	52000.0	0
7	France	48.0	79000.0	1
8	Germany	50.0	800000.0	0
9	France	37.0	60000.0	1
10	China	38.5	50000.0	1

图 2-2　填充后的购买数据集

2. 缺失值的删除

pandas 库中 DataFrame 和 Series 对象的一个方法 dropna 类为我们提供了一种方便的方式来处理缺失值，即删除数据中缺失值的行或列。类的构造函数如下。

```
dropna(axis = 0, how = 'any', thresh = None, subset = None, inplace = False)
```

构造函数的主要参数如下。
- axis：指定要删除的是行还是列，默认值为 0 表示删除行，1 表示删除列。
- how：指定删除缺失值的条件，可选值有{any, all}。any 表示只要存在缺失值就删除，all 表示只有当所有值都是缺失值时才删除。
- thresh：指定一个阈值，表示要保留的行或列中至少有多少个非缺失值。
- subset：指定要考虑哪些列或行。
- inplace：是否在原地修改 DataFrame，默认为 False，表示不修改原 DataFrame，而是返回一个新的 DataFrame。

代码 2.1.1-3

以上文购买数据集为例，删除缺失值的行，代码如下。

```
import pandas as pd
df = pd.read_excel('Data.xlsx')
df.dropna(axis = 0, inplace = True)
df
```

输出结果如图 2-3 所示。新的数据集已无缺失值。

	Country	Age	Salary	Purchased
0	France	40.0	70000.0	No
1	Germany	25.0	40000.0	Yes
2	Spain	30.0	54000.0	No
5	France	35.0	55000.0	Yes
7	France	48.0	79000.0	Yes
8	Germany	50.0	800000.0	No
9	France	37.0	60000.0	Yes

图 2-3　删除有缺失值的行

2.1.2 异常值

异常值(outlier)是与特征信息的平均值距离远于设定阈值(通常是标准差的整数倍)的点。对于正态分布的特征信息,标准差的两倍距离内包含了 95% 的点,三倍距离内包含了 99% 以上的点。在对机器学习的模型进行训练的过程中,远离均值的点可能会引入较大的误差,也对模型的预测性能带来负面影响,所以在机器学习过程中不能不重视。

1. 异常值的检测方法

在机器学习中,有多种方法可以检测异常值,包括但不限于以下几种。

(1) 基于统计的方法
- 3Sigma 准则:正态分布下超过均值加减 3 倍标准差的数据点为异常值;
- z-score 方法:计算每个数据点与均值的偏差(以标准差为单位),将偏差绝对值大于设定阈值(如 3)的数据点视为异常值;
- Grubbs 假设检验:一种基于假设检验的方法,用于检测样本中是否存在显著的异常值。

(2) 基于图形的方法

箱线图:利用数据的四分位数范围和箱线图的上下边缘来识别异常值。数据点落在箱线图之外的被认为是异常值。

2. 异常值的处理策略

- 删除异常值:将异常值直接从数据集中删除,以减少其对模型的影响。但需要注意,删除异常值可能会导致数据损失,且在某些情况下异常值可能包含重要信息。
- 替换异常值:用合适的值替换异常值,以减少其对模型的影响。常用的替换方法包括均值插补、中位数插补、回归插补等。
- 忽略异常值:在某些情况下,某些异常值可能并不会对模型产生负面影响,因此可以考虑忽略它们。但这种方法需要谨慎使用,以避免忽略对模型有重要影响的异常值。

异常值处理是机器学习中重要的数据预处理步骤之一。它可以帮助我们提高模型的性能和预测能力,减少异常值对模型训练和预测结果的负面影响。同时,通过异常值处理,我们还可以更好地理解数据的分布特征,从而选择合适的数据清理策略和数据分析方法。

2.2 数据规范化处理

由于样本数据在取值范围、量纲等方面存在差异,不同特征数据或同一样本的不同特征之间可能存在较大差异。为了便于后续计算,需要对数据进行规范化处理。数据规范化处理可以分为两类:一种是对数据集的特征数据进行处理,如归一化和标准化;另一种是针对每条样本的特征数据进行处理,如正则化等。

2.2.1 归一化

归一化(normalization)就是对不同维度特征数据进行处理后限制在 0~1 范围内,使得各个特征维度对目标函数的影响权重是一致的,归一化具有同一、统一和合一的意思。

归一化的目标主要有两个。

(1) 数据的趋同化

当各特征数据之间的取值范围相差很大时,如果直接用原始特征数据进行建模,就会突出数值较高的特征在模型中的作用,相对削弱取值范围较小特征数据的作用。为了保证模型结果的可靠性,需要对原始特征数据进行处理,把各特征数据压缩到(0,1)之间,便于后续的数据处理,提高数据处理的效率。此过程不仅使原本缺乏可比性的特征数据变得可比,还保持了数据间的相对关系,如大小关系。例如,当数据差异较大,难以在同一图表中展示时,经过归一化处理后,可以方便地确定数据在图上的相对位置,从而解决不同性质特征数据联合处理的问题。

(2) 数据的无量纲化

消除不同数据之间的量纲,方便数据比较和共同处理,例如在人工神经网络中,归一化可以加快训练网络的收敛性。同时,经过归一化处理的数据,处于同一数量级,可以消除指标之间的量纲和量纲单位的影响,提高不同数据指标之间的可比性。

归一化的优点如下。

(1) 提升模型的收敛速度

在常用的梯度下降算法中,如果特征 x_1 的取值范围为 $0 \sim 2000$,而 x_2 的取值为 $1 \sim 5$,则进行优化时,会得到一个窄长的椭圆形,导致梯度的方向垂直于等高线的方向,从而走之字形路线,降低算法收敛的速度,而进行归一化处理之后,可以较好地解决该问题。

(2) 提升模型的精度

归一化的另一好处是提高算法的性能,这在涉及一些距离计算的算法时效果显著,比如算法要计算欧氏距离。在上例中,特征 x_2 的取值范围比较小,涉及距离计算时其对结果的影响远比特征 x_1 带来的小,所以这就会造成精度的损失。所以归一化很有必要,它可以让各个特征对结果做出的贡献相同。

需要注意的是,归一化也会带来一个问题,即经过归一化处理样本会丢失一些信息,特别对于那些离群点所携带的信息。归一化常用算法有 min-max 归一化算法,见公式(2-1)。

$$y = \frac{x - \min(x)}{\max(x) - \min(x)} \tag{2-1}$$

在 sklearn 的 preprocessing 模块中的 MinMaxScaler 类可以实现归一化功能。类函数如下。

```
MinMaxScaler(feature_range = (0, 1), copy = True)
```

构造函数的主要参数如下。
- feature_range:为元组类型,默认值是[0,1],也可以取其他范围值。
- copy:为拷贝属性,默认值为 True,表示对原数据组拷贝操作,这样变换后元数组不变,False 表示变换操作后,原数组也跟随变化。

以上文购买数据集为例,对填充缺失值后的数据进行归一化处理,代码如下。

代码 2.2.1

```
from sklearn.preprocessing import MinMaxScaler
df = pd.read_excel('Data.xlsx')
```

```python
df['Salary'].fillna((df['Salary'].mean()), inplace = True)
df['Age'].fillna((df['Age'].mean()), inplace = True)
df['Purchased'] = df['Purchased'].apply(lambda x: 0 if x == 'No' else 1)  #填充缺失值
df.drop('Country', axis = 1, inplace = True)                               #删除'Country'列
scaler = MinMaxScaler()                                                     #归一化
scaler.fit(df)
scaled_features = scaler.transform(df)
df_MinMax = pd.DataFrame(data = scaled_features, columns = ["Age", "Salary", "Purchased"])
df_MinMax
```

输出结果如图 2-4 所示。Age 和 Salary 为归一化后的数据。

	Age	Salary	Purchased
0	0.600	0.051948	0.0
1	0.000	0.012987	1.0
2	0.200	0.031169	0.0
3	0.525	0.000000	1.0
4	0.600	0.128571	1.0
5	0.400	0.032468	1.0
6	0.525	0.028571	0.0
7	0.920	0.063636	1.0
8	1.000	1.000000	0.0
9	0.480	0.038961	1.0
10	0.525	0.025974	1.0

图 2-4 归一化后的购买数据集

2.2.2 标准化

数据的标准化(standardization)就是将特征数据转换为标准正态分布，即均值为 0，标准差为 1 的正态分布数据。数据的标准化方法假设特征数据服从正态分布，但是在实际使用中，即使数据不服从正态分布，也可以使用该方法。

数据的标准化主要方法为 z-score 标准化，即零—均值标准化，公式为

$$y = \frac{x - \mu}{\sigma} \qquad (2-2)$$

其中 μ 为所有数据的均值，σ 为所有数据的标准差。

z-score 方法将数据变换为均值为 0、标准差为 1 的标准正态分布，适用于数据的最大值和最小值未知，或存在孤立点的数据集预处理。z-score 计算的结果被称为标准分数，也叫 z 分数，是一种具有相等单位的量数。它表示了以标准差为单位度量原始特征数据偏离其平均数的多少个标准差，其值大于 0 说明高于平均水平，小于 0 说明低于平均水平。z-score 方法是最为广泛使用的数据标准化方法。但是，如果特征数据非常稀疏，并且有大量的 0（现实应用中很多特征都具有这个特点），z-score 标准化的过程几乎就是一个除 0 的过程，可能严重影响模型的性能和预测结果的准确性。

在 sklearn 的 preprocessing 模块中的 StandardScaler 类可以实现标准化功能。类函数如下。

```
StandardScaler( * , copy = True, with_mean = True, with_std = True)
```

构造函数的主要参数如下。
- copy：默认值为 True。如果为 False，则就地缩放，不生成新对象。
- with_mean：默认值为 True，表示在缩放之前尝试将数据居中。
- with_std：默认值为 True，表示将数据缩放到单位方差。

以上文中购买数据集为例，对填充缺失值后的数据进行标准化处理，代码如下。

代码 2.2.2-1

```
from sklearn.preprocessing import StandardScaler
sc_X = StandardScaler()
sc_X = sc_X.fit_transform(df)
sc_X = pd.DataFrame(data = sc_X, columns = ["Age", "Salary","Purchased"])
print(sc_X)
```

输出结果如图 2-5 所示。Age、Salary、Purchased 为标准化后的数据。

	Age	Salary	Purchased
0	0.279544	-0.276189	-1.095445
1	-1.956807	-0.416625	0.912871
2	-1.211356	-0.351088	-1.095445
3	0.000000	-0.463436	-1.095445
4	0.279544	0.000000	0.912871
5	-0.465906	-0.346407	0.912871
6	0.000000	-0.360450	-1.095445
7	1.472264	-0.234059	0.912871
8	1.770444	3.141068	-1.095445
9	-0.167726	-0.323001	0.912871
10	0.000000	-0.369813	0.912871

图 2-5 标准化后的购买数据集

我们要注意归一化与标准化的差别：归一化是把数据映射到(0,1)区间内，标准化是一种基于正态分布假设的统计处理方法。标准化处理后的数据可正可负(这也是该算法的一个潜在问题，例如对于图像类的数据负值是找不到对应现实意义的)，但是一般绝对值不会太大。此外，标准化处理的数据适应于那些要求数据特征符合正态分布的算法，如基于 RBF 核函数的支持向量机算法。

下面我们以上文购买数据集为例，看看归一化和标准化的差别，代码如下。

代码 2.2.2-2

```
import seaborn as sns
import matplotlib.pyplot as plt
import statistics
plt.rcParams['font.sans - serif'] = ['Microsoft YaHei']
fig,axes = plt.subplots(2,3,figsize = (18,12))
sns.distplot(df['Age'], ax = axes[0, 0])
```

```
sns.distplot(df_MinMax['Age'], ax = axes[0, 1])
axes[0, 1].set_title('归一化方差：% s '% (statistics.stdev(df_MinMax['Age'])))
sns.distplot(sc_X['Age'], ax = axes[0, 2])
axes[0, 2].set_title('标准化方差：% s '% (statistics.stdev(sc_X['Age'])))
sns.distplot(df['Salary'], ax = axes[1, 0])
sns.distplot(df_MinMax['Salary'], ax = axes[1, 1])
axes[1, 1].set_title('MinMax: Salary')
axes[1, 1].set_title('归一化方差：% s '% (statistics.stdev(df_MinMax['Salary'])))
sns.distplot(sc_X['Salary'], ax = axes[1, 2])
axes[1, 2].set_title('StandardScaler:Salary')
axes[1, 2].set_title('标准化方差：% s '% (statistics.stdev(sc_X['Salary'])))
```

输出结果如图 2-6 所示。

通过图 2-6 可以看出，归一化比标准化方法产生的标准差小，使用归一化来缩放数据，则数据将更集中在均值附近。这是由于归一化的缩放是"拍扁"统一到区间（仅由极值决定），而标准化的缩放是更加"弹性"和"动态"的，和整体样本的分布有很大的关系。所以归一化不能很好地处理离群值，而标准化对异常值的鲁棒性强，在许多情况下，它优于归一化。

2.2.3　正则化

正则化（regularization）方法是将样本数据正则化处理为单位范数，即对每个样本计算其范数（L1 或 L2 范数），接着样本中每个元素除以该范数，从而使得每个处理后样本的范数（L1 或 L2 范数）等于 1。

在 sklearn 的 preprocessing 模块中的 normalizer 类可以实现正则化功能。类函数如下。

```
normalizer(norm = 'l2',copy = True )
```

构造函数的主要参数如下。

- norm：用于标准化每个非零样本的标准。可选值有{l1,l2,max}，默认值为 l2。当值为 l1 时，样本各个特征值除以各个特征值的绝对值之和；当值为 l2 时，样本各个特征值除以各个特征值的平方和的平方根；当值为 max 时，样本各个特征值除以样本中特征值的最大值。

代码 2.2.3

我们构造一个数组，按照 l2 范数对其进行正则化，代码如下。

```
from sklearn.preprocessing import normalize
X = [[ 1, -1, 2],[ 2, 0, 0], [ 0, 1, -1]]
normalize(X, norm = 'l2')
```

输出结果如下。

```
array([[0.40824829, -0.40824829,0.81649658],[ 1.,0.,0.],
    [0.,0.70710678, -0.70710678]])
```

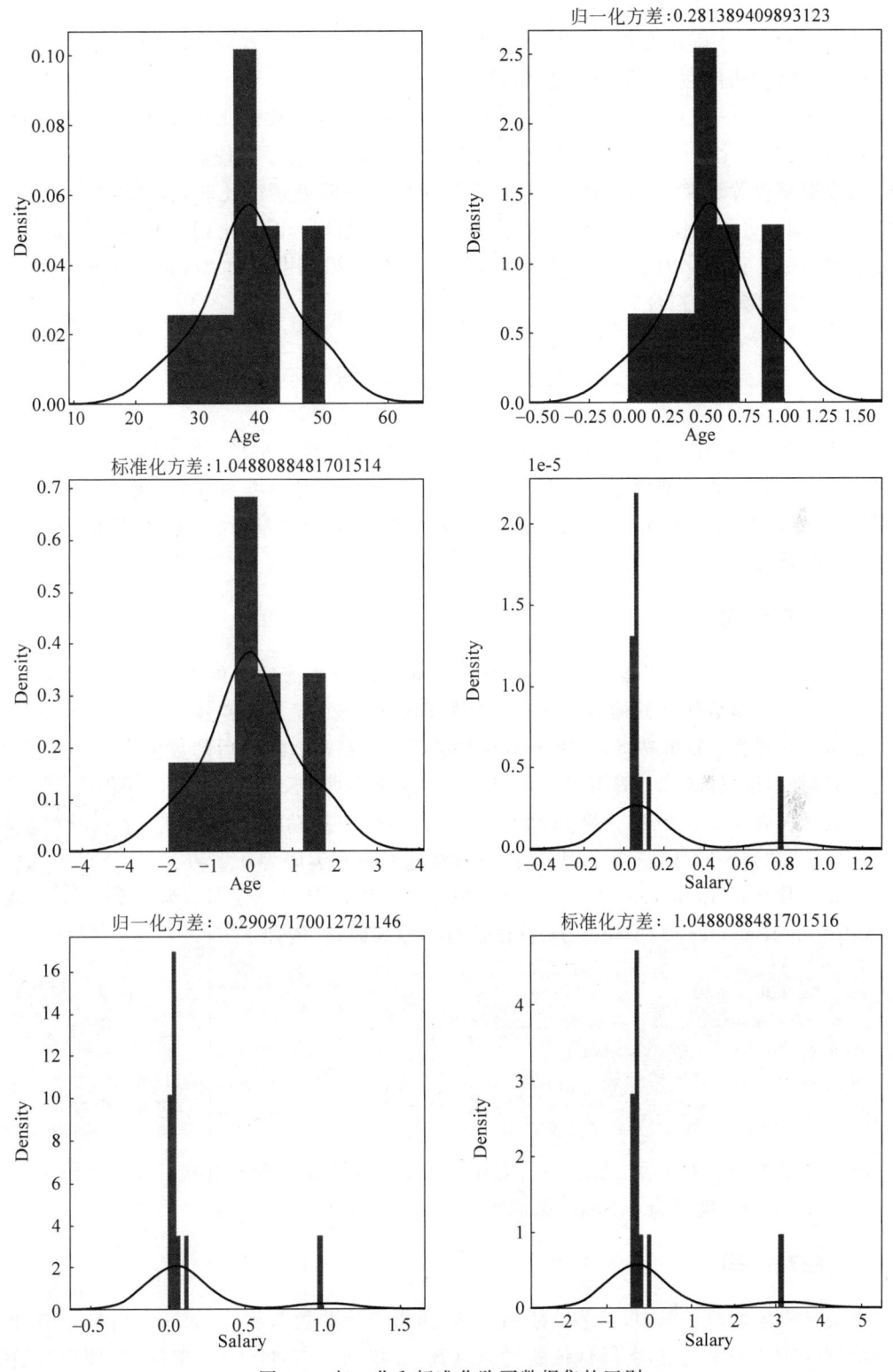

图 2-6 归一化和标准化购买数据集的区别

可以发现每一个样本变换后的各维特征的平方和为1。例如，$0.4^2+0.4^2+0.81^2=1$，这就是L2范数。正则化方法对于后续处理算法中涉及二次型（点积）或者其他核方法计算两个样本之间的相似性时，会显著提高模型的效果。

总的来说，归一化是为了消除不同数据之间的量纲，方便数据比较和共同处理，比如在神经网络中，归一化可以加快训练网络的收敛性；标准化是为了方便数据的下一步处理，而进行的数据缩放等变换，并不是为了方便与其他数据一同处理或比较，比如数据经过零—均值标准化后，更利于使用标准正态分布的性质，进行处理；正则化则是利用先验知识，在处理过程中引入正则化因子，增加对参数取值范围的约束作用，比如在Lasso回归中引入正则化项，可有效降低过拟合的现象。

2.3 特征工程

特征工程（feature engineering）本质是一项工程活动，目的是最大限度地从原始数据中提取特征以供算法和模型使用。在数据集中，我们经常会遇到离散数据，例如一些离散的类别信息，然而在sklearn中不支持直接使用这种离散的类别特征作为输入，因此需要对其进行相应的特征编码。

2.3.1 标签编码

标签编码（label encoding）是一种将类别数据转换为数值数据的方法。每个类别会被分配一个唯一的整数作为其标签。这种方法特别适用于处理分类变量，使模型能够处理非数值数据。特点为：简单易行，适用于类别数量不多的情况；编码后的数值没有实际意义，仅代表类别的唯一标识；不适用于具有明显顺序关系的类别，因为编码后的整数值不代表实际的顺序。例如，如果我们有一个关于动物的分类变量，包含"猫"、"狗"和"鸟"三个类别，我们可以将它们分别编码为0、1和2。

pandas库中的LabelEncoder类可以实现标签编码。以购买数据集为例，运用LabelEncoder类对Country特征进行标签编码，代码如下。

代码2.3.1

```
import pandas as pd
from sklearn.preprocessing import LabelEncoder
df = pd.read_excel('Data.xlsx')
le = LabelEncoder()                                    # 初始化LabelEncoder
df['Country_encoded'] = le.fit_transform(df['Country'])  # 对Country'列进行标签编码
```

输出结果如图2-7所示。最后一列Country_encoded即为标签编码。可以看出France编码为1，Germany编码为2，Spain编码为3，China编码为4。

2.3.2 独热编码

在很多机器学习任务中，某些特征如性别、国籍等是非数值属性，对这类特征信息如果只是简单的构造一个映射，将属性值映射为整数，如将国籍信息［中国，美国，俄罗斯，法国］

	Country	Age	Salary	Purchased	Country_encoded
0	France	40.0	70000.0	No	1
1	Germany	25.0	40000.0	Yes	2
2	Spain	30.0	54000.0	No	3
3	China	NaN	30000.0	No	4
4	Germany	40.0	NaN	Yes	2
5	France	35.0	55000.0	Yes	1
6	Spain	NaN	52000.0	No	3
7	France	48.0	79000.0	Yes	1
8	Germany	50.0	800000.0	No	2
9	France	37.0	60000.0	Yes	1
10	China	NaN	50000.0	Yes	4

图 2-7　运用标签编码对 country 进行编码

中的"中国"映射为 0，"美国"映射为 1，"法国"映射为 2，这样处理会带来一个隐含问题，即将无序的特征取值，变成了有序的，用这样转换后的数据对机器学习的模型进行训练，会产生偏差。为了避免这样的问题，引入了独热编码（one-hot encoding）。

独热编码，又称一位有效编码，其方法是使用 m 维状态特征来对 m 个状态进行编码，每个状态都有对应独立的特征维度，都会生成一个只在该状态位置为 1，其余位置为 0 的二进制向量。例如在表示颜色的特征维度中，存在红、蓝、绿三个类别，就将该维度特征扩展为 3 个特征，每个特征对应一个颜色。红色可以用［１００］，蓝色用［０１０］，绿色用［００１］表示。采用独热编码处理后的数据集在一定程度上扩充了特征，同时编码后的特征具有稀疏性的特点，存在大量的 0。

独热编码有优势，但当存在以下情况时，并不适合使用独热编码。

（1）有序的类别：当类别之间存在自然顺序，模型的分析任务又依赖于这种顺序时，例如月份（1 月至 12 月），独热编码不是最佳选择，序数编码更为合适。

（2）类别数量较大：当分类的类别数量较大时，独热编码可能引入维度爆炸问题，导致稀疏矩阵。在这种情况下，可能需要考虑其他编码方式或特征选择方法。

（3）树模型：决策树、随机森林等树模型通常能够处理原始的整数标签，因此在使用这些模型时，不一定需要进行独热编码。

在 sklearn 的 preprocessing 模块中的 OneHotEncoder 类提供了独热编码功能。类函数如下。

```
OneHotEncoder( * ,categories = 'auto', drop = None, sparse = True, dtype = < class
'numpy.float64'>, handle_unknown = 'error')
```

构造函数的主要参数如下。

- categories：表示每个特征使用几维的数值由数据集自动推断，即几种类别就使用几位来表示，也可以自己指定。默认值为 auto，表示让算法自己判断。
- handle_unknown：其值可以指定为 error 或者 ignore，即如果碰到未知的类别，是返回一个错误还是忽略它。

pandas 库的 get_dummies 也可以将类别型变量转换为独热编码。类函数如下。

```
get_dummies(data, prefix = None, prefix_sep = '_', dummy_na = False, columns = None,
sparse = False, drop_first = False)
```

构造函数的主要参数如下。
- data：用来获得数据集。
- prefix：添加 DataFrame 列名的字符串。在 DataFrame 上调用 get_dummies 函数时，传递一个长度等于列数的列表。或者，前缀可以是一个将列名映射到前缀的字典。
- columns：要编码的 DataFrame 中的列名。如果 columns 为 None，那么所有具有对象或类别 dtype 的列将被转换。
- dummy_na：是否为缺失值创建一个额外的哑变量列，默认值为 False。
- drop_first：用于控制是否删除第一个类别，从而将 k 个类别只保留 k−1 个。当值为 True 时为哑变量编码，当值为 False 时为独热编码；哑变量编码生成的特征值比独热编码少一个，也就是比对应特征的种类取值要少 1 个；
- dtype：表示新列的数据类型。

以上文购买数据集为例，2.3.1 标签编码可能会引入顺序关系，即使原始数据中并没有这种关系，这可能会对某些模型造成误导。在这种情况下，可以使用独热编码作为替代方法。运用 OneHotEncoder 类对 Country 特征进行独热编码，代码如下。

代码 2.3.2-1

```
from sklearn.preprocessing import OneHotEncoder
import pandas as pd
df = pd.read_excel('Data.xlsx')
X = df.iloc[:,0:1]
enc = OneHotEncoder().fit(X)
# 对 DataFrame 中的指定列(第 1 列)进行独热编码,并转换为 numpy 数组
df_transformed = enc.transform(X).toarray()
# 获取独热编码后的特征的分类信息
df_transformed2 = enc.categories_
# 打印特征的分类信息和特征名称
print(df_transformed2)
# 创建新的 DataFrame,将独热编码后的结果转换为 DataFrame,并设置列名
df_transformed4 = pd.DataFrame(df_transformed, columns = ['Country_China', 'Country_France',
'Country_Germany', 'Country_Spain'])
df_transformed4
```

输出结果如下。

```
[array(['China', 'France', 'Germany', 'Spain'], dtype = object)]
```

输出图形如图 2-8 所示。

	Country_China 国家_中国	Country_France 国家_法国	Country_Germany 国家_德国	Country_Spain 国家_西班牙
0	0.0	1.0	0.0	0.0
1	0.0	0.0	1.0	0.0
2	0.0	0.0	0.0	1.0
3	1.0	0.0	0.0	0.0
4	0.0	0.0	1.0	0.0
5	0.0	1.0	0.0	0.0
6	0.0	0.0	0.0	1.0
7	0.0	1.0	0.0	0.0
8	0.0	0.0	1.0	0.0
9	0.0	1.0	0.0	0.0
10	1.0	0.0	0.0	0.0

图 2-8 运用 OneHotEncoder 类对 Country 进行独特编码

输出结果显示独热编码后的 Country 特征的分类信息为 Country_China、Country_France、Country_Germany、Country_Spain。图 2-8 则显示了 Country 独热编码后的结果。

以购买数据集为例，运用 get_dummies 类对 Country 特征进行独热编码，代码如下。

代码 2.3.2-2

```
import pandas as pd
import numpy as np
df = pd.read_excel('Data.xlsx')
df = pd.get_dummies(df, columns = ['Country'], dtype = np.uint8)
df
```

输出图形如图 2-9 所示。

	Age	Salary	Purchased	Country_China	Country_France	Country_Germany	Country_Spain
0	40.0	70000.0	No	0	1	0	0
1	25.0	40000.0	Yes	0	0	1	0
2	30.0	54000.0	No	0	0	0	1
3	NaN	30000.0	No	1	0	0	0
4	40.0	NaN	Yes	0	0	1	0
5	35.0	55000.0	Yes	0	1	0	0
6	NaN	52000.0	No	0	0	0	1
7	48.0	79000.0	Yes	0	1	0	0
8	50.0	800000.0	No	0	0	1	0
9	37.0	60000.0	Yes	0	1	0	0
10	NaN	50000.0	Yes	1	0	0	0

图 2-9 运用 get_dummies 类对 Country 进行独特编码

2.3.3 序数编码

序数编码（ordinal encoding）是一种将具有顺序或等级的类别数据转换为数值数据的方法。与标签编码不同，序数编码保留了类别之间的顺序关系。这在处理有序分类数据时非常有用,例如教育程度(小学、中学、高中、大学)、满意度评级(1-5 星)等。序数编码只适用于分类数据,并且它假设类别是有序的。如果类别是无序的,使用序数编码能会导致误导性的结果。在这种情况下,可能需要使用独热编码或其他编码方法。

pandas 库中 OrdinalEncoder 类可以实现序数编码。类函数如下。

```
OrdinalEncoder( * , categories = 'auto', dtype = <class 'numpy.float64'>,
handle_unknown = 'error', unknown_value = None, encoded_missing_value = nan)
```

构造函数的主要参数如下。

- categories:是一个二维数组,其中每个子数组包含了一个特征的所有可能类别。这个参数是可选的,如果未提供,OrdinalEncoder 将自动从数据中提取类别。如果提供了 categories 参数,它将用于确定转换的顺序。
- dtype:转换后数据的数值类型,默认是 float64。可以根据需要将其设置为其他数值类型。
- handle_unknown:一个字符串,用于指定如何处理未知类别。如果设置为 error(默认),遇到未知类别时将引发一个异常。如果设置为 ignore,则忽略未知类别并将它们编码为 Nan。
- unknown_value:默认值为 None。当参数 handle_unknown 被设置为 use_encoded_value 时,该参数是必须的。
- encoded_missing_value:缺失类别的编码值。如果设置为 np.Nan,那么参数 dtype 必须是浮点型。

下面我们创建一个包含电影评分的 DataFrame,然后使用 OrdinalEncoder 对评分进行编码。首先定义了一个电影评分的顺序(较差,一般,良好,优秀)。然后,初始化 OrdinalEncoder,并将其应用于 DataFrame 中的 Rating 列。最后,将编码后的数据添加到原始 DataFrame 中,并打印出来。代码如下。

代码 2.3.3

```
import pandas as pd
from sklearn.preprocessing import OrdinalEncoder
#创建一个包含电影评分的 DataFrame
data = pd.DataFrame({'Movie': ['电影 A', '电影 B', '电影 C', '电影 A', '电影 B', '电影 C'],
    'Rating': ['优秀', '一般', '较差', '优秀', '较差', '良好']})
rating_order = ['较差', '一般', '良好', '优秀'] #定义评分的顺序
oe = OrdinalEncoder(categories = [rating_order]) #初始化 OrdinalEncoder,并设置评分的顺序
data_encoded = oe.fit_transform(data['Rating'].values.reshape(-1, 1)) #拟合数据并转换
data['Rating_encoded'] = data_ecoded.ravel() #将转换后的数据转换回 DataFrame
print("原始数据:")
print(data[['Movie', 'Rating']])
print("\n 序数编码后的数据:")
print(data[['Movie', 'Rating_encoded']]) #打印原始数据和编码后的数据
```

原始数据输出结果如图 2-10 所示,编码后的数据如图 2-11 所示。可以看到每个电影

的评分已被转换为一个唯一的整数,同时保留了评分的顺序关系。这对于某些机器学习模型来说是非常有用的,因为它们可以利用这种顺序关系来做出更好的预测。

```
原始数据:
   Movie  Rating
0  电影A    优秀
1  电影B    一般
2  电影C    较差
3  电影A    优秀
4  电影B    较差
5  电影C    良好
```

图 2-10　电影评分原始数据

```
序数编码后的数据:
   Movie  Rating_encoded
0  电影A    3.0
1  电影B    1.0
2  电影C    0.0
3  电影A    3.0
4  电影B    0.0
5  电影C    2.0
```

图 2-11　序数编码后的电影评分数据

练 习 题

1. 如何处理缺失值?
2. 什么是异常值?如何处理异常值?
3. 简述归一化和标准化的区别。
4. 简述标签编码、独热编码、序数编码的区别。

即测即练题

第 3 章 回归模型

本章学习目标

通过本章学习,学员应该能够:
(1) 掌握一元线性回归和多元线性回归;
(2) 了解岭回归和 Lasso 回归;
(3) 了解多项式回归;
(4) 掌握一元线性回归和多元线性回归在商务决策中的应用。

引导案例:优鲜沛利用机器学习加强运营

Ocean Spray(优鲜沛),是来自美国蔓越莓品牌,创立于 1930 年,以蔓越莓干、蔓越莓零食、蔓越莓果汁为主打产品。已在全球超过 200 多个国家和地区销售,是全球最受欢迎的蔓越莓品牌。2018 年 Ocean Spray 启动了一场从传统蔓越莓生产向健康与保健业务转型的基础性变革。首席数字和技术官,Jamie Head 引领公司踏入人工智能和机器学习新领域。为了清理收集来的多年数据,公司执行了主数据管理策略,来提高业务部门和客户生成的信息资产的一致性和准确性。通过运用机器学习,Ocean Spray 成功梳理了过去三年的历史数据,评估销售量增长趋势,并分析竞争对手的促销方式,从而填补可能存在的任何季节性缺口。此外,公司还积极探索了如何通过机器学习提升蔓越莓产品的品质。通过深入分析颜色、大小及其他变化因素(包括加拿大、马萨诸塞州、新泽西州、威斯康星州和智利等其他地区的农业合作伙伴的土壤和气候条件),探究如何利用机器学习来提高蔓越莓产品的质量。通过这系列创新举措,Ocean Spray 不仅加强了运营效率,更为其健康与保健业务的未来发展奠定了坚实基础。

资料来源:5 个成功案例,让你的机器学习越"学习"越聪明,https://baijiahao.baidu.com/s?id=1692361583457067884&wfr=spider&for=pc。

机器学习有很多模型,其中回归模型是最简单、最常用的机器学习模型。本章主要讨论回归问题,主要介绍,以及如何用回归模型解决回归问题。

3.1 回归问题概述

回归(regression)是监督学习的一个重要问题。回归最早是英国生物统计学家高尔顿(F. Galton)和他的学生卡尔·皮尔逊(Karl Pearson)在研究父母和子女的身高遗传特性时提出的。1855 年,他们在《遗传的身高向平均数方向的回归》中这样描述"子女的身高趋向于高于父母的身高的平均值,但一般不会超过父母的身高",首次提出回归的概念。现在的回归分析已经和这种趋势效应没有任何瓜葛了,它只是指源于高尔顿工作,用一个或多个自变量来预测因变量的数学方法。

回归用于预测输入变量(自变量)和输出变量(因变量)之间的关系,特别是当输入变量的值发生变化时,输出变量的值随之发生的变化。回归模型正是表示从输入变量到输出变量之间映射的函数。回归问题的学习等价于函数拟合:选择一条函数曲线使其很好地拟合已知数据且很好地预测未知数据(如图 3-1 所示)。

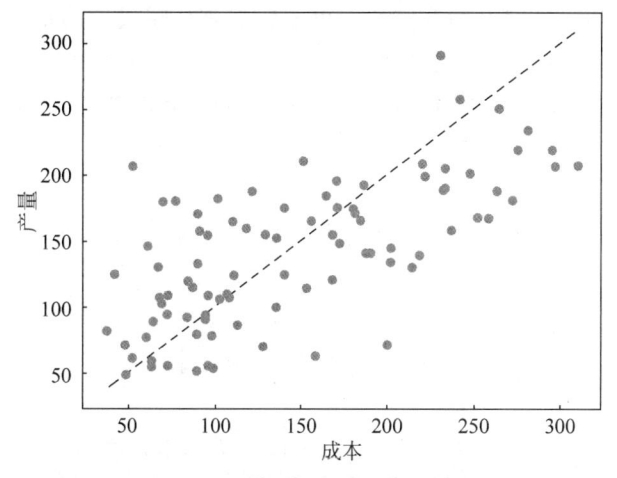

图 3-1 成本和产量的线性关系

在回归模型中,我们需要预测的变量叫作因变量,比如产量;选取用来解释因变量变化的变量叫做自变量,比如成本。回归的目的就是建立一个回归方程来预测目标值,整个回归的求解过程就是求这个回归方程的回归系数。

简言之,回归最简单的定义就是:给出一个点集,构造一个函数来拟合这个点集,并且尽可能地让该点集与拟合函数间的误差最小。

回归问题分为学习和预测两个过程(如图 3-2 所示)。首先给定一个训练数据集:$T = \{(x_1, y_1), (x_2, y_2), \cdots, (x_N, y_N)\}$,$x_i (i=1,2,\cdots,N)$ 是输入,y_i 是对应的输出。学习系统基于训练数据构建一个模型,即函数 $Y = f(X)$;对新的输入 x_{N+1},预测系统根据学习的模型 $Y = f(X)$ 确定相应的输出 y_{N+1}。

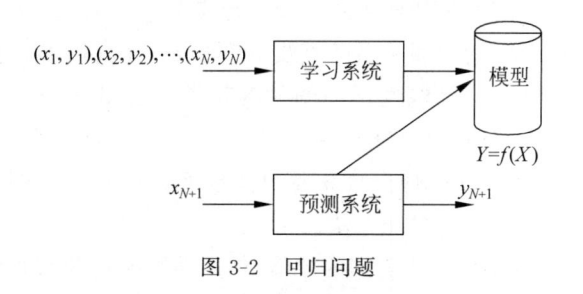

图 3-2 回归问题

根据输入变量的数量,回归问题可以分为一元回归和多元回归两种类型。一元回归分析涉及单一自变量和一个因变量之间的关系,而多元回归分析则涉及两个或更多自变量与一个因变量之间的关系。根据输入变量和输出变量之间关系的线性特征,回归问题可以分为线性回归和非线性回归。线性回归模型假设自变量和因变量之间存在线性关系,而非线性回归模型则假设变量之间存在非线性关系。

许多领域的任务都可以形式化为回归问题。比如,回归可以用于商务领域,作为市场趋势预测、产品质量管理、客户满意度调查、投资风险分析的工具。下面以股价预测为例简要说明回归。假设知道某一公司在过去不同时间点(比如,每天)的市场上的股票价格(比如,股票平均价格),以及在各个时间点之前可能影响该公司股价的信息(比如,该公司前一周的营业额、利润)。目标是从过去的数据学习一个模型,使它可以基于当前的信息预测该公司下一个时间点的股价。可以将这个问题作为回归问题解决。具体地,将影响股价的信息视为自变量(输入的特征),而将股价视为因变量(输出的值)。将过去的数据作为训练数据,就可以学习一个回归模型,并对未来的股价进行预测。然而,需要注意的是,这是一个极具挑战性的预测问题。因为影响股价的因素非常多,我们未必能判断到哪些信息(输入的特征)有用并能得到这些信息。

3.2 线 性 回 归

线性回归(linear regression)是一种通过属性的线性组合进行预测的线性模型,其目的是找到一条直线或者一个更高维的超平面,使预测值与真实值之间的误差最小化。统计学家很早就开始使用线性回归,著名数学家卡尔·弗里德里希·高斯(Carl Friedrich Gauss)在1800年左右首次提出了线性回归的最小二乘方法。在机器学习中,我们不需要假设线性关系,尽管如此,线性回归仍然是机器学习的重要工具,它通常是数据分析师在监督学习中首先使用的工具之一。

3.2.1 一元线性回归

一元线性回归又称为简单线性回归,其形式可以表示为

$$h_\theta(x) = \theta_0 + \theta_1 x \tag{3-1}$$

其中,x 是自变量,$h_\theta(x)$ 是因变量,θ_0 是直线的截距(偏置),θ_1 是直线的斜率,也称为回归系数。现在要解决的问题是如何求解两个待定参数 θ_0、θ_1。θ_0、θ_1 一旦确定,这条直线就被唯一确定。描述两个变量之间关系的直线有许多条,究竟用哪条代表两个变量之间的关系需要一个明确的原则。一元线性回归的目的就是拟合出一条直线使得预测值和真实值尽可能地接近,如果大部分点都落在拟合出来的线上,那么该线性回归模型则拟合较好。因此,我们希望选取的参数 θ_0、θ_1 使函数 h 尽可能接近真实值 y。在线性回归里,最小化误差平方和方法是求解回归系数的最佳方法。

误差是指预测 y 值和真实 y 值之间的差值,使用误差的简单累加将使得正差值和负差值相互抵消,所以采用平方误差,如公式 3-2 所示。

$$\sum_{i=1}^{n}(h_\theta(x_i)-y_i)^2 \qquad (3-2)$$

根据平方误差,定义该线性回归模型的损失函数(cost function)如公式 3-3 所示。

$$J(\theta_0,\theta_1)=\frac{1}{2n}\sum_{i=1}^{n}(h_\theta(x_i)-y_i)^2=\frac{1}{2n}\sum_{i=1}^{n}(\theta_0+\theta_1 x_i-y_i)^2 \qquad (3-3)$$

在公式 3-2 和公式 3-3 中,n 是数据集的样本量。可以看出,损失函数就是计算所有样本点的预测值与它的真实值之间"距离"的平方后求平均。我们的目标是找到一组 θ_0、θ_1,使得损失函数 $J(\theta_0,\theta_1)$ 最小。即求取

$$\mathop{\mathrm{argmin}}_{\theta_0,\theta_1} J(\theta_0,\theta_1) \qquad (3-4)$$

通常方法有两种:一种是梯度下降(gradient descent)算法,是一个最优化算法,我们重点介绍这种方法;另一种是最小二乘法(ordinary least square methods,OLS)。

梯度下降算法在机器学习中常被用来递归地逼近最小偏差模型。它的主要目的是通过迭代,使模型参数沿负梯度不断更新,目标函数逐渐收敛至局部极小值。梯度下降算法使用微积分对公式 3-4 结合一阶导数求导可以使损失函数 $J(\theta_0,\theta_1)$ 最小,由此我们得到了找损失函数最小值的梯度下降算法为

$$\text{repeat until convergence}\left\{\theta_0=\theta_0-\alpha\frac{\partial J(\theta_0,\theta_1)}{\partial J\theta_0}\right.$$

$$\left.\theta_1=\theta_1-\alpha\frac{\partial J(\theta_0,\theta_1)}{\partial J\theta_1}\right\}$$

可以得到参数 θ_0、θ_1 的更新式为

$$\theta_0 \leftarrow \theta_0-\alpha\frac{\partial J(\theta_0,\theta_1)}{\partial J\theta_0}=\theta_0-\frac{\alpha}{n}(\theta_1 x_i+\theta_0-y_i)$$

$$\theta_1 \leftarrow \theta_1-\alpha\frac{\partial J(\theta_0,\theta_1)}{\partial J\theta_1}=\theta_1-\frac{\alpha}{n}(\theta_1 x_i+\theta_0-y_i)x_i$$

其中 $0<\alpha\leqslant 1$ 是学习率(learning rate),即学习步长,这样通过迭代可以使损失 $J(\theta_0,\theta_1)$ 以较快的速度不断减小,直至满足要求。因此一元线性回归模型流程如下。

- 输入:训练集 $T=\{(x_1,y_1),(x_2,y_2),\cdots,(x_n,y_n)\}$,学习率 α
- 输出:线性回归模型 $h_\theta(x)=\theta_0+\theta_1 x$
- 步骤如下。

第 1 步:选取初值向量 θ_1 和 θ_0。
第 2 步:在训练集中随机选择数据 (x_i,y_i),进行更新

$$\theta_0 \leftarrow \theta_0-\alpha\frac{\partial J(\theta_0,\theta_1)}{\partial J\theta_0}=\theta_0-\frac{\alpha}{n}(\theta_1 x_i+\theta_0-y_i)$$

$$\theta_1 \leftarrow \theta_1-\alpha\frac{\partial J(\theta_0,\theta_1)}{\partial J\theta_1}=\theta_1-\frac{\alpha}{n}(\theta_1 x_i+\theta_0-y_i)x_i$$

第 3 步:重复第 2 步,直至模型满足训练要求。

3.2.2　多元线性回归

一元线性回归研究的是一个因变量和一个自变量之间的回归问题,但有时候在很多商务决策中,影响因变量的自变量往往不止一个,而是多个,比如住宅价格这一变量同时受到房屋面积、房龄、贷款利率等多个变量的影响,因此需要设计一个因变量与多个自变量间的回归模型,即多元回归模型。

通过上面的示例,我们可以对多元线性回归模型进行如下定义:根据样本 x 和 y 的坐标,去预估函数 h,寻求变量之间近似的函数关系,得公式 3-5。

$$h_\theta(x) = \theta_0 + \theta_1 x_1 + \theta_2 x_2 + \cdots + \theta_n x_n \tag{3-5}$$

为了方便,用列向量来表示一系列同类的量,并记 $x_0 = 1$,

$$\boldsymbol{\theta} = \begin{bmatrix} \theta_0 \\ \theta_1 \\ \theta_2 \\ \cdots \\ \theta_n \end{bmatrix}, \quad \boldsymbol{X} = \begin{bmatrix} x_0 \\ x_1 \\ x_2 \\ \cdots \\ x_n \end{bmatrix}$$

因此,

$$h_\theta(x) = \boldsymbol{\theta}^T \boldsymbol{X} \tag{3-6}$$

常数项 θ_0 常被称为偏置(bias),其他参数 θ_n 常被称为权重(weight)。

多元线性回归模型的损失函数如公式 3-7 所示。

$$J(\theta_0, \theta_1, \cdots, \theta_n) = \frac{1}{2n} \sum_{i=1}^{n} (h_\theta(x_i) - y_i)^2 \tag{3-7}$$

我们的目标和一元线性回归问题中一样,是要找出使得损失函数最小的一系列参数。多元线性回归的批量梯度下降算法为

$$\text{repeat until convergence} \left\{ \theta_j := \theta_j - \alpha \frac{\partial J(\theta_0, \theta_1 \cdots, \theta_n)}{\partial J\theta_j} (j = 0, \cdots, n) \right\}$$

其中 $\dfrac{\partial J(\theta_0, \cdots, \theta_n)}{\partial J\theta_j}$ 表示 $J(\theta_0, \theta_1, \cdots, \theta_n)$ 对 θ_j 求偏导,$0 < \alpha \leqslant 1$ 是学习率,通过迭代可以使损失函数 $J(\theta_0, \theta_1, \cdots, \theta_n)$ 以较快的速度不断减小。

3.2.3　多重共线性

对多元线性回归模型而言,如果模型中两个或两个以上的自变量彼此相关,则称回归模型中存在多重共线性(multicollinearity)。例如模型包含 2 个变量:工作经验年数和工资,那么在模型中就有可能存在多重共线性,因为一般而言,经验越丰富,工资越高,这两个变量间存在相关关系。

多重共线性这种现象,在回归分析中普遍存在。例如,企业在特定时期或针对特定项目制定的决策,往往是由多个小的策略方案组合而成,如同时运用广告宣传、产品折扣、积分奖励等多种手段来增加销量。在这个过程中,每一个策略方案都可以视为一个自变量。由于这些策略方案共同构成了企业的整体营销策略,它们之间很可能会相互影响或相互补充,这就可能导致它们之间出现高度相关性,即多重共线性问题。

> **多重共线性与相关性**
>
> 多重共线性是一种统计现象,是指线性模型中的特征(自变量)之间由于存在精确相关关系或高度相关关系,多重共线性的存在会使模型无法建立,或者估计失真。多重共线性使用指标方差膨胀因子(variance inflationfactor,VIF)来进行衡量,通常当我们提到"共线性",都特指多重共线性。
>
> 相关性是衡量两个或多个变量一起波动的程度的指标,它可以是正的,负的或者0。当我们说变量之间具有相关性,通常是指线性相关性,线性相关一般由皮尔逊相关系数进行衡量,非线性相关可以使用斯皮尔曼相关系数或者互信息法进行衡量。

在现实中特征之间完全独立的情况其实非常少,因为大部分数据统计手段或者收集者并不考虑统计学或者机器学习建模时的需求,现实数据多多少少都会存在一些相关性,极端情况下,甚至还可能出现收集的特征数量比样本数量多的情况。这些相关性在机器学习中通常无伤大雅(在统计学中它们可能是比较严重的问题),即便有一些偏差,只要最小二乘法能够求解,我们都有可能会无视掉它。毕竟,想要消除特征的相关性,无论使用怎样的手段,都无法避免进行特征选择,这意味着可用的信息变得更加少。过度排除相关性可能会严重影响模型的整体表现。在这种情况下,我们采取的策略是忽略数据之间的相关性,专注于实现高质量的结果。只要最终的结果满足要求,就可以视为成功。然而当多重共线性出现时,就不能忽略,它会带来一些不利影响。

- 线性回归变得不确定或不精确;
- 线性回归方差变得很大,标准误差增大;
- 当多重共线性严重时,甚至可能使估计的回归系数符号相反,得出错误的结论;
- 削减特征重要性程度。

因此多重共线性是必须解决的问题。为了保留线性模型计算快速,理解容易的优点,我们并不希望更换成非线性模型,这促使统计学家和机器学习研究者们钻研出了多种能够处理多重共线性的方法,其中有3种比较常见,如表3-1所示。

表3-1 3种常见的多重共线性方法

使用统计学的先验思路	使用逐步回归	改进线性回归
在开始建模之前先对数据进行各种相关性检验,如果存在多重共线性则可考虑对数据的特征进行删减筛查,或者使用降维算法对其进行处理,最终获得一个完全不存在相关性的数据集。	逐步回归能够通过逐步添加或删除自变量的方式,筛选出对因变量解释力度最强的变量组合。这种方法可以减少共线性问题的影响,因为它会排除那些不显著或者与其他变量高度相关的自变量,从而构建出一个更稳定、更可靠的模型,以绕过最小二乘法对共线性较为敏感的缺陷。	在原有的线性回归算法基础上进行修改,使其能够容忍特征列存在多重共线性的情况,并且能够顺利建模,且尽可能地保证误差取得最小值。

这三种方法中:

(1)第一种方法相对耗时耗力,需要较多的人工操作,并且还需要混合各种统计学中的知识和检验来进行使用。在机器学习中,能够使用一种模型解决的问题,我们尽量不用多个模型来解决,如果能够追求结果,我们会尽量避免进行一系列检验。况且,统计学中的检验往往以"让特征独立"为目标,与机器学习中的"稍微有点相关性也无妨"不太一致。

(2) 第二种方法在现实中应用较多,不过由于理论复杂,效果也不是非常高效,因此逐步回归不是机器学习的首选。

(3) 第三种方法使用岭回归(ridge regression)或 Lasso 回归(套索回归)改进线性回归。两个算法不是为了提升模型表现,而是为了修复漏洞而设计的(实际上,我们使用岭回归或 Lasso 回归,模型的效果往往会下降一些,因为我们删除了一小部分信息)。岭回归和 Lasso 回归的具体内容详见3.3节。

3.2.4 回归模型的评价指标

为了准确评估一个模型的泛化能力,我们不仅需要采用恰当且有效的实验估计手段,还必须依据一系列明确的性能评价指标,这些指标统称为性能度量(performance measure)。性能度量反映了任务需求,在对比不同模型的能力时,使用不同的性能度量往往会导致不同的评判结果。这表明,一个模型是否优秀,并非绝对,而是相对的。它不仅与所使用的算法和数据质量有关,更与我们所追求的任务目标紧密相连。因此,在评价模型时,我们需要根据具体的应用场景和目标需求来选择最合适的性能度量标准。

在预测任务中,给定样本集 $D=\{(x_1,y_1),(x_2,y_2),\cdots,(x_n,y_n)\}$。要评估模型 f 的性能,就要把模型预测结果 $f(x)$ 与真实值 y 进行比较。

回归模型最常用的评价指标有:平均绝对误差(mean absolute error,MAE)、均方误差(mean squared error,MSE)、均方根误差(root mean squared error,RMSE)和平均绝对百分比误差(mean absolute percentage error,MAPE),其中用得最广泛的就是 MSE 和 RMSE。

1. 平均绝对误差(MAE)

MAE 用来衡量预测值与真实值之间的平均绝对误差,MAE 越小表示模型越好,其定义如下:

$$\text{MAE} = \frac{1}{n}\sum_{i=1}^{n} |f(x_i) - y_i| \tag{3-8}$$

2. 均方误差(MSE)

MSE 用来衡量预测值与真实值之间的均方误差,MSE 越小表示模型越好,其定义如下:

$$\text{MSE} = \frac{1}{n}\sum_{i=1}^{n} (f(x_i) - y_i)^2 \tag{3-9}$$

3. 均方根误差(RMSE)

RMSE 用来衡量预测值与真实值之间的均方根误差,RMSE 越小表示模型越好,其定义如下:

$$\text{RMSE} = \sqrt{\frac{1}{n}\sum_{i=1}^{n}(f(x_i)-y_i)^2} \tag{3-10}$$

4. 平均绝对百分比误差（MAPE）

MAPE 和 MAE 类似，只是在 MAE 的基础上做了标准化处理，MAPE 越小表示模型越好，其定义如下：

$$\text{MAPE} = \frac{100\%}{n}\sum_{i=1}^{n}\left|\frac{f(x_i)-y_i}{y_i}\right| \tag{3-11}$$

3.2.5 线性回归的代码实现

在 sklearn 中，LinearRegression 是执行线性回归的类。它可以帮助我们根据给定的输入特征和目标变量拟合一个线性回归模型，以便进行预测和分析。LinearRegression 类提供了多个参数，可以用于调整模型的性能和行为，然后使用 fit 方法训练后，输出 intercept_ 的值以查看截距，输出 coef_ 的值查看斜率。LinearRegression 类的构造函数如下。

```
LinearRegression (copy_X = True, fit_intercept = True, n_jobs = None, normalize = False)
```

构造函数的主要参数如下。

- copy_X：控制是否复制输入特征数据，默认值为 True，表示输入特征数据会被复制，以防止对原始数据的修改。当值设置为 False，表示模型将直接使用传入的输入特征数据，数据有可能被覆盖。
- fit_intercept：是否在模型中包含截距项，默认值为 True，表示模型会自动添加截距项。当值设置为 False，表示模型不会添加截距项。
- n_jobs：指定模型拟合过程中要使用的 CPU 核心数量，默认值为 None。如果设置为 None，则使用默认的核心数。如果设置为 −1，则使用所有可用的核心。
- normalize：是否对自变量进行归一化处理，默认值为 False，表示不进行归一化处理。当值设置为 True，表示对自变量进行归一化处理。

LinearRegression 类常用方法如表 3-2 所示，常用属性如表 3-3 所示。

表 3-2　LinearRegression 类常用方法

方　　法	说　　明
fit(X,y[,n_jobs])	对训练集 X,y 进行训练。其中 X 为特征，y 为类属性
predict(X)	使用训练得到的模型对数据集 X 进行预测，返回结果为预测值
decision_function(X)	使用训练得到的模型对输入的 X 进行预测，它与 predict(X)区别在于该方法包含了对输入数据的类型检查和当前对象是否存在 coef_ 属性的检查，更安全
score(X, y[,[samples_ weight)	返回对以 X 为样本值，y 为目标值的预测效果评分
get_params([deep])	获取模型的参数
set_params(* * params)	设置模型的参数

表 3-3　LinearRegression 类常用属性

属　　性	说　　明
coef_	存放 LinearRegression 模型的回归系数
intercept_	存放 LinearRegression 模型的回归截距

假设某企业的成本和利润数据集如表 3-4 所示。成本是自变量，利润是因变量。数据集中 2009 年到 2023 年的数据集为训练集，整个训练集共 15 个样本数据。我们运用 Python 里的 sklearn 建立一元线性回归模型，通过分析成本与利润的线性关系，来预测 2024 年利润。

表 3-4　某企业的成本和利润数据集

年份（年）	成本（元）	利润（元）	年份（年）	成本（元）	利润（元）
2009	450	89	2017	558	199
2010	400	80	2018	590	203
2011	500	102	2019	610	247
2012	486	92	2020	640	250
2013	510	121	2021	680	259
2014	525	160	2022	750	289
2015	540	180	2023	900	358
2016	549	189	2024	1200	?

1. 导入相关库，并准备成本与利润数据

此模型需要导入 numpy、matplotlib、sklearn 库，并将表 3-4 数据分别输入 X 和 Y 数组，代码如下。

代码 3.2.5

```
import numpy as np
import matplotlib.pyplot as plt
from sklearn.linear_model import LinearRegression
import sklearn.metrics as ms
X = [450, 400, 500, 486, 510, 525, 540, 549,558 , 590, 610, 640, 680, 750, 900 ]
Y = [89, 80, 102, 92, 121, 160, 180, 189, 199, 203, 247, 250, 259,289, 358]
X = np.array(X)
Y = np.array(Y)
```

2. 创建线性回归模型

调用 sklearn 里的 LinearRegression() 创建线性回归模型，代码如下。

```
linear_rg = LinearRegression() # 创建线性回归模型
linear_rg.fit( X.reshape(-1,1),Y.reshape(-1,1))
print("线性模型的截距：",linear_rg.intercept_)
print("线性模型的系数：",linear_rg.coef_)
```

输出结果如下。

线性模型的截距：[-175.2495018]
线性模型的系数：[[0.62692709]]

根据输出结果可知，成本和利润的一元线性回归模型为：$y=0.62692709x-175.2495018$。借助这个模型我们可以预测不同成本的利润。

3. 绘制线性回归直线和预测

绘制线性回归直线，并根据已知值进行预测，代码如下。

```
y_pred = linear_rg.predict(X.reshape(-1, 1))
y_new = np.array(y_pred)
plt.xlabel('Cost')
plt.ylabel('Profit')
plt.plot(X, Y, 'b*')
plt.plot(X, y_new, color="black", linewidth=3)
plt.show()  # 绘制线性回归直线
print('预测2024年成本为1200时的利润：%.2f kg' % linear_rg.predict([[1200]]))
```

输出结果如下。

'预测2024年成本为1200时的利润：577.06

输出图形如图3-3所示。

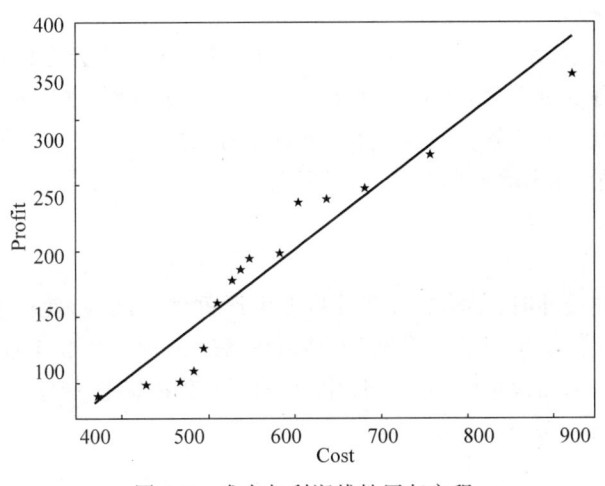

图3-3 成本与利润线性回归方程

图3-3中的直线是线性回归直线。根据线性回归直线可以对因变量进行预测。预测2024年成本为1200元时的利润为577.06元。

4. 回归模型的评估

建立回归模型后，使用模型对已知的成本数据进行预测，然后将预测值与真实值进行比对，计算各个误差指标，来评价回归模型的拟合效果。我们选用平均绝对误差和均方根误差作为评价指标，代码如下。

```
yy = linear_rg.predict(X.reshape(-1,1))
print('模型的平均绝对误差 = ',ms.mean_absolute_error(yy,Y))
print('模型的均方根误差 = ',ms.mean_squared_error(yy,Y))
print('模型的 R2 值 = ',ms.r2_score(yy,Y))
```

输出结果如下。

```
模型的平均绝对误差 = 20.25770560557142
模型的均方根误差 = 547.3753261269527
模型的 R2 值 = 0.9056434934376912
```

根据结果可知,模型的平均绝对误差为 20.2577,均方根误差为 547.375,模型效果评分 R 平方值为 0.9056 大于 0.8,说明该模型的拟合效果好。

3.3 岭回归和 Lasso 回归

3.3.1 正则化

过拟合会导致在后期测试的时候不能很好地识别数据,模型的泛化能力差。解决线性回归过拟合的方法包括对数据重新做清洗、扩充数据集、减少特征数量以及采用正则化方法等。在损失函数中加入正则化项,称为正则化(regularization)。正则化使模型更稳定,泛化能力更好,避免过拟合。

在线性回归模型中,如果自变量的个数多于样本量(可以认为是样本量不足,通常我们要求样本量远大于自变量个数)或者自变量之间存在多重共线性,此时将无法根据公式计算回归系数的估计值。为了解决这类问题,统计学家在线性回归模型基础上,加上正则化项作为对误差的惩罚,提出岭回归与 Lasso 回归。

3.3.2 岭回归

针对出现多重共线性时,最小二乘估计将发生严重劣化问题,使得观测值远离真实值。美国特拉华大学的统计学家亚瑟·霍尔(Arthur E. Hoerl)在 1962 年首次提出了现今被称为岭回归的方法。岭回归通过给回归估计中增加额外的偏差度,能够有效减少方差。

岭回归的损失函数为

$$J(\theta) = \sum_{i=1}^{n}\left((h_\theta(x_i) - y_i)^2 + \lambda \sum_{i=1}^{n}\theta_i^2\right)$$
$$= \sum_{i=1}^{n}(h_\theta(x_i) - y_i)^2 + \lambda \|\theta\|_2^2$$

(3-12)

岭回归的损失函数第一项与标准线性回归的一致,只是在后面加上了一个 L2-范数乘以正则化系数 λ 作为惩罚项或者正则化项。L2-范数的含义为向量每个元素的平方和,λ 也称为惩罚项系数,人为控制惩罚项的大小。λ 越大,对向量的抑制越强,λ 越小,对训练数据过拟合的可能性越大。由于正则化项是 L2-范数,有时这种正则化方式也被称为 L2 正则化。

岭回归是一种改良的最小二乘估计法，通过放弃最小二乘法的无偏性，以损失部分信息、降低精度为代价获得回归系数，它是更为符合实际、更可靠的回归方法，对存在离群点的数据的拟合要强于最小二乘法。

不同于线性回归的无偏估计，岭回归的优势在于它的无偏估计，更趋向于将部分系数向 0 收缩。因此，它可以缓解多重共线问题，以及过拟合问题。但是由于岭回归中并没有将系数收缩到 0，而是使得系数整体变小，因此，某些时候模型的解释性会大大降低，也无法从根本上解决多重共线问题。

3.3.3 Lasso 回归

类似于岭回归，Lasso 回归惩罚的是回归系数的绝对值。此外，它能够减少变异性和提高线性回归模型的准确性。

Lasso 回归的损失函数为

$$J(\theta) = \sum_{i=1}^{n}((h_\theta(x_i) - y_i)^2 + \lambda \sum_{i=1}^{n} |\theta_i|)$$
$$= \sum_{i=1}^{n}(h_\theta(x_i) - y_i)^2 + \lambda \|\theta\|_1 \tag{3-13}$$

Lasso 回归算法也同岭回归一样加上了正则化项，只是改成加上了一个带惩罚项系数 λ 的向量的 L1-范数作为惩罚项，L1-范数的含义为向量每个元素绝对值的和，所以这种正则化方式也被称为 L1 正则化。

Lasso 回归惩罚函数使用的是系数的绝对值之和，而不是平方。这导致惩罚项可能等价于约束估计的绝对值之和，使一些回归系数估计恰好为 0。施加的惩罚越大，估计就越接近 0。

图 3-4 椭圆形是线性回归的误差函数，圆形和四边形是惩罚项的相关函数。岭回归的惩罚项是向量的平方和，所以其图形是图 3-4(a)所示的圆形，Lasso 回归的惩罚项是绝对值的和，所以其图形是图 3-4(b)所示的四边形。可以看出，加入惩罚项后，图 3-4(a)的岭回归的参数得到了抑制，图 3-4(b)的 Lasso 回归的情况与岭回归相似，参数同样被抑制。

(a) 岭回归　　　　　　　(b) Lasso 回归

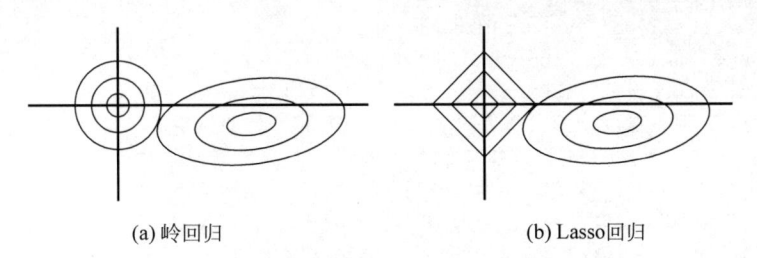

图 3-4　岭回归和 Lasso 回归

3.3.4 正则化代码实现

在 sklearn 中，岭回归运用 Ridge 类，Lasso 回归运用 Lasso 类，它们的构造函数如下。

```
Ridge (alpha = 1.0, fit_intercept = True, normalize = False, copy_X = True, max_iter = None, tol =
1e - 3, solver = "auto", random_state = None)
Lasso (alpha = 1.0, fit_intercept = True, normalize = False, precompute = False, copy_X = True,
max_iter = 1000, tol = 0.0001, warm_start = False, positive = False, random_state = None,
selection = 'cyclic')
```

构造函数的主要参数如下。

- alpha：正则化力度,是正浮点数。较大的值指定了更强的正则化。
- fit_intercept：是否在模型中包含截距项,默认值为 True,表示模型会自动添加截距项。当值设置为 False,表示模型不会添加截距项。
- normalize：是否对自变量进行归一化处理,默认值为 False,表示不进行归一化处理。当值设置为 True,表示对自变量进行归一化处理。
- copy_X：控制是否复制输入特征数据,默认值为 True,表示输入特征数据会被复制,以防止对原始数据的修改。当值是 False,表示模型将直接使用传入的输入特征数据,数据有可能被覆盖。
- max_iter：共轭梯度求解器的最大迭代次数。
- tol：求解方法精度。
- solver：计算例程中使用的求解程序,类型包括{auto,svd,cholesky,lsqr,sparse_cg,sag,saga}。
- selection：默认值为 cyclic,表示按照默认设置则会依次更新。值为 random 表示每次循环会随机更新参数。

下面我们运用岭回归和 Lasso 回归建立一元线性回归模型。

1. 导入相关库,并准备数据

此模型需要导入 numpy、matplotlib、sklearn 库,尤其是从 sklearn 库中导入 Lasso,Ridge,然后准备一组数据生成 *X* 和 *Y* 矩阵,代码如下。

代码 3.3.4

```
import numpy as np
import matplotlib.pyplot as plt
from sklearn.linear_model import LinearRegression
from sklearn.linear_model import Lasso,Ridge
from sklearn import model_selection
# 样本数据集,第一列为 x,第二列为 y,在 x 和 y 之间建立回归模型
data = [[0.067732,3.176513],[0.427810,3.816464],[0.995731,4.550095],
       [0.738336,4.256571],[0.981083,4.560815],[0.526171,3.929515],
       [0.378887,3.526170],[0.033859,3.156393],[0.132791,3.110301],
       [0.138306,3.149813],[0.247809,3.476346],[0.648270,4.119688],
       [0.731209,4.282233],[0.236833,3.486582],[0.969788,4.655492],
       [0.607492,3.965162],[0.358622,3.514900],[0.147846,3.125947],
       [0.637820,4.094115],[0.230372,3.476039],[0.070237,3.210610],
       [0.067154,3.190612],[0.925577,4.631504],[0.717733,4.295890],
       [0.015371,3.085028],[0.335070,3.448080],[0.040486,3.167440],
       [0.212575,3.364266],[0.617218,3.993482],[0.541196,3.891471]]  # 生成 X 和 y 矩阵
```

```
dataMat = np.array(data)
X = dataMat[:,0:1]        # 变量 x
y = dataMat[:,1]          # 变量 y
```

2. 创建线性回归模型

调用 sklearn 里的 LinearRegression()创建线性回归模型,代码如下。

```
linear_rg = LinearRegression()
linear_rg.fit(X,y)
linear_predicted = linear_rg.predict(X)
print('线性回归参数:',linear_rg.coef_)
```

3. 岭回归和 Lasso 回归

调用 sklearn 里的 Ridge()和 Lasso()分别进行岭回归和 Lasso 回归,代码如下。

```
Model1 = Ridge(alpha = 0.01)              # 岭回归,调节 alpha 实现拟合的程度
Model1.fit(X, y)                          # 训练线性回归
print('岭回归线性系数矩阵:',model2.coef_)
ridge_predicted = model1.predict(X)       # 使用模型预测
Model2 = Lasso(alpha = 0.01)              # Lasso 回归,调节 alpha 实现拟合的程度
Model2.fit(X, y)                          # 训练线性回归
print('Lasso 线性回归参数:',model2.coef_)
predicted = model2.predict(X)             # 使用模型预测
```

4. 绘制回归直线

绘制线性回归、岭回归、Lasso 回归直线,代码如下。

```
plt.xlabel('X')
plt.ylabel('Y')
plt.plot(X,y,'k.')
plt.plot(X, linear_predicted, '-o',label = "Linear")
plt.plot(X, ridge_predicted, '-s',label = "Ridge")
plt.plot(X, predicted, '-^',label = "Lasso")
plt.legend()
plt.show()
```

输出结果如下。

```
线性回归参数: [1.6314263]
岭回归线性系数矩阵: [1.62583557]
Lasso 线性回归参数: [1.52826579]
```

输出图形如图 3-5 所示。圆点标记直线是线性回归模型,正方形标记直线是岭回归模型,三角形标记直线是 Lasso 回归模型。圆点标记直线和正方形标记直线几乎重叠,通过回归模型系数也可知,这两个模型的回归系数非常接近。

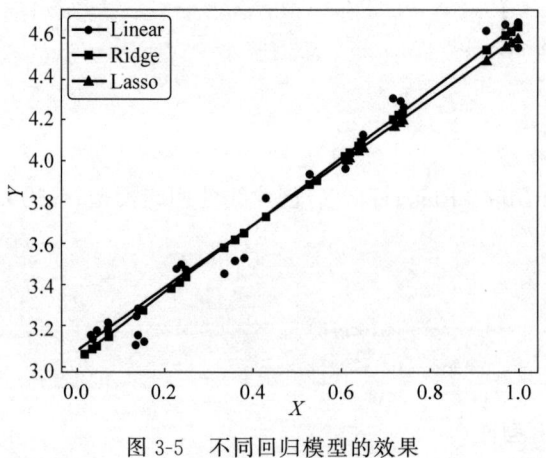

图 3-5　不同回归模型的效果

3.4　多项式回归

3.4.1　多项式回归模型

由于线性回归并不适用于所有的数据,我们需要建立曲线来适应一些数据,现实世界中的曲线关系很多都是增加多项式实现的,比如一个二次函数模型

$$h_\theta(x)=\theta_0+\theta_1 x+\theta_2 x^2 \tag{3-14}$$

这个模型的图形如图 3-6 所示。

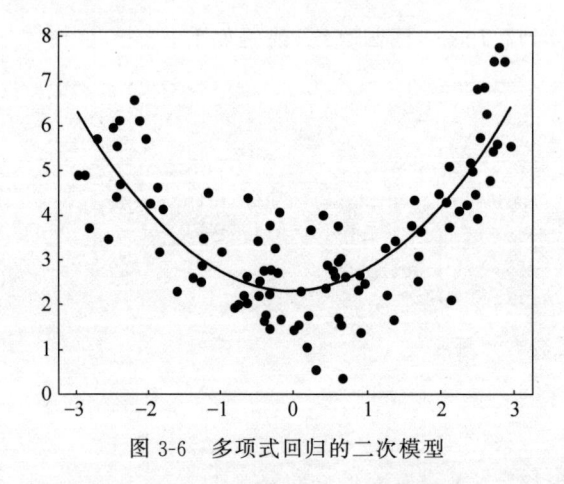

图 3-6　多项式回归的二次模型

多项式回归(polynomial regression)是研究一个因变量与一个或多个自变量间多项式的回归分析方法。如果自变量只有一个时,称为一元多项式回归;如果自变量有多个时,称为多元多项式回归。在一元回归分析中,如果因变量 y 与自变量 x 的关系为非线性的,但是又找不到适当的函数曲线来拟合,则可以采用一元多项式回归。在这种回归技术中,最佳拟合线不是直线,而是一个用于拟合数据点的曲线。多项式回归的最大优点是可以通过增加 x 的高次项对观测点进行逼近,直到满意为止。多项式回归在回归分析中占有重要地

位,因为任意函数都可以分段用多项式逼近。进行多项式回归分析,首先要确定多项式的次数。次数的确定一般是根据经验和实验。假设确定了用一个一元 m 次多项式来拟合训练样本集,模型可表示如下。

$$h_\theta(x) = \theta_0 + \theta_1 x + \theta_2 x^2 + \cdots + \theta_m x^m \tag{3-15}$$

那么多项式回归的任务就是估计出各 θ 值。这个模型虽然是输入变量为 x 的函数,但是由于它是参数 θ 的一次线性函数,因此仍然是一个线性模型。为了说明这个问题,令 $z_1 = x, z_2 = x^2, \cdots, z_m = x^m$,则公式 3-15 重写为下面的形式。

$$h_\theta(z_1, z_2, \cdots, z_m) = \theta_0 + \theta_1 z_1 + \theta_2 z_2 + \cdots + \theta_m z_m \tag{3-16}$$

通过公式 3-16 发现,这是一个新的线性回归模型,可以使用线性回归模型的方法来完成求解多项式回归。

3.4.2 多项式回归的代码实现

多项式回归需要导入 sklearn.preprocessing 子类中 PolynomialFeatures 类实现。PolynomialFeatures 专门产生多项式的模型或类,并且多项式包含的是相互影响的特征集。PolynomialFeatures 的构造函数如下。

```
PolynomialFeatures (degree = 2, interaction_only = False, include_bias = True)
```

构造函数的主要参数如下。
- degree:多项式阶数,一般默认值为 2。
- interaction_only:是否会产生相互影响的特征集,默认值为 False,表示不会产生相互影响的特征集。值为 True,表示会产生。
- include_bias:是否包含偏差列,默认值为 True,表示包含偏差列。

PolynomialFeatures 类的常用方法如表 3-5 所示。

表 3-5 PolynomialFeatures 类常用方法

方法	说明
fit(X,y[,n_jobs])	对训练集 X,y 进行训练。其中 X 为特征,y 为类属性
fit_transform(X[, y])	拟合并转化数据
get_params([deep])	获取模型的参数
set_params(* * params)	设置模型的参数

下面以表 3-4 为例,运用多项式回归模型模拟成本和利润之间的关系。

1. 导入相关库,并准备成本与利润数据

此模型需要从 sklearn 库中导入 PolynomialFeatures,并将表 3-4 的数据分别输入 X 和 Y 数组,代码如下。

代码 3.4.2

```
import numpy as np
from sklearn.linear_model import LinearRegression
```

```
from sklearn.preprocessing import PolynomialFeatures
import plotly.graph_objs as go
X = [450, 400, 500, 486, 510, 525, 540, 549,558 , 590, 610, 640, 680, 750, 900 ]
Y = [89, 80, 102, 92, 121, 160, 180, 189, 199, 203, 247, 250, 259,289, 358]
X = np.array(X)
Y = np.array(Y)
```

2. 建立多项回归模型

使用多项式回归函数 PolynomialFeatures() 建立二项式回归模型，多项式阶数为 2，代码如下。

```
poly_reg = PolynomialFeatures(degree = 2)
X_poly = poly_reg.fit_transform(X.reshape( -1, 1))
lin_reg = LinearRegression()
lin_reg.fit(X_poly, Y)
```

3. 预测生产利润

假定成本分别为 400 元、750 元、900 元，根据建立的二项式回归模型预测不同成本的利润，代码如下。

```
future_cost = np.array([400, 750, 900])      ＃假定成本为 400,750,900
future_X_poly = poly_reg.fit_transform(future_cost.reshape( -1, 1))
future_profit = lin_reg.predict(future_X_poly)   ＃模型预测
print(future_profit)
```

输出结果如下。

```
[ 48.07593149 300.76442137 359.45783729]
```

结果表示当成本为 400 元时，利润为 48.07593149 元；当成本为 750 元时，利润为 300.76442137 元；当成本为 900 元时，利润为 359.45783729 元。

4. 拟合曲线

根据二项式回归模型绘制拟合曲线和预测销售值曲线，代码如下。

```
fig = go.Figure()
fig.add_trace(go.Scatter(x = X, y = Y, mode = 'lines + markers', name = '实际利润', marker = dict(color = 'black',symbol = 'circle')))
fig.add_trace(go.Scatter(x = X, y = lin_reg.predict(X_poly),mode = 'lines + markers', name = '拟合利润', marker = dict(color = 'black',symbol = 'square')))
fig.add_trace(go.Scatter(x = future_cost, y = future_profit, mode = 'lines + markers', name = '预测利润', marker = dict(color = 'grey',symbol = 'triangle - up')))
fig.show()
```

输出结果如图 3-7 所示。

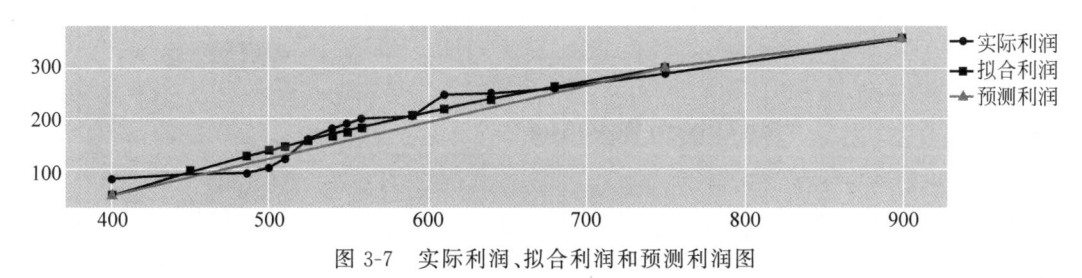

图 3-7　实际利润、拟合利润和预测利润图

图 3-7 中圆点标记黑色直线为实际利润,正方形标记黑色直线为拟合利润,三角形标记灰色直线为预测利润。

3.5　线性回归算法应用案例

3.5.1　冰淇淋销售收入预测——基于一元线性回归的商务决策

1. 问题分析

据《2022 中国冰淇淋 & 雪糕行业趋势报告》显示,2021 年中国冰淇淋市场规模达 1600 亿元,同比增长 8.84%,这一增长势头预示着行业未来的巨大潜力,预计 2027 年中国冰淇淋市场规模将突破 2000 亿元。然而,中国冰淇淋消费总量虽位居世界前列,但人均年消费量约为 3.5 升,与西欧国家人均消费量 6-8 升相比,仍有较大上涨空间,如何提高冰淇淋的销量是很多冰淇淋企业关心的重点。通过市场调研和数据分析,运用机器学习可以帮助企业精准把握市场脉搏,为其制定出更加科学、合理的销售策略。

2. 数据来源

本案例选择 Kaggle 比赛"IceCreamRevenue"冰淇淋销售收入的项目,根据外部空气温度预测每天的收入。比赛界面如图 3-8 所示,链接为:https://www.kaggle.com/datasets/vinicius150987/ice-cream-revenue。

Kaggle 公司是 2010 年由联合创始人兼首席执行官 Anthony Goldbloom 在墨尔本创立的,主要是为开发商和数据科学家提供举办机器学习竞赛、托管数据库、编写和分享代码的平台。Kaggle 比赛是全球最大的数据科学竞赛平台,吸引了来自世界各地的数据科学家、机器学习专家和数据分析师参与。这个平台为参赛者提供了丰富的数据集和实际问题,旨在通过竞赛的方式推动数据科学的发展和应用。Kaggle 比赛通常由企业、研究机构或组织发起,他们希望通过这种方式找到解决特定问题的最佳方案。参赛者需要在规定的时间内,利用给定的数据集,运用各种数据分析、机器学习和深度学习技术,提出创新的解决方案。

数据 3.5.1

本案例使用 Kaggle 比赛公开的 500 条 IceCreamData 数据来分析温度和销售收入的线性关系。

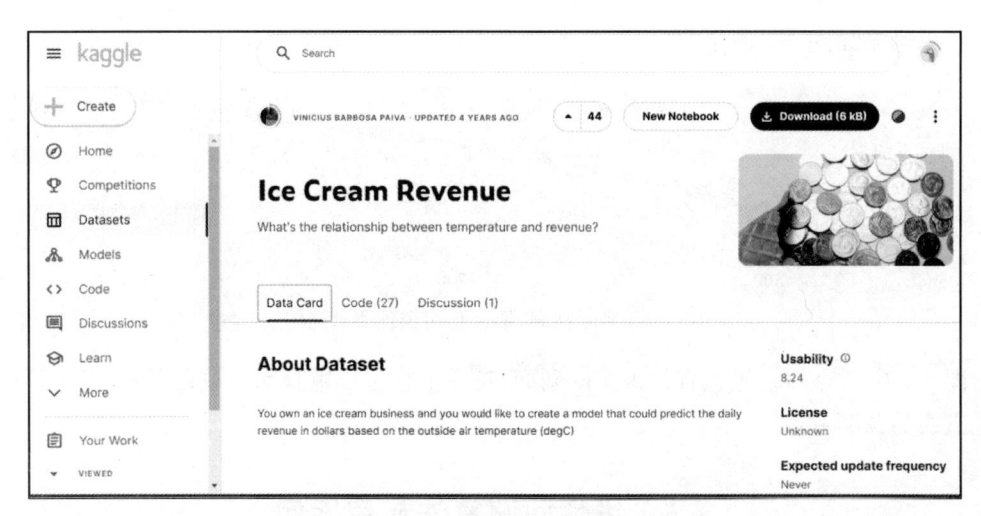

图 3-8 "IceCreamRevenue"冰淇淋销售收入 Kaggle 比赛界面

3. 基于一元线性回归的商务决策过程

（1）导入相关库和数据集

此模型需要导入 pandas、matplotlib、sklearn 等库，读取和显示数据集 IceCreamData 数据，代码如下。

代码 3.5.1

```
import pandas as pd
import matplotlib.pyplot as plt from jupyterthemes
from sklearn.linear_model import LinearRegression
from sklearn.model_selection import train_test_split
import statsmodels.api as sm
iceCreamData = pd.read_csv('IceCreamData.csv')
iceCreamData.head(10)
```

输出结果如图 3-9 所示。

图 3-9 显示了前 10 条 IceCreamData 数据，数据集中只有 Temperature（温度）和 Revenue（收入）两个变量的数据。

（2）查看数据

可视化看散点分布，代码如下。

```
plt.scatter(iceCreamData['Temperature'],iceCreamData['Revenue'])
plt.show()
```

输出结果如图 3-10 所示。

图 3-10 展示了温度和冰淇淋销售收入的散点图。通过散点图，可以看出，温度和冰淇淋销售收入呈正相关关系。

（3）数据处理和线性回归模型建模

分别将 Tempertaure、Revenue 数值赋给 X 和 Y，将数据集 X 和 Y 拆分成训练集和测试集，得到矩阵 x_train、x_test、y_train 和 y_test，代码如下。

	Temperature	Revenue
0	24.566884	534.799028
1	26.005191	625.190122
2	27.790554	660.632289
3	20.595335	487.706960
4	11.503498	316.240194
5	14.352514	367.940744
6	13.707780	308.894518
7	30.833985	696.716640
8	0.976870	55.390338
9	31.669465	737.800824

图 3-9　IceCreamData 数据　　　图 3-10　温度和冰淇淋销售收入的散点图

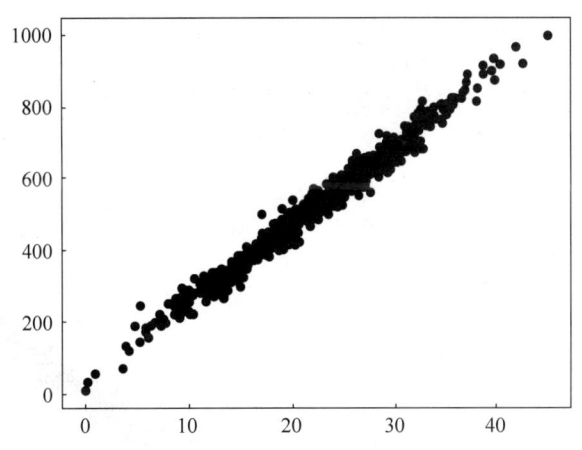

```
X = iceCreamData[['Temperature']]
y = iceCreamData[['Revenue']]
X_train, X_test, y_train, y_test = train_test_split(X, y, test_size = 0.2, random_state = 42)
model = LinearRegression(fit_intercept = True)
model.fit(X_train, y_train)
print('Linear Model Coefficient (s)', model.coef_)
print('Linear Model Coefficient (i)', model.intercept_)
```

输出结果如下。

```
Linear Model Coefficient (s) [21.5133908]
Linear Model Coefficient (i) 43.73357869209292
```

根据输出结果可知，温度和冰淇淋销售收入的一元线性回归方程斜率为 21.51，截距为 43.73。

对训练集的数据，可视化温度和销售收入之间的回归曲线，代码如下。

```
plt.scatter(X_train, y_train, color = 'gray')
plt.plot(X_train, model.predict(X_train), color = 'red')
plt.xlabel('Temperature')
plt.ylabel('Revenue')
plt.title('Temperature and Revenue LinearRegression(Training set)')
```

输出结果如图 3-11 所示。

图 3-11 中的点是训练集温度与销售收入的散点，直线是温度与销售收入回归直线。

查看测试集的温度与销售收入的回归关系，代码如下。

```
plt.figure(figsize = (10,6))
plt.scatter(X_test, y_test, color = 'brown')
plt.plot(X_test, model.predict(X_test), color = 'black')
```

```
plt.xlabel('Temperature [DegC]')
plt.ylabel('Revenue [Naira]')
plt.title('Revenue Generated vs. Temperature @ Ice Cream Stand (Testing Set)')
plt.show()
```

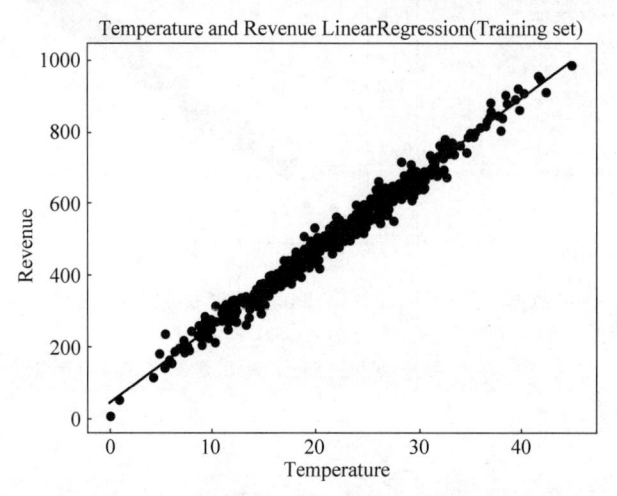

图 3-11　训练集温度与销售收入回归直线

输出结果如图 3-12 所示。

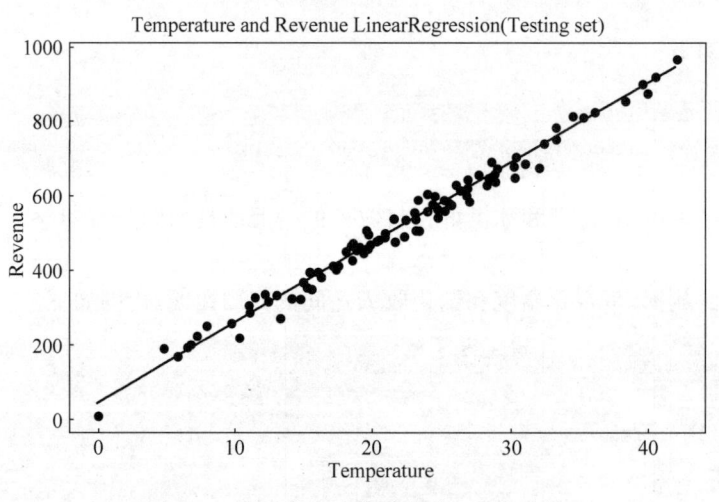

图 3-12　测试集温度与销售收入回归直线

图 3-12 中的点是测试集温度与销售收入的散点,直线是温度与销售收入回归直线。

(4) 线性回归模型的优劣分析

评价回归模型的拟合效果,代码如下。

```
X2 = sm.add_constant(X_train)
est = sm.OLS(y_train, X2).fit()
print(est.summary())
```

输出结果如图3-13所示。

```
                            OLS Regression Results
==============================================================================
Dep. Variable:                Revenue   R-squared:                       0.980
Model:                            OLS   Adj. R-squared:                  0.980
Method:                 Least Squares   F-statistic:                 1.975e+04
Date:                Fri, 05 Jan 2024   Prob (F-statistic):               0.00
Time:                        19:48:23   Log-Likelihood:                -1852.4
No. Observations:                 400   AIC:                             3709.
Df Residuals:                     398   BIC:                             3717.
Df Model:                           1
Covariance Type:            nonrobust
==============================================================================
                 coef    std err          t      P>|t|      [0.025      0.975]
------------------------------------------------------------------------------
const         46.8046      3.585     13.055      0.000      39.756      53.853
Temperature   21.3820      0.152    140.552      0.000      21.083      21.681
==============================================================================
Omnibus:                        0.863   Durbin-Watson:                   1.929
Prob(Omnibus):                  0.650   Jarque-Bera (JB):                0.642
Skew:                          -0.037   Prob(JB):                        0.725
Kurtosis:                       3.182   Cond. No.                         68.0
==============================================================================
```

图 3-13 线性回归模型评估

对于模型评估而言，通常需要关心上图中的 R-squared、Adj. R-squared 和 P 值信息。这里的 R-squared 为 0.980，Adj. R-squared 为 0.980，说明模型的线性拟合程度较高；特征变量（temperature）的 P 值为 $0<0.05$，所以温度和收入显著相关。

（5）线性回归模型的预测

调用回归模型的 predict() 进行模型预测，代码如下。

```
TEMPT = 54
revenue = model.predict([[TEMPT]])
print('温度 = 54, 收入 = ', revenue)
```

输出结果如下。

```
温度 = 54, 收入 = [[1201.43122946]]
```

当温度为54度时，销售收入为1201.43122946。

3.5.2 共享单车需求预测——基于多元线性回归的商务决策

1. 问题分析

共享单车，作为一种新型的分时租赁模式，不仅在城市交通领域展现出了巨大的活力，更是绿色环保共享经济理念的生动实践。它鼓励人们减少私家车使用，选择更加环保、健康的出行方式，为构建美丽中国、实现人与自然和谐共生贡献了重要力量。它在校园、地铁站点、公交站点、居民区、商业区、公共服务区等多地提供自行车共享服务，解决了"最后一公里"的出行问题。

共享单车项目的成功离不开对市场的深入洞察和精准把握。随着城市化进程的加快和交通拥堵问题的日益严重，共享单车以其便捷、环保的特点迅速占领了市场。同时，企业也通过数据分析和技术创新等手段，不断优化用户体验，提升服务质量，以满足用户日益增长的需求。值得注意的是，国外在共享单车项目方面也有类似的探索和实践。比如，2013年在 Kaggle 平台上提出的项目"Bike Sharing Demand"，就通过历史用车记录结合天气等数据预测共享单车项目在华盛顿的需求。这种基于大数据的预测和分析方法，不仅有助于企业更好地了解市场需求和变化，也为企业的商务决策提供了有力的支持。

2. 数据来源

本案例选择 Kaggle 比赛"Bike Sharing Demand"项目，比赛界面如图 3-14 所示，链接为：https://www.kaggle.com/c/bike-sharing-demand/overview。

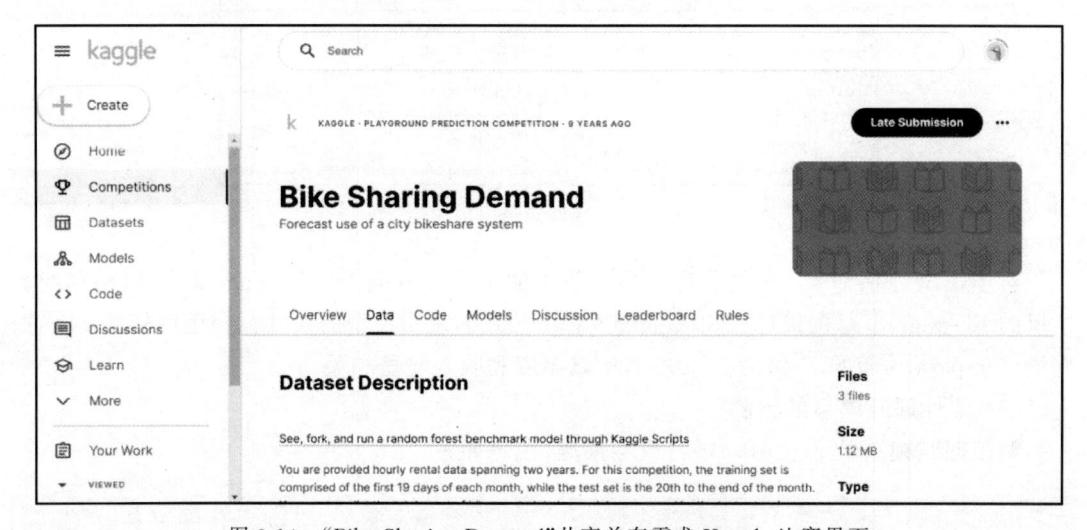

图 3-14 "Bike Sharing Demand"共享单车需求 Kaggle 比赛界面

"Bike Sharing Demand"项目提供的数据集包含 2011 到 2012 年 Capital Bikeshare 系统中记录的每日每小时单车的租赁数、时间、季节、节假日、工作日、天气、温度、湿度、风速等 12 个变量，变量具体描述如表 3-6 所示。本项目通过历史天气数据下共享单车的使用模式，来预测自行车租赁的需求状况。项目提供了训练和测试两个数据集，其中训练数据集由每月前 19 天的数据组成，共有 10886 个数据。数据集完整，没有缺失信息。

表 3-6 共享单车数据集变量

变量	变量描述	变量	变量描述
datetime	时间，可拆分为：年、月、日、小时等	atemp	体感温度
season	季节	humidity	相对湿度
holiday	是否为假期	windspeed	风速
workingday	是否为工作日	casual	非会员租借数
weather	天气情况	registered	会员租借数
temp	温度	count	总租借数

总租借数 count 代表共享单车的需求量。这个数据在训练数据集中有具体数值，但在测试数据集中没有具体数据，是要预测的数据。count 是 casual 和 registered 的总和，所以 casual 和 registered 这两列信息可以删除。

3. 基于多元线性回归的商务决策过程

(1) 导入相关库和数据集

此模型需要导入 pandas、numpy、matplotlib、sklearn 等库,读入和显示共享单车训练数据集,代码如下。

```
import pandas as pd
import numpy as np
import matplotlib.pyplot as plt
from sklearn.metrics import mean_squared_error, r2_score, mean_absolute_error
from sklearn.preprocessing import StandardScaler
from sklearn.model_selection import train_test_split
from sklearn.linear_model import LinearRegression, Ridge, RidgeCV, Lasso, LassoCV
from sklearn.neighbors import KneighborsRegressor
from sklearn.model_selection import GridSearchCV
df = pd.read_csv('./kaggle/biketrain.csv')
df.head()
```

输出结果如图 3-15 所示。

	datetime	season	holiday	workingday	weather	temp	atemp	humidity	windspeed	casual	registered	count
0	2011-01-01 00:00:00	1	0	0	1	9.84	14.395	81	0.0	3	13	16
1	2011-01-01 01:00:00	1	0	0	1	9.02	13.635	80	0.0	8	32	40
2	2011-01-01 02:00:00	1	0	0	1	9.02	13.635	80	0.0	5	27	32
3	2011-01-01 03:00:00	1	0	0	1	9.84	14.395	75	0.0	3	10	13
4	2011-01-01 04:00:00	1	0	0	1	9.84	14.395	75	0.0	0	1	1

图 3-15 共享单车数据

图 3-15 展示的是前 5 行的共享单车数据,每一行是每个变量对应的值。

(2) 数据预处理

将 datetime 这一列的时间进行分解,建立新的列 year、month、day、dayofweek 和 hour,并删除 datetime 列。代码如下。

```
df['year'] = pd.DatetimeIndex(df['datetime']).year
df['month'] = pd.DatetimeIndex(df['datetime']).month
df['day'] = pd.DatetimeIndex(df['datetime']).day
df['dayofweek'] = pd.DatetimeIndex(df['datetime']).dayofweek
df['hour'] = pd.DatetimeIndex(df['datetime']).hour
df = df.drop("datetime", axis = 1)
df.head()
```

输出结果如图 3-16 所示。

	season	holiday	workingday	weather	temp	atemp	humidity	windspeed	casual	registered	count	year	month	day	dayofweek	hour
0	1	0	0	1	9.84	14.395	81	0.0	3	13	16	2011	1	1	5	0
1	1	0	0	1	9.02	13.635	80	0.0	8	32	40	2011	1	1	5	1
2	1	0	0	1	9.02	13.635	80	0.0	5	27	32	2011	1	1	5	2
3	1	0	0	1	9.84	14.395	75	0.0	3	10	13	2011	1	1	5	3
4	1	0	0	1	9.84	14.395	75	0.0	0	1	1	2011	1	1	5	4

图 3-16 新增 year、month、day、dayofweek 和 hour 数据

图 3-16 新增 year、month、day、dayofweek 和 hour 列,删除 datetime 列。去掉无关紧要的列:casual、registered、atemp、day,代码如下。

```
df = df.drop(["casual", "registered", "atemp", "day"], axis = 1)
df.head()
```

输出结果如图 3-17 所示。

	season	holiday	workingday	weather	temp	humidity	windspeed	count	year	month	dayofweek	hour
0	1	0	0	1	9.84	81	0.0	16	2011	1	5	0
1	1	0	0	1	9.02	80	0.0	40	2011	1	5	1
2	1	0	0	1	9.02	80	0.0	32	2011	1	5	2
3	1	0	0	1	9.84	75	0.0	13	2011	1	5	3
4	1	0	0	1	9.84	75	0.0	1	2011	1	5	4

图 3-17　去掉无关紧要的列后的数据集

图 3-17 显示前 5 行删除了无关紧要的列的数据集。本数据集涵盖连续数据(温度和风速)和分类数据(季节、天气类型、月份和星期)。分类数据用数值表示(例如,季节被编码为整数序列$\{1,2,3,4\}$,天气类型为整数$\{1,2,3,4\}$。为了进行后续的分析,我们使用 pandas 函数 pd.get_dummies 将分类数据转换为独热编码形式。在此过程中,为了避免冗余信息的引入,我们去掉一个多余的类别,即参考类别。以星期为例,只需要六个二进制变量就能充分表达星期的信息。代码如下。

```
df = pd.get_dummies(df, columns = ['month', 'dayofweek', 'hour', 'weather', 'year', 'season'])
df = df.drop(['month_1', 'dayofweek_0', 'hour_0', 'weather_1', 'year_2011', 'season_1'], axis = 1)
df.head()
```

输出结果如图 3-18 所示。

	holiday	workingday	temp	humidity	windspeed	count	month_2	month_3	month_4	month_5	...	hour_21	hour_22	hour_23	weather_2	weather_3
0	0	0	9.84	81	0.0	16	0	0	0	0	...	0	0	0	0	0
1	0	0	9.02	80	0.0	40	0	0	0	0	...	0	0	0	0	0
2	0	0	9.02	80	0.0	32	0	0	0	0	...	0	0	0	0	0
3	0	0	9.84	75	0.0	13	0	0	0	0	...	0	0	0	0	0
4	0	0	9.84	75	0.0	1	0	0	0	0	...	0	0	0	0	0

5 rows × 53 columns

图 3-18　修改分类数据后的数据集

图 3-18 显示了前 5 行修改分类数据后的数据集。考虑到 count 的自然对数更符合正态分布,因此我们用 $y=\ln(count+1)$ 替换目标变量 count,这样可以确保 0 的总计数映射为 0 而不是 $-\infty$。那么训练数据 X 由除去 count 项的所有其他数据组成(现在有 52 个特征)。代码如下。

```
y = np.log1p(df['count'])
X = df.drop('count', axis = 1)
```

我们将标记过的训练集分成两组:一组训练集用于训练我们的模型,另一组验证集用于确定最佳超参数集。代码如下。

```
X_train, X_valid, y_train, y_valid = train_test_split(X, y, test_size = 0.3)
```

使用 StandardScalar()对数据进行缩放。我们仅在训练数据上拟合缩放器。然后，对训练集和验证集进行转换。代码如下。

```
scl = StandardScaler()
scl.fit(X_train)
X_train_scaled = scl.transform(X_train)
X_valid_scaled = scl.transform(X_valid)
```

最后，我们定义一个函数 predict()，它将报告给定模型的预测得分。代码如下。

```
def predict(model, X_test, y_test):
    y_pred = model.predict(X_test)
    print('R2 score:', r2_score(y_test, y_pred))
    print("root mean_squared_error: ", np.sqrt(mean_squared_ error(y_test, y_pred)))
    print("mean_absolute_error: ", mean_absolute_error(y_test, y_pred))
    return y_pred
```

（3）线性回归模型建模及模型评价

调用 LinearRegression()建立线性回归模型，调用函数 predict()评价模型。代码如下。

```
lr = LinearRegression()
lr_model = lr.fit(X_train_scaled, y_train)
print('Linear Model Coefficient (s)', lr_model.coef_)
print('Linear Model Coefficient (i)', lr_model.intercept_)
print("Training Set performance: ")
y_train_pred_lr = predict(lr_model, X_train_scaled, y_train)
print("Validation Set performance: ")
y_valid_pred_lr = predict(lr_model, X_valid_scaled, y_valid)
```

输出结果如下。

```
Linear Model Coefficient (s) [ 3.67042158e + 11   1.02984256e + 12   2.21801758e − 01
 − 3.84521484e − 02   − 3.08837891e − 02   5.69152832e − 02   6.71081543e − 02   7.07150039e + 12
  7.01194924e + 12   7.03188078e + 12   3.89430159e + 11   3.91115183e + 11   3.92232753e + 11
 − 1.68454580e + 12   − 1.70639281e + 12   − 1.71954701e + 12   − 3.84521484e − 03
  1.46484375e − 03   2.00195312e − 02   6.00585938e − 02   7.82561809e + 11   7.69423016e + 11
 − 1.14501953e − 01   − 2.19482422e − 01   − 3.13156128e − 01   − 3.56933594e − 01
 − 1.70959473e − 01   6.64672852e − 02   2.49023438e − 01   3.85986328e − 01   3.14208984e − 01
  2.43408203e − 01   2.72277832e − 01   3.10302734e − 01   2.99743652e − 01   2.89428711e − 01
  3.05175781e − 01   3.66455078e − 01   4.20776367e − 01   4.28833008e − 01   3.58764648e − 01
  3.11126709e − 01   2.50305176e − 01   2.07031250e − 01   1.25305176e − 01   − 2.51464844e − 02
 − 1.47094727e − 01   1.09863281e − 03   2.44873047e − 01   − 1.10096443e + 13   − 6.12545139e + 11
  2.66560058e + 12]
```

```
Linear Model Coefficient (i) 4.6079864602761855
Training Set performance:
R2 score: 0.8379273875209028
root mean_squared_error: 0.57154586936688
mean_absolute_error: 0.4235743637719199
Validation Set performance:
R2 score: 0.8225036392971636
root mean_squared_error: 0.5974156128953155
mean_absolute_error: 0.44435111043208236
```

Linear Model Coefficient(s)是52个特征变量的系数,Linear Model Coefficient(i)是常数项。训练集模型得分达到83.79%,说明模型拟合较好。均方根误差为0.571。验证集得分达到82.3%,均方根误差为0.597。

(4) 岭回归

用岭回归优化多元线性回归,代码如下。

```
ridge = GridSearchCV(Ridge(), param_grid = {'alpha':10 ** np.linspace(4, -4,100)}, scoring = "neg_mean_squared_error", cv = 5)
ridge.fit(X_train_scaled, y_train)
print("Training Set performance: ")
y_train_pred_ridge = predict(ridge, X_train_scaled, y_train)
print("Validation Set performance: ")
y_valid_pred_ridge = predict(ridge, X_valid_scaled, y_valid)
```

输出结果如下。

```
Training Set performance:
R2 score: 0.8381443979450359
root mean_squared_error: 0.57116309970056761
mean_absolute_error: 0.422461633650783
Validation Set performance:
R2 score: 0.8220713072805209
root mean_squared_error: 0.5981427399505328
mean_absolute_error: 0.44393935614519764
```

通过输出结果可知,训练集岭回归模型得分达到83.8%,说明模型拟合较好。均方根误差为0.571。验证集得分达到82.2%,均方根误差为0.598。

(5) Lasso 回归

用Lasso回归优化多元线性回归,代码如下。

```
lasso = LassoCV(n_alphas = 100, cv = 5)
lasso.fit(X_train_scaled, y_train)
print("LassoCV: Best hyperparameter alpha: ")
print(lasso.alpha_)
```

```
print("Training set performance: ")
y_train_pred_lasso = predict(lasso, X_train_scaled, y_train)
print("Validation set performance: ")
y_valid_pred_lasso = predict(lasso, X_valid_scaled, y_valid)
```

输出结果如下。

```
Training set performance:
R2 score: 0.8380999017120454
root mean_squared_error: 0.5712416044332702
mean_absolute_error: 0.42277342744898827
Validation set performance:
R2 score: 0.8222373820290221
root mean_squared_error: 0.5978635281100556
mean_absolute_error: 0.4438816127049039
```

通过输出结果可知,训练集 Lasso 回归模型得分达到 83.8%,说明模型拟合较好。均方根误差为 0.571。验证集得分达到 82.2%,均方根误差为 0.598。对于训练集和验证集的均方根误差,线性回归、岭回归和 Lasso 回归的表现相同,这说明在这份数据集上,这三个模型的性能是一致的。

(6) 共享单车需求预测

由于三个模型的性能一致,下面我们运用线性回归模型预测共享单车需求量。读入共享单车测试数据集,该数据集中没有 count 列,是我们要预测的值。首先按照训练数据集的数据预处理方法处理测试数据集,这里就不再重复。然后使用训练好的线性回归模型进行预测,并将预测结果保存到文件 biketest_predictions 中,代码如下。

```
df_test = pd.read_csv('./kaggle/biketest.csv')
df_test = df_test[df.columns.drop('count')]
y_test_pred = lr_model.predict(X_test_scaled)              # 使用训练好的模型进行预测
df_test['count'] = np.expm1(y_test_pred)                    # 使用 expm1 来还原对数变换
df_test.to_csv('./kaggle/biketest_predictions.csv', index = False)   # 将结果保存到 CSV 文件
```

预测部分结果如图 3-19 所示,count 列里的值就是共享单车需求量预测值。

	holiday	workingday	temp	humidity	windspeed	day	count
1							
2	0	1	10.66	56	26.0027	20	15.6114
3	0	1	10.66	56	0	20	8.771149
4	0	1	10.66	56	0	20	5.482425
5	0	1	10.66	56	11.0014	20	2.569898
6	0	1	10.66	56	11.0014	20	1.787716
7	0	1	9.84	60	15.0013	20	6.063823
8	0	1	9.02	60	15.0013	20	20.94315
9	0	1	9.02	55	15.0013	20	58.71324
10	0	1	9.02	55	19.0012	20	109.6655

图 3-19 基于多元线性回归的共享单车需求部分预测值

练 习 题

1. 简述一元线性回归、多元线性回归、多项式回归的区别。
2. 正则化有什么作用？正则项的表达式是什么？
3. 预测房屋的销售价格。使用多项式回归模型来拟合数据，并进行预测。数据集：来源于 Kaggle 平台的 House Prices：Advanced Regression Techniques 项目，https://www.kaggle.com/competitions/house-prices-advanced-regresion-techniques。

即测即练题

第4章 分类模型

本章学习目标

通过本章学习,学员应该能够:
(1) 了解什么是分类问题;
(2) 了解基于规则的算法;
(3) 熟悉和掌握逻辑回归分类模型、贝叶斯分类、决策树、支持向量机模型。

引导案例:基于决策树的中国银行产品推荐

在瞬息万变的金融市场中,个性化和精准化的服务已成为金融机构赢得客户信任和忠诚的关键因素。随着科技的不断进步,如何利用先进的机器学习方法为客户提供最适合其需求和风险承受能力的产品,已成为金融行业的一大挑战。在这一背景下,中国银行股份有限公司的一项创新成果,为我们提供了一种全新的视角和解决方案。

2024年3月26日,国家知识产权局正式公告,中国银行股份有限公司成功获得一项名为"一种基于决策树的产品推荐方法及装置"的专利。此专利通过深入分析待测客户的特征,将这些特征输入至与各类产品相匹配的预先构建的决策树中,从而精准地评估出每种产品对于客户的潜在风险承受等级。决策树的构建基于大量样本客户的风险承受等级、特征及特征占比的对应关系,确保评估的准确性和可靠性。当某产品的客户风险承受等级高于预设标准时,系统将自动推荐该产品给待测客户。此创新方法不仅提高了产品推荐的准确性,还确保了所推荐产品能够充分符合客户的个人风险承受能力。

资料来源:国家知识产权局,http://epub.cnipa.gov.cn/Dxb/IndexQuery。

机器学习分类模型通过训练集进行学习,建立一个从输入空间 X 到输出空间 Y(离散值)的映射。常用的分类算法有逻辑回归、贝叶斯、决策树、支持向量机等。下面将分别对具体的分类算法进行介绍。

4.1 分类问题概述

分类算法作为监督学习的一种重要形式,其核心在于通过已有的标注数据(即带有类别标签的数据)进行学习,从而实现对未知数据的类别标签的预测。分类问题的目标是准确地为数据分配相应的类别标签。根据类别数量的不同,分类问题通常可分为二分类和多分类。二分类是指在两个类别中选择一个类别。在二分类问题中,其中一个类别称作正类(positive class),另一个称作负类(negative class)。例如,在垃圾邮件识别中,我们可以将正常邮件视为负类,而将垃圾邮件视为正类。多分类是指从多个分类中选择一个类别。多分类应用的例子有很多,包括图像和模式识别(参见例 4-1)、文档分类、医疗诊断和金融市场趋势分类等。

例 4-1
手写数字识别是分类问题的一个典型案例,其目的是训练一个分类模型使它能够识别手写数字,将每个手写数字的照片分配给一个有限的离散数字(0-9)。在 sklearn 库的 datasets 模块中,提供了一组手写数字 0 至 9 的数据集,每个数据包含 64 个特征值,这些特征值对应于 8×8 的像素点矩阵,其中每个像素点代表一个特征值,64 个像素构成了一副 8×8 的手写数字图片,如图 4-1 所示。整个数据集中共有 1797 幅 0-9 数字的手写图片,共 10 个类别。

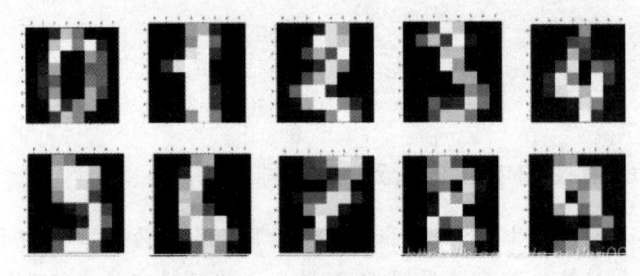

图 4-1 手写数字的照片

分类问题分为学习和分类两个过程。在学习过程中,根据已知的训练数据集利用有效的学习方法学习一个分类器。在分类过程中,利用学习的分类器对新的输入实例进行分类。分类问题可用图 4-2 描述。图中$(x_1, y_1), (x_2, y_2), \cdots, (x_N, y_N)$是训练数据集,学习系统由训练数据学习一个分类器$Y = f(X)$或$P(Y|X)$,分类系统通过学到的分类器对新的输入实例$x_{N+1}$进行分类,即预测其输出的分类标记$y_{N+1}$。

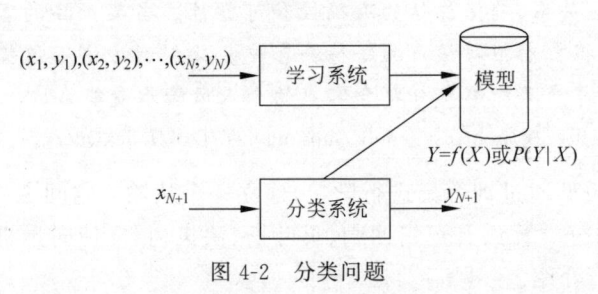

图 4-2 分类问题

机器学习中有很多分类算法,比如逻辑回归、朴素贝叶斯、决策树、随机森林等。实现分类的算法,特别是在具体实现中,被称为分类器。分类器有时也指数学函数,它通过将输入数据映射到类别或类的分类算法实现。分类算法按原理可以分为以下几类:基于统计的算法,基于距离的算法,基于决策树的算法、基于神经网络的算法、基于规则的算法等,如图 4-3 所示。本章节我们主要讨论四类算法,包括基于统计的、基于决策树的、基于规则的分类方法以及支持向量机分类,其他算法如多模型的集成学习算法和神经网络算法将分别在第 5 章和第 7 章中介绍。

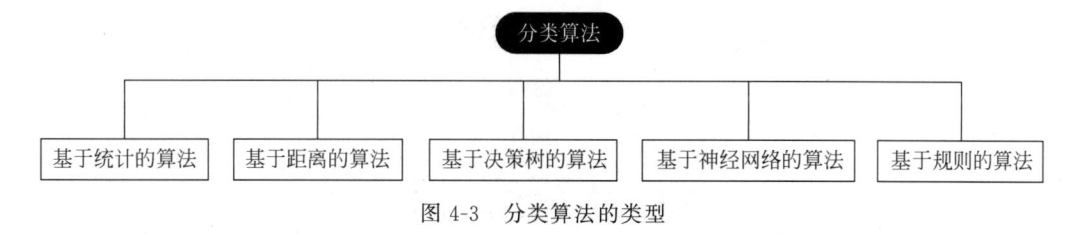

```
                    分类算法
    ┌──────┬──────┬──────┬──────┬──────┐
基于统计的算法 基于距离的算法 基于决策树的算法 基于神经网络的算法 基于规则的算法
```

图 4-3　分类算法的类型

对于分类算法的性能度量,通常通过评估分类的准确率来检验。此外,空间和时间规则也可以用来确定选择合适的分类算法,但只能作为次要考虑。对于给定的测试数据集,分类的准确率通常是通过计算分类器正确分类的样本数与总样本数之比来获得的,见公式 4-1。

$$\text{分类准确率} = \frac{TP + TN}{TP + FP + FN + TN} \tag{4-1}$$

通常以关注的类为正类,其他类为负类,分类器在测试数据集上的预测或正确或不正确,4 种情况出现的总数分别记作

真阳性(true positive,TP)——将正类预测为正类数;

假阴性(false negative,FN)——将正类预测为负类数;

假阳性(false positive,FP)——将负类预测为正类数;

真阴性(true negative,TN)——将负类预测为负类数。

对于二类分类问题常用的评价指标是精确率(precision)、召回率(recall)、准确率(accuracy)。精确率定义为在所有模型预测为正类的样本中,真正为正类样本的比例。

$$P = \frac{TP}{TP + FP} \tag{4-2}$$

召回率定义为在所有实际为正类的样本中,被模型预测为正类样本的比例。

$$R = \frac{TP}{TP + FN} \tag{4-3}$$

F_1 值是精确率和召回率的调和均值,即

$$F_1 = \frac{2TP}{2TP + FP + FN} \tag{4-4}$$

精确率和召回率都高时,F_1 值也会高。

准确率定义为模型正确分类的样本数占总样本数的比例。

$$ACC = \frac{TP + TN}{TP + TN + FP + FN} \tag{4-5}$$

然而,当各类别的观察值数量存在差异,或数据集中类别超过两个时,仅凭分类精度来评估模型性能可能产生误导。在这种情况下,混淆矩阵作为一种有效的工具,能够全面总结分类算法的性能。通过计算混淆矩阵,我们可以更深入地了解哪些分类算法是正确的,以及它们犯了哪些类型的错误,从而更准确地评估模型的优劣。下面的例子来自维基百

科,假设我们从一些实验中得到 P 个正实例(数据中真实的正实例的数量)和 N 个负实例(数据中真实的负实例的数量)。这四种结果可以用表 4-1 中的混淆矩阵来表示。

表 4-1 混淆矩阵

预测结果		真实情况	
		正例	负例
预测结果	正例	TP	FP
	负例	FN	TN
总数		P=(TP+FN)	N=(FP+TN)

召回率也称为真阳性率(true positive rate,TPR),定义了在训练过程中所有可用的阳性样本中有多少正确的阳性结果。假阳性率(false positive rate,FPR)定义了训练过程中所有可用的阴性样本中错误阳性结果的数量,即

$$\text{FPR} = \frac{\text{FP}}{\text{TP}+\text{TN}} = \frac{\text{FP}}{N} \tag{4-6}$$

将 TPR 和 FPR 分别作为横轴和纵轴,可以绘制受试者工作特征曲线(receiver operating characteristic curve,ROC),描述了真阳性(收益)和假阳性(成本)之间的相对权衡。

每个预测结果或混淆矩阵的实例代表了 ROC 空间中的一个点,该点来自于不同的鉴别阈值。最好的分类算法会在 ROC 空间的左上角或坐标(0,1)产生一个点,也被称为完美分类,代表 100% 的敏感性(无假阴性)和 100% 的特异性(无假阳性)。随机猜测会给出一个点,沿着从左下角到右上角的对角线,它将 ROC 空间分成两个相等的部分。对角线上的点代表好的分类结果(比随机的好),而线下的点代表坏的结果(比随机的差)。此外,一个点离左上角越近,它的预测就越准确。表 4-2 给出了 4 种算法预测结果的具体实例,包括 100 个正例和 100 个负例。

表 4-2 混淆矩阵的例子

A			B			C			C′		
TP=63	FP=28	91	TP=77	FP=77	154	TP=24	FP=88	112	TP=76	FP=12	88
FN=37	TN=72	109	FN=23	TN=23	46	FN=76	TN=12	88	FN=24	TN=88	112
100	100	200	100	100	200	100	100	200	100	100	200
TPR=0.63			TPR=0.77			TPR=0.24			TPR=0.76		
FPR=0.28			FPR=0.77			FPR=0.88			FPR=0.12		
ACC=0.68			ACC=0.50			ACC=0.18			ACC=0.82		

图 4-4 给出了上述 4 种结果的 ROC 空间中的表示。结果清楚地显示出 A 算法的预测能力最好。B 算法的结果位于对角线上,从表 4-2 也可以看出 B 算法的准确率为 50%。然而,当 C 算法通过中心点(0.5,0.5)镜像时,得到的 C′ 算法甚至比 A 更好。这个镜像点只是简单地逆转了产生 C 算法混淆矩阵的任何方法或测试的预测,它具有积极的预测能力。当 C 算法预测正例或负例时,C′ 算法也分别预测出正例或负例。这样一来,C′ 算法预测的表现就会更好。

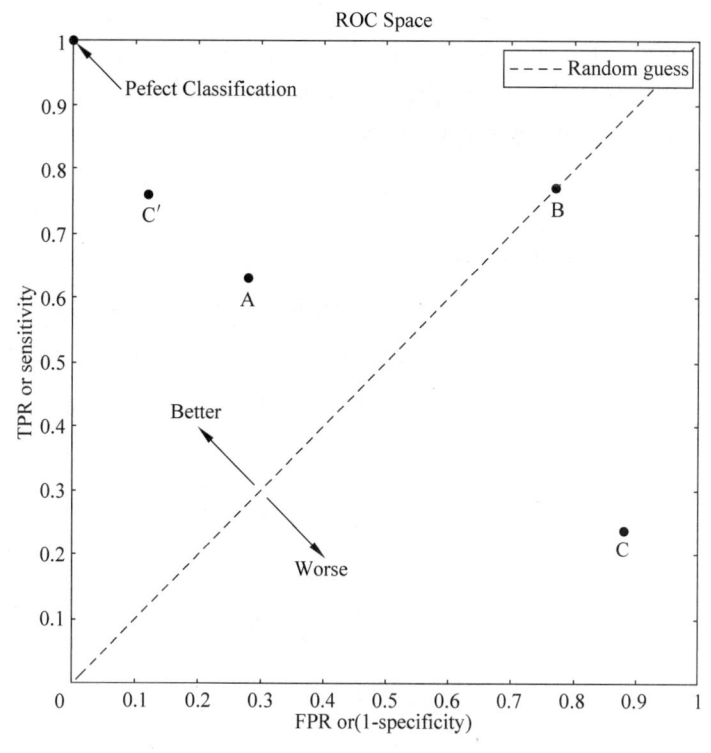

图 4-4 ROC 空间和 4 种算法的预测结果

4.2 基于统计的算法

4.2.1 逻辑回归分类模型原理

逻辑回归分类,亦被称作逻辑回归模型,与输出连续值的线性回归不同,它使用 sigmoid 函数对输出进行转换,得到一个概率值,进而将其映射至两个或多个离散类别。例如,如果我们想推测学习时间和期末考试成绩之间的关系,线性回归和逻辑回归分类可以做出不同的预测。

- 线性回归可以预测学生 0～100 分的考试成绩,预测结果是连续的数字。
- 逻辑回归分类通过查看模型分类下的概率来预测学生是通过或不通过,预测结果是类别。

根据类别的数量,逻辑回归分类可以分为

- 二类别:目标变量只有 2 种可能的类型,即 0 或 1,它可能代表赢与输、通过与失败、是与否等。
- 多类别:目标变量有 3 种或 3 种以上可能的类型,这些类型没有顺序(即类型没有定量意义),如狗、猫和鱼。
- 序数类别:它处理具有有序类别的目标变量。例如,考试成绩可以分为:"很差""差""好""很好"。

逻辑回归分类模型是分类模型,但名字里为什么含有"回归"二字呢?因为它的算法涉及线性回归模型。假设线性回归模型为$h_\theta(x)=\boldsymbol{\theta}^T\boldsymbol{X}$,此模型是用于预测连续变量,其取值范围为$(-\infty,+\infty)$,而逻辑回归分类模型预测的是属于类别的概率,概率的取值范围是$(0\text{-}1)$,因此不能直接用线性回归模型来预测概率,那么如何将一个取值范围为$(-\infty,+\infty)$的回归模型变成取值范围是$(0,1)$的内容呢?sigmoid函数可将任何真实预测值映射为0到1之间的概率,其方程$f(x)=1/(1+e^{-x})$具有S型曲线的形状,如图4-5所示。例如,假设$x=3$,通过sigmoid函数转换后$f(x)=1/(1+e^{-3})=0.95$。因此,逻辑回归分类模型将线性回归模型通过sigmoid函数进行了一个非线性转换,得到一个概率值。经过转换后的逻辑回归分类模型为$h_\theta(x)=f(\boldsymbol{\theta}^T\boldsymbol{X})=1/(1+e^{-\boldsymbol{\theta}^T\boldsymbol{X}})$。最后使用极大似然估计法来确定合适的参数$\boldsymbol{\theta}^T$。由于推导过程比较复杂,这里就不详细介绍,感兴趣的读者可以自行查阅相关文献。

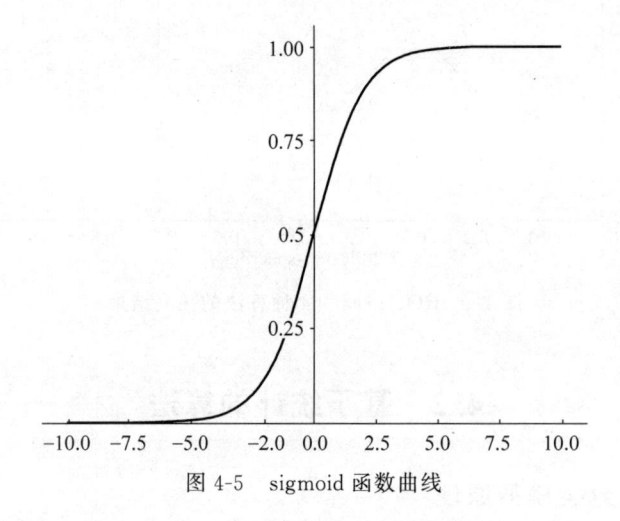

图 4-5 sigmoid 函数曲线

为了将一个概率得分映射到一个离散类,我们通常设置一个阈值,例如 0.5,在该阈值以上,我们将样本分类为类 1,在该阈值以下,我们将值分类为类 0(参见例 4-2)。对于多类的逻辑回归分类,我们可以选择预测概率最高的类。随着概率越来越接近 1,我们更有信心地说,观测结果属于第 1 类。

例 4-2

一组 20 名学生每天花费 0~6 小时学习来通过考试,样本数据在表 4-3 中。0 表示考试不通过,1 表示考试通过。学习时长对通过考试的概率有什么影响?

表 4-3 学习时长与是否通过考试表

学习时长	0.50	0.75	1.00	1.25	1.50	1.75	1.75	2.00	2.25
是否通过考试	0	0	0	0	0	0	1	0	1
学习时长	2.75	3.00	3.25	3.50	4.00	4.25	4.50	4.75	5.00
是否通过考试	1	0	1	0	1	1	1	1	1

首先，我们建立学习时长的线性回归方程，即 $y=\theta_0+\theta_1 x$，然后我们利用 sigmoid 函数将目标变量转化为 0～1 的概率值：$P(通过)=1/(1+e^{-y})=1/(1+e^{-(\theta_0+\theta_1 x)})$。

通过使用一种有效的估计方法（如极大似然估计法），可以计算得到系数分别为 −4.078 和 1.505。所以对于一个花 2 小时学习的学生，通过考试的估计概率是 0.256，这表明有 25.6％ 的机会通过考试。如果将决策边界（阈值）设为 0.5，我们将此观察结果归类为"不通过"。同样，如果一个学生花了 4 个小时学习，他有 87.5％ 的机会通过考试，那么我们将这个观察结果归类为"通过"。

4.2.2 逻辑回归分类模型的代码实现

我们使用 sklearn 中 linear_model 提供的 LogisticRegression 类直接根据数据集拟合一个逻辑回归分类模型。LogisticRegression 类构造函数如下。

```
LogisticRegression(penalty = 'l2', dual = False, tol = 0.0001, C = 1.0, fit_intercept = True,
intercept_scaling = 1, class_weight = None, random_state = None, solver = 'lbfgs', max_iter =
100, multi_class = 'auto', verbose = 0, warm_start = False, n_jobs = None)
```

LogisticRegression 这个类的构造函数中的参数比较多，下面挑选其中几个比较有代表性的参数进行解释，读者可以参考 sklearn 的文档以了解更多。

- penalty：正则化项，默认值为 l2 正则化，可更改为 l1。
- C：正则化系数的倒数，默认值为 1.0。C 值越大，正则化越弱。
- fit_intercept：是否在模型中包含截距项，默认值为 True，表示模型会自动添加截距项；当值设置为 False，表示模型不会添加截距项。
- solver：用于优化问题的算法，类型包括{newton-cg, lbfgs, liblinear, sag, saga}，默认值为 lbfgs。
- max_iter：int 型，最大的迭代次数，默认值为 100。只有 solvers 为{newton-cg, lbfgs, sag}时有用。
- multi_class：分类类型。类型包括{ovr, multinomial, auto}，默认为 auto。如果选择 ovr，代表这是一个 0-1 分类问题。如果选择 multinomial，代表这是一个多分类问题，模型用 softmax 函数方式处理分类问题。auto 的话，系统根据分类类型自动选择 ovr 或 multinomial。

下面以 iris 鸢尾花卉数据集为例说明逻辑回归分类模型的应用。

1. 导入相关库

此模型需要导入 matplotlib、sklearn 等库，代码如下。

```
import pandas as pd
import numpy as np
import matplotlib.pyplot as plt
from sklearn import datasets
from sklearn.model_selection import train_test_split
```

代码 4.2.2

```
import plotly.graph_objs as go
from sklearn.linear_model import LogisticRegression
```

2. 加载鸢尾花卉数据集

加载 iris 鸢尾花卉数据集,通过设置 test_size 将数据集拆分成训练集和测试集,本例中 test_size=0.3,表示选择 30% 的数据用于预测。得到了矩阵 x_train、x_test、y_train 和 y_test,并分别以 sepal length(花萼的长度)、sepal width(花萼的宽度)为坐标轴,绘制 iris 数据集的散点图。代码如下。

```
iris_datas = datasets.load_iris()
data = pd.DataFrame(iris_datas.data, columns = ['SpealLength', 'Spealwidth', 'PetalLength', 'Petalwidth'])
data["Species"] = iris_datas.target
X = data.iloc[:,:2].values          # 取前两列数据
Y = data["Species"]
x_train, x_test, y_train, y_test = train_test_split(X,Y, test_size = 0.3, random_state = 0)
x_index = 0                         # Sepal Length
y_index = 1                         # Sepal Width
markers = ['o', '^', 's']           # 使用不同的形状来区分类别
for label, marker in zip(range(len(iris_data.target_names)), markers):
    plt.scatter(iris_data.data[iris_data.target == label, x_index],
                iris_data.data[iris_data.target == label, y_index],
                label = iris_data.target_names[label], color = 'black', marker = marker)
plt.xlabel(iris_data.feature_names[x_index])
plt.ylabel(iris_data.feature_names[y_index])
plt.legend(loc = 'upper left')
plt.show()
```

输出结果如图 4-6 所示。

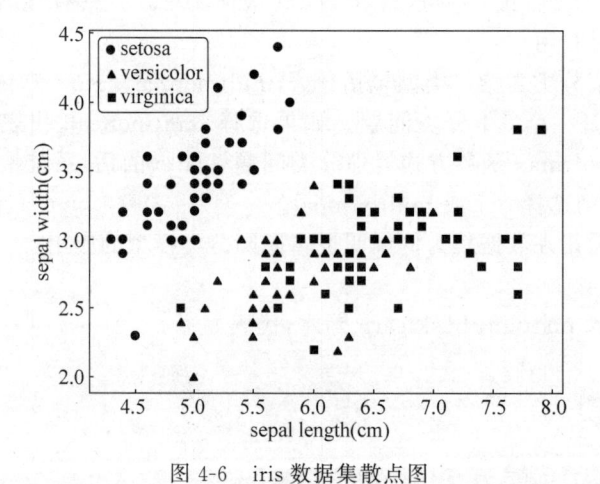

图 4-6 iris 数据集散点图

setosa、versicolor、virginica 分别是鸢尾花卉的三个种类。图 4-6 中圆点为 setosa 鸢尾花,三角形点为 versicolor 鸢尾花,正方形点为 virginica 鸢尾花。

3. 构建逻辑回归分类模型

使用逻辑回归分类函数 LogisticRegression() 建立逻辑回归分类模型，设置 multi_class 参数的值为 multinomial，代码如下。

```
model = LogisticRegression(penalty = 'l2', solver = 'newton - cg', multi_class = multinomial')
model.fit(x_train, y_train)
print('模型的权重向量: %s,\n 模型的截距: %s'%(model.coef_, model. intercept_))
print("Logistic Regression 模型训练集的准确率: %.3f" % model.score(x_train, y_train))
print("Logistic Regression 模型测试集的准确率: %.3f" % model.score(x_test, y_test))
```

输出结果如下。

```
模型的权重向量: [[ - 2.45492592  1.99364139]
 [ 0.49474537  - 1.34213283]
 [ 1.96018054  - 0.65150856]],
模型的截距: [ 7.599956    1.68051264  - 9.28046864]
Logistic Regression 模型训练集的准确率: 0.829
Logistic Regression 模型测试集的准确率: 0.822
```

通过输出结果可知，训练集预测的准确率是 82.9%，测试集预测的准确率是 82.2%。

4. 可视化分类结果

下面我们绘制逻辑回归分类器在鸢尾花数据集上的决策边界，不同类别的数据用不同形状标注，代码如下。

```
x1_min, x1_max = X[:, 0].min() - .5, X[:, 0].max() + .5   # 第0列的范围
x2_min, x2_max = X[:, 1].min() - .5, X[:, 1].max() + .5   # 第1列的范围
h = .02
x1, x2 = np.meshgrid(np.arange(x1_min, x1_max, h), np.arange(x2_min, x2_max, h))
                                                          # 生成网格采样点
grid_test = np.stack((x1.flat, x2.flat), axis = 1)        # 测试点
grid_hat = model.predict(grid_test)                       # 预测分类值
grid_hat = grid_hat.reshape(x1.shape)                     # 使之与输入的形状相同
plt.figure(1, figsize = (6, 5))
plt.pcolormesh(x1, x2, grid_hat, cmap = plt.cm.Paired, alpha = 0.2) # 绘制决策边界
for i, marker in enumerate(markers):
    plt.scatter(X[Y == i, 0], X[Y == i, 1], color = 'black', label =
                iris_data.target_names[i], marker = marker)
                                 # 使用不同的形状来区分类别并绘制原始数据点
plt.xlabel('Sepal length')
plt.ylabel('Sepal width')
plt.legend(loc = 2)
plt.xlim(x1.min(), x1.max())
plt.ylim(x2.min(), x2.max())
plt.xticks(())
plt.yticks(())
plt.grid()
plt.show()
```

输出结果如图 4-7 所示。

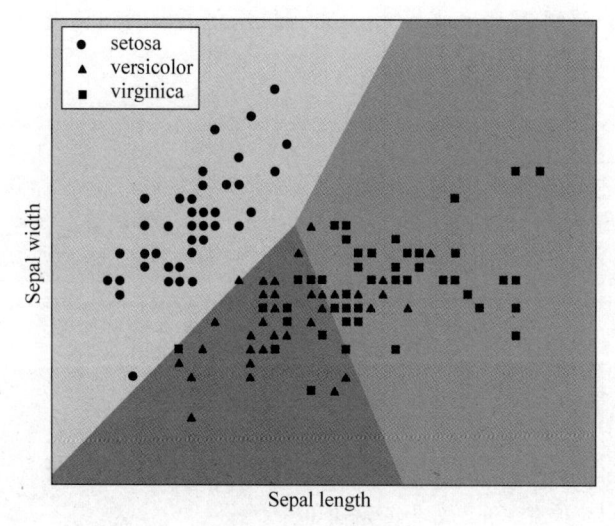

图 4-7 iris 可视化图

从图 4-7 可知，setosa 类线性可分，versicolor 和 virginica 类线性区分较困难。

4.2.3 贝叶斯分类算法原理

贝叶斯分类算法是以贝叶斯定理为基础，在已知类变量值的前提下，朴素地假定特征之间条件独立。例如，如果一种水果具有红，圆，直径大概 4 英寸等特征，该水果可以被判定为是苹果。尽管这些特征相互依赖或者有些特征由其他特征决定，然而朴素贝叶斯分类器认为这些特征在判定该水果是否为苹果的概率分布上独立的。

假设有 m 个样本，每个样本有 n 个特征，为 $x_1, x_2, \cdots x_n$，特征输出有 K 个类别，定义为 y_k。则样本 x_i 属于类别 y_k 的概率为

$$P(y_k \mid x_1, x_2, \cdots, x_n) = \frac{P(y_k) P(x_1, x_2, \cdots, x_n \mid y_k)}{P(x_1, x_2, \cdots, x_n)} \tag{4-7}$$

因为分母对所有类别为常数，所以只要计算分子即可。条件概率 $P(x_1, \cdots, x_n \mid y_k)$ 很难计算，这是一个超级复杂的有 n 个维度的条件分布，特征越多，要统计这些特征同时出现的概率就越困难。因此朴素贝叶斯在这里做了"特征独立性条件"假设，即 n 个特征之间相互独立、互不影响，这样就可以得出

$$P(x_1, x_2, \cdots, x_n \mid y_k) = P(x_1 \mid y_k) P(x_2 \mid y_k) \cdots \cdots P(x_n \mid y_k)$$
$$= \prod_{i=1}^{n} P(x_i \mid y_k) \tag{4-8}$$

因此，公式(4-7)可以表示为

$$P(y_k \mid x_1, x_2, \cdots, x_n) = \frac{P(y_k) \prod_{i=1}^{n} P(x_i \mid y_k)}{P(x_1, x_2, \cdots, x_n)} \tag{4-9}$$

我们可以使用最大后验概率(maximum a posteriori, MAP)估计来估计 $P(y_k)$ 和

$P(x_i|y_k)$,前者为训练集中 y_k 类的相对频率。不同的朴素贝叶斯分类器的区别主要在于它们对分布的假设。通过只计算类分布大大降低了计算成本。尽管过度简化的假设在大多数情况下都是无效的,但贝叶斯分类器在许多现实世界的情况下都惊人地表现得相当好,例如流行的文档分类(即文档是否属于体育、政治、技术等类别)。分类器使用的特性/预测器是文档中出现的单词的频率。它们需要少量的训练数据来估计所需的参数,这在理论上得到了证明。它可以很容易地扩展到更大的数据集,因为它只需要线性时间,而不是像许多其他复杂的分类器那样使用昂贵的迭代逼近。但该方法也存在一些缺点。

- 如果分类变量属于一个在训练集中没有被跟踪的类别,那么模型将赋予它一个 0 的概率,这样的模型无法进行任何预测。
- 朴素贝叶斯假设特性之间是独立的。在现实生活中,很难收集到包含完全独立特征的数据。

贝叶斯分类常用于文本分类,尤其是对于英文等语言来说,分类效果很好。因此,常用于垃圾文件过滤、情感预测、推荐系统等。下面通过一个文本分类的例子说明贝叶斯分类算法应用,详见例 4-3。

例 4-3

构建一个分类器来判断短语"a very close game"是否与"sports"有关。训练数据有 5 个句子,见表 4-4。

表 4-4 训练数据

序号	文本	标签
1	"a great game"	sports
2	"the election was over"	not sports
3	"very clean match"	sports
4	"a clean but forgettable game"	sports
5	"it was a close election"	not sports

由于朴素贝叶斯是一种概率分类器,我们希望可以计算出短语"a very close game"属于 sports 类和 not sports 类的概率,然后我们选择概率大的类别作为预测结果。在已知句子是"a very close game"的前提下,我们想得到这个短语的标签是 sports 类的概率,即 $P(\text{sports}|\text{a very close game})$。那么该怎么做呢?我们使用单词出现的频率,即忽略词序和结构,将每个文本视为它所包含的单词的集合。利用贝叶斯定理,我们得到

$$P(\text{sports}|\text{a very close game}) = \frac{P(\text{a very close game}) \cdot P(\text{sports})}{P(\text{a very close game})}$$

。计算时,我们可以忽略分母 $P(\text{a very close game})$,并假设短语中的每个单词都是独立于其他单词的。这意味着我们不需要看整个短语,而只需要看单个的单词。因此,可以将 $P(\text{a very close game})$ 表示为 $P(a) \cdot P(\text{very}) \cdot P(\text{close}) \cdot P(\text{game})$,那么 $P(\text{a very close game}|\text{sports})$ 可以重新表示为:$P(a|\text{sports}) \cdot P(\text{very}|\text{sports}) \cdot P(\text{close}|\text{sports}) \cdot P(\text{game}|\text{sports})$。因为这些单独的单词(a, very, close, game)在我们的训练数据中多次出现,我们可以这样计算这些条件概率。

- 首先,我们得到 sports 类的概率 $P(\text{sports})$ 是 3/5,那么 $P(\text{not sports})$ 为 2/5;
- 其次,单词 game 在 sports 的文本中出现 2 次,而单词总数为 11 个,概率 $P(\text{game}|\text{sports})=2/11$;
- 可能出现的单词为 [a, great, very, over, it, but, game, election, clean, close, the, was, forgettable, match],总数为 14,应用拉普拉斯平滑来解决 close 这个词在任何 sports 文本中都没有出现的问题,可以得到 $P(\text{close}|\text{sports})=\dfrac{0+1}{11+14}$。所有单词的概率如表 4-5 所示。

表 4-5 所有单词的概率

单词	$P(\text{word}|\text{sports})$	$P(\text{word}|\text{not sports})$
a	$\dfrac{2+1}{11+14}$	$\dfrac{1+1}{9+14}$
very	$\dfrac{1+1}{11+14}$	$\dfrac{0+1}{9+14}$
close	$\dfrac{0+1}{11+14}$	$\dfrac{1+1}{9+14}$
game	$\dfrac{2+1}{11+14}$	$\dfrac{0+1}{9+14}$

最后,我们可以得到这个短语是 sports 类或是 not sports 类的所有概率。

$P(\text{a}|\text{sports}) \cdot P(\text{very}|\text{sports}) \cdot P(\text{close}|\text{sports}) \cdot P(\text{game}|\text{sports}) \cdot P(\text{sports}) = 2.76 \times 10^{-5}$

$P(\text{a}|\text{not sports}) \cdot P(\text{very}|\text{not sports}) \cdot P(\text{close}|\text{not sports}) \cdot P(\text{game}|\text{not sports}) \cdot P(\text{not sports}) = 5.72 \times 10^{-6}$

因为 2.76×10^{-5} 比 5.72×10^{-6} 大,因此,贝叶斯分类器给出的结果是:a very close game 属于 sports 类。

根据 $P(x_i|y)$ 的分布假设不同,采用不同的参数估计方式,常用的朴素贝叶斯包括:高斯朴素贝叶斯、伯努利朴素贝叶斯、多项式朴素贝叶斯。

1. 高斯朴素贝叶斯

适用于连续变量,其假定各个特征 x_i 在各个类别 y 下服从正态分布,算法内部使用正态分布的概率密度来计算概率。

$$P(x_i \mid y) = \dfrac{1}{\sqrt{2\pi\sigma_y^2}} \exp\left(-\dfrac{(x_i-\mu_y)^2}{2\sigma_y^2}\right) \tag{4-10}$$

μ_y:在类别为 y 的样本中,特征 x_i 的均值;

σ_y:在类别为 y 的样本中,特征 x_i 的标准差。

2. 伯努利朴素贝叶斯

伯努利朴素贝叶斯假设特征的先验概率为二元伯努利分布。设试验 E 只有两个可能的结果：A 与 A^-，则称 E 为伯努利试验。伯努利朴素贝叶斯适用于离散变量，其假设各个特征 x_i 在各个类别 y 下服从 n 重伯努利分布（二项分布），因为伯努利试验仅有两个结果，因此算法会先对特征值进行二值化处理（假设二值化的结果为 1 与 0），即

$$P(x_i \mid y) = P(x_i = 1 \mid y)x_i + (1 - P(x_i = 1 \mid y))(1 - x_i) \tag{4-11}$$

3. 多项式朴素贝叶斯

假设特征的先验概率为多项式分布，多项式朴素贝叶斯适用于离散变量，其假设各个特征 x_i 在各个类别 y 下服从多项式分布，故每个特征值不能是负数，即

$$P(x_i \mid y) = \frac{N_{yi} + \alpha}{N_y + \alpha N} \tag{4-12}$$

N_{yi}：特征 i 在类别 y 的样本中发生（出现）的次数；

N_y：在类别 y 的样本中，所有特征发生（出现）的次数；

N：特征数量；

α：平滑参数。

4.2.4 贝叶斯分类算法的代码实现

sklearn 提供了 3 个朴素贝叶斯分类器的实现，分别是伯努利朴素贝叶斯分类器 BernoulliNB、高斯朴素贝叶斯分类器 GaussianNB 和多项式朴素贝叶斯分类器 MultinomialNB，它们分别对应不同的特征条件概率分布的假设。伯努利朴素贝叶斯分类器和多项式朴素贝叶斯分类器适用于离散特征的情况，特别的是伯努利朴素贝叶斯分类器模型中的每个特征的取值只能是 0 或 1。

1. 高斯朴素贝叶斯分类器

高斯朴素贝叶斯类构造函数如下。

```
GaussianNB(priors = None)
```

构造函数的参数如下。

- priors：类的先验概率，如果不提供则从样本数据中估算。

高斯朴素贝叶斯分类器的常用方法如表 4-6 所示，属性如表 4-7 所示。

表 4-6 高斯朴素贝叶斯分类器的常用方法

方法	说明
fit(X,y[,sample_weight])	训练模型
partial_fit(X,y[,classes,sample_weight])	通过批量加载样本以增量训练模型，当样本数据规模较大时使用
predict(X)	用模型进行预测，返回预测值
predict_log_proba(X)	预测输入样本的对数分类概率
predict_proba(X)	预测输入样本的分类概率
score(X,y[,sample_weight])	返回给定测试数据的平均精度

表 4-7 高斯朴素贝叶斯分类器的属性

属　性	说　明
class_prior_	每个类的先验概率
class_count_	每个类包含的训练数据
theta_	每个类每个特征的均值
sigma_	每个类每个特征的方差
classes_	分类的标签值

下面以一个例子说明高斯朴素贝叶斯函数的使用。x 为随机生成 2 列 6 行 0~10 之间的整数,y 为对应的分类的类别,分别为 0,0,0,1,1,1。训练高斯朴素贝叶斯分类器后,输出每个类别的先验概率、样本数量、类别的标签,并预测测试集[6,3]的分类类别。代码如下。

代码 4.2.4

```
import numpy as np
import pandas as pd
from sklearn.naive_bayes import GaussianNB
from IPython.display import display
np.random.seed(0)
x = np.random.randint(0,10,size=(6,2))
y = np.array([0,0,0,1,1,1])
data = pd.DataFrame(np.concatenate([x,y.reshape(-1,1)],axis=1),columns=['x1','x2','y'])
display(data)
gnb = GaussianNB()
gnb.fit(x,y)
print('每个类别的先验概率: ', gnb.class_prior_)
print('每个类别样本的数量: ', gnb.class_count_)
print('每个类别的标签: ', gnb.classes_)
x_test = np.array([[6,3]]) #测试集
print('预测结果: ', gnb.predict(x_test))
print('预测结果概率: ', gnb.predict_proba(x_test))
```

输出结果如下。

```
   x1 x2 y
0   5  0 0
1   3  3 0
2   7  9 0
3   3  5 1
4   2  4 1
5   7  6 1
每个类别的先验概率: [0.5 0.5]
每个类别样本的数量: [3. 3.]
每个类别的标签: [0 1]
预测结果: [0]
预测结果概率: [[0.87684687 0.12315313]]
```

从输出结果可知,随机生成的 x 为[5,0],[3,3],[7,9],[3,5],[2,4],[7,6]。类别有[0 1],每个类别的先验概率分别为 0.5,0.5,每个类别样本数量分别为 3,3。对于测试集[6,3],预测结果为[0]类别的概率为 0.87684687,[1]类别的概率为 0.12315313,因此[6,3]归为[0]类别。

2. 多项式朴素贝叶斯分类器

多项式朴素贝叶斯类构造函数如下。

```
MultinomialNB(alpha = 1.0, fit_prior = True, class_prior = None)
```

构造函数的主要参数如下。
- alpha:平滑参数,默认值为 1。为避免有的特征值缺省,一般对样本的概率做 Laplace/Lidstone 平滑处理。
- fit_prior:是否学习类的先验概率,默认值为 True,表示学习类的先验概率。
- class_prior:类的先验概率,如果不提供则从数据中学习。多项式朴素贝叶斯分类器的方法:同 GaussianNB。多项式朴素贝叶斯分类器的属性如表 4-8 所示。

表 4-8 多项式朴素贝叶斯分类器的属性

属　性	说　明
class_log_prior_	经过平滑后的先验概率对数值
intercept_	其值和 class_log_propr 相同
class_count_	每个类包含的训练数据
feature_count_	各类别各个特征出现的次数,返回形状为(n_classes, n_features)数组,即"类别数"个行,"属性数"个列的矩阵
feature_log_prob_	指定类的各特征概率对数值,返回形状为(n_classes, n_features)数组

下面以一个例子说明多项式朴素贝叶斯函数的使用。x 为随机生成 2 列 6 行 0~4 之间的整数,y 为对应的分类的类别,分别为 0,0,0,1,1,1。训练多项式朴素贝叶斯分类器后,输出每个类别的样本数量、每个特征在每个类别下发生的次数、每个类别下每个特征所占的比例。代码如下。

```
import numpy as np
import pandas as pd
from sklearn.naive_bayes import MultinomialNB
from IPython.display import display
np.random.seed(0)
x = np.random.randint(0,4,size=(6,2))
y = np.array([0,0,0,1,1,1])
data = pd.DataFrame(np.concatenate([x,y.reshape(-1,1)], axis=1), columns=['x1','x2','y'])
display(data)
mnb = MultinomialNB()
mnb.fit(x,y)
print('每个类别的样本数量: ',mnb.class_count_)
print('每个特征在每个类别下发生的次数: ',mnb.feature_count_)
print('每个类别下每个特征所占的比例',np.exp(mnb.feature_log_prob_))
```

输出结果如下。

```
  x1 x2 y
0  0  3 0
1  1  0 0
2  3  3 0
3  3  3 1
4  1  3 1
5  1  2 1
每个类别的样本数量 [3. 3.]
每个特征在每个类别下发生的次数 [[4. 6.] [5. 8.]]
每个类别下每个特征所占的比例 [[0.41666667 0.58333333][0.4  0.6]]
```

从输出结果可知,随机生成的 x 为[0,3],[1,0],[3,3],[3,3],[1,3],[1,2]。类别有[0 1],每个类别样本数量分别为3,3。每个特征在每个类别下发生的次数[[4,6][5,8]]。每个类别下每个特征所占的比例[[0.41666667 0.58333333][0.4 0.6]]。

3. 伯努利朴素贝叶斯分类器

伯努利朴素贝叶斯构造函数如下。

```
BernoulliNB(alpha = 1.0, binarize = 0.0, fit_prior = True, class_prior = None)
```

构造函数的主要参数如下。
- alpha:平滑参数,默认值为1;
- binarize:二值化运算的阈值,默认值为0,如果设置为None则表示不进行二值化处理;
- fit_prior:是否学习类的先验概率,默认值为True,否则使用相同值;
- class_prior:类的先验概率,如果不提供则从数据中学习。

伯努利朴素贝叶斯分类器的方法:同 GaussianNB。

下面以一个例子说明伯努利朴素贝叶斯函数的使用。x 为随机生成2列6行[-5,5]之间的整数,y 为对应的分类的类别,分别为0,0,0,1,1,1。训练伯努利多项式朴素贝叶斯分类器后,输出数值1出现次数、类别占比、每个类别下每个特征所占的比例。代码如下。

```python
import numpy as np
import pandas as pd
from sklearn.naive_bayes import BernoulliNB
from IPython.display import display
np.random.seed(0)
x = np.random.randint(-5,5,size=(6,2))
y = np.array([0,0,0,1,1,1])
data = pd.DataFrame(np.concatenate([x,y.reshape(-1,1)], axis = 1), columns = ['x1','x2','y'])
display(data)
bnb = BernoulliNB()
bnb.fit(x,y)
print('数值1出现次数: ', bnb.feature_count_)
```

```
print('类别占比 p(y): ',np.exp(bnb.class_log_prior_))
print('每个类别下每个特征所占的比例: ',np.exp(bnb.feature_log_prob_))
```

输出结果如下。

```
  x1 x2  y
0  0 -5  0
1 -2 -2  0
2  2  4  0
3 -2  0  1
4 -3 -1  1
5  2  1  1
数值1出现次数：[[1. 1.] [1. 1.]]
类别占比 p(y): [0.5 0.5]
每个类别下,每个特征所占的比例: [[0.4 0.4] [0.4 0.4]]
```

从输出结果可知,随机生成的 x 为[0,-5],[-2,-2],[2,4],[-2,0],[-3,-1],[2,1]。因为伯努利分布只有两个值,因此我们只需计算一个值出现的概率,另一个值出现的概率即可得出。数值1出现的次数为[[1,1] [1,1]]。类别占比是对概率取对数后的结果,为[0.5 0.5]。每个类别下每个特征所占的比例[[0.4 0.4] [0.4 0.4]]。

4.3 基于决策树的算法

4.3.1 决策树的概述

决策树(decision tree,DT)是分类算法家族中最流行的工具之一,它能够从一系列有特征和标签的数据中总结出决策规则,并用树状图的结构来呈现这些规则,以解决分类和回归问题。由于决策树在解决各种问题时都有良好的表现,目前已在商业、医学、金融分析、分子生物学等领域都有广泛的应用。

决策树有以下三个主要组成部分。

(1) **根节点**:树的起始点,没有入边,只有出边。

(2) **内部节点**:树中间的节点,有一条入边多条出边。每个内部节点表示由一种特征属性引发的判断,每个节点下面的分支代表某个判断结果的输出。

(3) **叶子节点**:树最底部的节点,也就是决策结果,有入边没有出边。代表一种分类结果。

从根节点到每个叶子节点的路径对应了一个判定测试序列。

图4-8展示了决策树的基本结构。根节点是{纹理=?},内部节点是{根蒂=?}、{触感=?}、{色泽=?},叶子节点是{好瓜}、{坏瓜}。

决策树十分适合用于商务决策问题,它具有以下优点。

(1) **易于理解和解释**

决策树以树形结构直观展示决策过程,决策规则清晰明了,便于商务人员理解和解释。

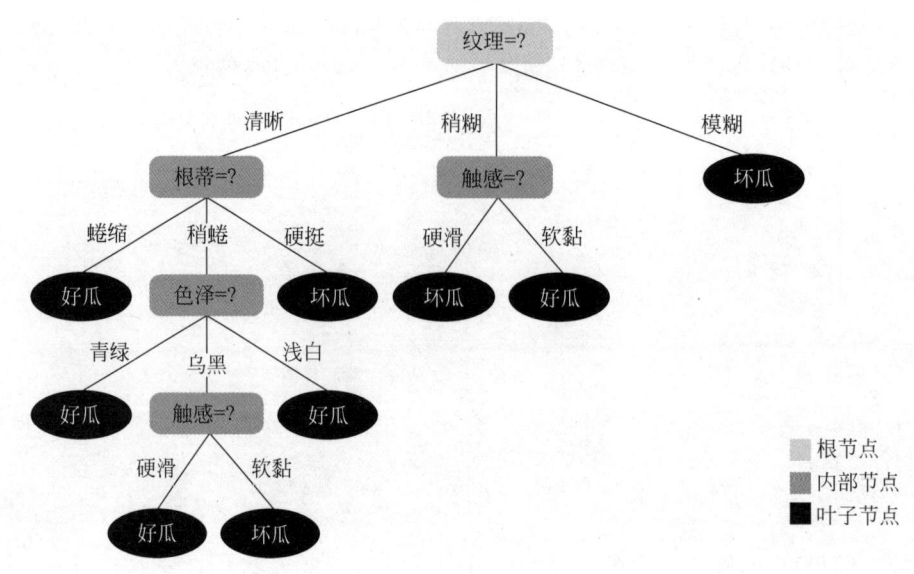

图 4-8 决策树结构的示例

（2）可视化呈现

决策树可以通过图形化的方式展现决策过程，使决策者能够清晰地看到每一个决策节点及其可能产生的结果，有助于做出明智决策。

（3）处理多种数据类型

决策树可以同时处理数值型和类别型数据，适用于各种商务场景。

（4）无须假设

与其他模型不同，决策树无须对数据作出严格的假设，如线性可分等，能更好地适应复杂的商务数据。

（5）高效构建模型

决策树算法相对简单，能在较短时间内从数据中学习出决策模型，满足商务决策的高效性需求。

（6）处理数据缺失

决策树在训练过程中能较好地处理数据缺失的情况，避免信息损失。

4.3.2 决策树算法

决策树算法就是一棵树的构造过程，它通过不断地选择最优特征，并根据该训练数据进行分割，即对特征空间进行划分，使得各个子数据集有一个最好的分类的过程。

决策树的构造就是划分数据集的过程，其目标是将无序数据变得更加有序，信息熵和信息增益是度量信息纯度的重要方法，是决策树构造属性划分的重要理论基础。

1. 信息熵和信息增益

1948 年，香农（Shannon）引入热力学中的熵概念来衡量信息量。熵代表信息的不确定性。信息的不确定性越大，熵越大。例如"太阳从东方升起"这一句话代表的信息不确定性可以认为是 0，因为这是一个特定的规律，可以把这个事件的信息熵约等于 0。也就是说，信息熵和事件发生的概率成反比。熵是各种可能性的熵以概率为权重进行加和,每个可能性可以用$-\log p$来表示,则信息熵表达式为

$$H(X) = -\sum_{i=1}^{n} p_i \log p_i \tag{4-13}$$

其中n代表X的n种不同离散取值,p_i代表X取值为x_i的概率。

条件熵类似于条件概率,度量X在知道Y以后的不确定性,表达式为

$$H(X|Y) = -\sum_{i=1}^{n} p(x_i, y_i) \log p(x_i \mid y_i) \tag{4-14}$$

信息增益代表熵的变化程度。用分类前的信息熵减去分类后的信息熵,表达式为

$$IG(D, A) = H(X) - H(X|Y) \tag{4-15}$$

下面以一个具有四个属性的数据集为例:天气情况(晴,阴,雨),温度(热,温,凉),湿度(高,一般),是否有风(是,否)。目标变量打高尔夫(打,不打),共包含14个数据点。根据各种天气决定是否打高尔夫,具体数据见表4-9。

表 4-9 天气与打高尔夫数据

天数	天气情况	温度	湿度	是否有风	打高尔夫
1	晴	热	高	否	不打
2	晴	热	高	是	不打
3	阴	热	高	否	打
4	雨	温	高	否	打
5	雨	凉	一般	否	打
6	雨	凉	一般	是	不打
7	阴	凉	一般	是	打
8	晴	温	高	否	不打
9	晴	凉	一般	否	打
10	雨	温	一般	否	打
11	晴	温	一般	是	打
12	阴	温	高	是	打
13	阴	热	一般	否	打
14	雨	温	高	是	不打

为了在此数据上构建决策树,我们需要根据每个特征的信息增益来选择最优的分裂点。每次分裂都在四个特征之一上进行,选择信息增益最高的特征进行分裂。这个过程会持续进行,直到满足以下条件之一:所有叶子节点都是纯的(即每个叶子节点中的数据属于同一类别),或者没有信息增益可用(即信息增益为零)。

"是否有风"特性的拆分会产生两个子节点:"是"和"否"。在这个数据集中,有6个数据点值为"是",其中3个点的"打高尔夫"值为"打",3个点的值为"不打"。剩下的8个"是否有风"值为"否"的数据点包含2个"不打"和6个"打"。

"是否有风"值为"是"的节点的信息是用上面计算的熵公式得到的。由于在这个节点中"是"和"否"的数量相等,我们有

$$H([3,3]) = -\frac{3}{6}\log_2 \frac{3}{6} - \frac{3}{6}\log_2 \frac{3}{6} = 1$$

对于"是否有风"值为"否"的节点,有 8 个数据点,6 个"打",2 个"不打"。因此我们有

$$H([6,2]) = -\frac{6}{8}\log_2\frac{6}{8} - \frac{2}{8}\log_2\frac{2}{8} = 0.81$$

为了找到分裂的信息,我们根据落在哪个节点上的观测次数对这两个数字进行加权平均。

$$H(是否有风) = \frac{6}{14} \cdot 1 + \frac{8}{14} \cdot 0.81 = 0.89$$

利用"是否有风"方法求分裂的信息增益,首先要计算分裂前数据中的信息。原始数据中"打高尔夫"有 9 个"打",5 个"不打",因此我们有

$$H([9,5]) = -\frac{9}{14}\log_2\frac{9}{14} - \frac{5}{14}\log_2\frac{5}{14} = 0.94$$

在此基础上,我们现在可以计算"是否有风"特征上的分裂所获得的信息增益

$$IG(是否有风) = H([9,5]) - H([3,3],[6,2]) = 0.94 - 0.89 = 0.05$$

上面只是举例如果按照"是否有风"划分算得的信息增益,那么如果按照"温度""湿度""天气情况"划分呢?同理,经计算

$$IG(天气情况) = 0.246$$
$$IG(温度) = 0.029$$
$$IG(湿度) = 0.151$$

选择最大的信息增益属性进行划分,然后再重复进行上述步骤,直至建好一棵树为止;在本例中第一个分支节点的属性是"天气情况"。

虽然信息增益通常是决定一个属性的重要性的一个很好的措施,但它不是完美的。当将信息获取应用于可能具有大量不同值的属性时,会出现一个显著的问题。例如,假设一个人正在为一些描述企业客户的数据构建一个决策树。信息增益通常用于决定哪些属性是最相关的,因此可以在树的根部附近测试它们。输入属性之一可能是客户的信用卡号。这个属性具有高度的融合信息,它唯一地标识了每个客户,但我们不希望将它包括在决策树中:根据客户的信用卡号决定如何对待客户不太可能推广到我们以前没有见过的客户(这是过拟合)。

2. ID3 算法

ID3(iterative dichotomiser 3)算法是罗斯·昆兰(Ross Quinlan)在 1986 年开发的。该算法运用信息增益大小来判断当前节点应该用什么特征来构建决策树,用计算出的信息增益最大的特征来建立决策树的当前节点。

该算法创建了一棵多路径树,为每个节点寻找对分类目标产生最大信息增益的分类特征。将树生长到最大尺寸后,通常采用修剪步骤来提高树对不可见数据的泛化能力。在一棵决策树中,根节点是信息增益最大的节点,依此类推,越远离根节点的节点信息增益就越小,并且越接近叶子节点。

ID3 算法具体的算法流程如下。

(1) 以原始数据集 D 作为根节点开始。在算法的每次迭代中,对数据集 D 中每个未使用的属性进行迭代,计算该属性的熵(H)和信息增益(IG);

(2) 选择熵最小或信息增益最大的属性;

(3) 数据集 D 被选中的属性分割,以产生数据集的一个子集。该算法继续在每个子集

上迭代,只考虑以前从未选择过的属性。

在整个算法中,决策树是用每个内部节点构造的,每个内部节点表示所选择的属性,数据在其上被分割,而叶子节点表示这个分支的最终子集的类标签。

3. C4.5 算法

当将 ID3 应用于分割属性较多的情况时,可能会出现过拟合问题。在极端情况下,若某属性在训练集中对每个元组都具有唯一值,该属性会被 ID3 错判为最优分裂特征。这一缺陷可通过采用信息增益率替代信息增益来有效缓解。

C4.5 决策树算法不直接使用信息增益,而是使用增益率(information gain ratio)来选择最优划分属性,是信息增益与信息熵的比值,其定义为

$$\text{IG}_r = \frac{\text{IG}(T,a)}{H(a)} \tag{4-16}$$

其中 a 为固有属性,$\text{IG}(T,a)$ 为按照属性 a 划分时的信息增益,$H(a)$ 为按照属性 a 划分的信息熵。

因此,按属性"天气情况"划分时,信息熵为

$$H([5,4,5]) = -\frac{5}{14}\log_2\frac{5}{14} - \frac{4}{14}\log_2\frac{4}{14} - \frac{5}{14}\log_2\frac{5}{14} = 1.5774$$

信息增益率为

$$\text{IG}_r(\text{天气情况}) = \frac{0.246}{1.5774} = 0.15595$$

C4.5 算法使用最大的信息增益率。信息增益率使决策树不考虑具有大量不同值的属性,解决了信息增益的不足。

4. CART 算法

分类回归树(classification and regression tree, CART)是由布莱曼(Leo Breiman)、杰罗姆·弗里德曼(Jerome Friedman)、理查德·奥尔森(Richard Olshen)和查尔斯·斯通(Charles Stone)在 1984 年提出的。作为一个总括术语,指的是以下类型的决策树。

(1) 分类树:目标变量是分类的,树用于标识目标变量可能归属的"类";
(2) 回归树:目标变量是连续的,用树来预测它的值。

ID3 中根据属性值分割数据,之后该特征不会再起作用,这种快速分割的方式会影响算法的准确率。CART 是一棵二叉树,采用一种二分递归分割的技术,将当前的样本集分为两个子样本集,使生成的每个非叶子节点都有两个分支。CART 分类树算法使用基尼系数(Gini index)来代替信息增益比,基尼系数代表了模型的不纯度,基尼系数越小,则不纯度越低,特征越好。这和信息增益是相反的。

定义 p_i 为类 c_i 的频数,那么基尼系数的数学表达式为

$$\text{Gini}(p) = \sum_{i=1}^{i} p_i(1-p_i) = 1 - \sum_{i=1}^{i} p_i^2 \tag{4-17}$$

将一个包含 n 个观测数据的数据集 D 分割为子集 D_1 和 D_2,分别包含 n_1 和 n_2 个观测数据,分割效果的好坏被定义为

$$\text{Gini}(D) = \frac{n_1}{n}\text{Gini}(D_1) + \frac{n_2}{n}\text{Gini}(D_2) \tag{4-18}$$

CART 具体的算法流程如下。

算法输入是训练集 D、基尼系数的阈值、样本个数阈值,输出是决策树 T。我们的算法从根节点开始,用训练集递归的建立 CART 树。

（1）对于当前节点的数据集 D,如果样本个数小于阈值或者没有特征,则返回决策子树,当前节点停止递归;

（2）计算数据集 D 的基尼系数,如果基尼系数小于阈值,则返回决策树子树,当前节点停止递归;

（3）计算当前节点现有的各个特征的特征值对数据集 D 的基尼系数;

（4）在计算出来的各个特征的特征值对数据集 D 的基尼系数中,选择基尼系数最小的特征 A 和对应的特征值 a。根据这个最优特征和最优特征值,把数据集划分成两部分 D_1 和 D_2,同时建立当前节点的左右节点,左节点的数据集为 D_1,右节点的数据集为 D_2;

（5）对左右的子节点递归的调用(1)~(4)步,生成决策树。

当使用生成的决策树做预测的时候,假如测试集里的样本落到了某个叶子节点,而节点里有多个训练样本。则此样本的类别预测采用的是这个叶子节点里概率最大的类别。

由于决策时算法很容易对训练集过拟合,而导致泛化能力差,为了解决这个问题,我们需要对 CART 树进行剪枝,即类似于线性回归的正则化,来增加决策树的返回能力。CART 采用的办法是后剪枝法,即先生成决策树,然后产生所有可能的剪枝后的 CART 树,然后使用交叉验证来检验各种剪枝的效果,选择泛化能力最好的剪枝策略。

4.3.3 模型过拟合

当一个模型很好地记忆了它的训练数据时,就会发生过拟合,无法拟合额外的数据或可靠地预测未来的观察结果。这是使用基于决策树的算法时所面临的重大挑战之一。如果决策树没有限制集或约束条件,那么它在训练集上的准确率将达到 100%。因为在最糟糕的情况下,它最终会为每个样本生成一个叶子。因此,在建模决策树时,防止过拟合是关键。一般来说,我们可以依靠两种方法：设置树大小的约束和剪枝。

1. 基于树的算法约束设置

我们通过使用定义树的各种参数来实现。首先,让我们看看图 4-9 中的决策树的一般结构。

下面描述的参数是基于决策树的结构,与编程工具无关。理解在树建模中使用的参数的作用是很重要的。这些参数在 Python 的相应包中都可以找到。

（1）节点分割的最小样本数(minimum samples for a node split)
- 定义一个节点中被考虑拆分所需的最小样本(或观测)数量;
- 用于控制过拟合,较高的值会阻止模型学习到可能与为树选择的特定样本高度相关的关系;
- 过高的值可能导致欠拟合,因此,应该使用交叉验证进行调整。

在图 4-9 中由 min_sample_split 表示。

（2）叶子节点的最小样本数(minimum samples for a terminal leaf)
- 定义叶子节点所需的最小样本(或观测)数量;
- 用于控制过拟合,和节点分割的最小样本数相似;

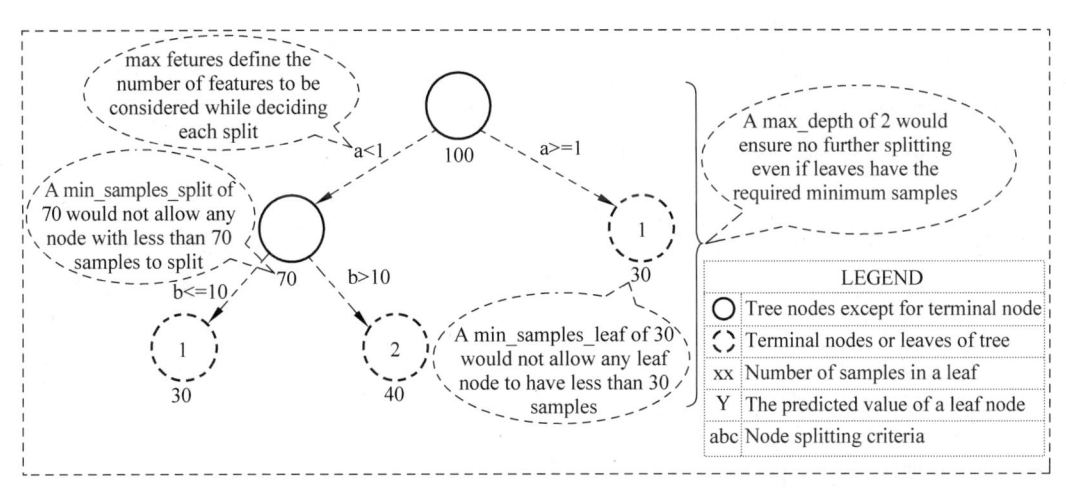

图 4-9 决策树的一般结构

- 一般来说,对于不平衡的类问题,应该选择较小的值,因为少数类占多数的区域将非常小。

在图 4-9 中由 min_sample_leaf 表示。

(3) 树的最大深度(maximum depth of tree)
- 树的最大深度;
- 用于控制过度拟合,因为更高的深度将允许模型学习非常具体的一个特定样本的关系;
- 应该使用交叉验证进行调优。

在图 4-9 中由 max_depth 表示。

(4) 叶子节点的最大数量(maximum number of terminal leaves)
- 一棵树中叶子节点的最大数量;
- 它可以代替树的最大深度。由于创建的是二叉树,深度为 n 的树最多可以产生 2^n 个叶子节点。

(5) 分割需要考虑的最大特征数(maximum features to consider for split)
- 搜索最佳分割时要考虑的特征数量,这些将是随机选择的;
- 根据经验法则,特征总数的平方根非常有效,但我们应该检查特征总数的 30%~40%;
- 较高的值可能导致过拟合,但这取决于具体情况。

在图 4-9 中由 max_features 表示。

2. 剪枝

剪枝是一种通过删除对观测值分类能力不强的部分来缩小决策树大小的技术。剪枝减少了最终分类器的复杂度,从而通过减少过拟合来提高预测精度。

最简单的剪枝形式之一是减少错误剪枝。从叶子节点开始,将每个节点替换为其最受欢迎的类。如果预测精度不受影响,则保持这种变化。虽然有些幼稚,但减少错误修剪具有简单和快速的优点。

最小代价—复杂度剪枝提供了另一种控制树大小的选择,其参数称为复杂度参数 α。

它被用来定义给定树 T 的代价—复杂度测度,即 $C_\alpha(T)=C(T)+\alpha|T|$,其中 $|T|$ 为 T 中叶子节点的数量,通常定义 $C(T)$ 为叶子节点的总误分类率(错误率)。或者,$C(T)$ 可以用叶子节点的总样本加权杂质替换,如 Python 中的 sklearn 包中使用的那样。α 的值越大,剪枝节点的数量就会增加。通过最小代价—复杂度 $C_\alpha(T)$ 来剪枝找出 T 的最小子树,单个节点的代价—复杂度为 $C_\alpha(T)=C(T)+\alpha$。分支 T_t 被定义为一棵树,节点 t 是它的根节点。一般来说,节点的不纯度大于其叶子节点的不纯度之和,即 $C(T_t)<C(t)$。但是,一个节点 t 和它的分支 T_t 的最小代价—复杂度度量在某些情况下可以是相等的。我们将节点的 α 有效值定义为使 $C_\alpha(T_t)=C_\alpha(t)$ 或 $\alpha_{\text{eff}}(t)=\dfrac{C(t)-C(T_t)}{|T_t|-1}$ 成立的 α 值。$\alpha_{\text{eff}}(t)$ 值最小的内部节点是最弱的环节,将被剪枝。

4.3.4 决策树算法的代码实现

在 sklearn 中,基于决策树的分类器是在 DecisionTreeClassifier 类中。这个类实现的是一个优化版本的 CART 算法。DecisionTreeClassifier 类的构造函数如下。

```
DecisionTreeClassifier(criterion = 'gini', splitter = 'best', max_depth = None, min_samples_
split = 2, min_samples_leaf = 1, min_weight_fraction_leaf = 0.0, max_features = None, random_
state = None, max_leaf_nodes = None, min_impurity_decrease = 0.0, min_impurity_split = None,
class_weight = None, presort = False)
```

DecisionTreeClassifier 这个类的构造函数中的参数比较多,下面挑选其中几个比较有代表性的参数进行解释,读者可以参考 sklearn 的文档以了解更多。

- criterion:指定评价切分质量的标准,即选择特征的依据,默认值为 gini,可选值有{gini,entropy}。gini 表示基尼系数,entropy 表示信息熵。
- splitter:切分原则,默认值为 best,可选值有{best,random}。best 表示最优的切分,random 表示随机切分。
- max_depth:树的最大深度,如果为 None 表明深度不限,直到每个叶子都是纯的,或者直到所有的叶子包含小于参数 min_samples_split 个样本点。如果模型样本和特征都比较多时,可以通过设定该参数控制模型的复杂度,常用的取值在 10~100 之间。
- min_samples_split:节点分割的最小样本数,默认值为 2,如果赋值为小数,则为百分比,最少样本数量等于 min_samples_split×样本数量,该值限制了子树继续划分的条件,如果样本数据比较多,则应相应地增大该值。
- min_samples_leaf:叶子节点的最小样本数,默认值为 1,如果赋值为小数,则为百分比,最少样本数量等于 min_samples_leaf×样本数量。
- min_weight_fraction_leaf:叶子节点的最小权重总值。
- max_features:分割需要考虑的最大特征数,默认值为 None,即考虑所有特征,一般来说如果特征数不多,例如小于 30,就可以用默认值,如果特征数较多,可以通过设定该参数来控制划分时考虑的最大特征数,以控制决策树的生成时间。
- max_leaf_nodes:最大叶子节点数。

- min_impurity_decrease：不纯度缩小幅度的阈值，该值限制了决策树的增长，如果某节点的不纯度（基尼系数，信息增益，均方差，绝对差）小于这个阈值，则该节点不再生成子节点，即为叶子节点。

DecisionTreeClassifier 类的常用方法如表 4-10 所示。

表 4-10 DecisionTreeClassifier 类的常用方法

方 法	说 明
fit(X, y[, sample_weight])	训练模型
decision_path	返回样本的决策路径
predict(X)	预测样本的类别或者回归值
predict_log_proba(X)	预测输入样本的对数分类概率
predict_proba(X)	预测输入样本的分类概率
score(X, y[, sample_weight])	返回以 X 为 samples，y 为 target 的预测效果评分

下面以 iris 鸢尾花卉数据集为例给出决策树可视化的 Python 代码。

1. 导入相关库

此模型需要导入 sklearn、pydotplus 等库，尤其是从 sklearn 库中导入 DecisionTreeClassifier，代码如下。

```python
from sklearn.tree import DecisionTreeClassifier
from sklearn import datasets
from IPython.display import Image
from sklearn import tree
import pydotplus
```

2. 加载鸢尾花卉数据集

加载 iris 鸢尾花卉数据集，代码如下。

```python
iris = datasets.load_iris()                    # 加载数据
X = iris.data
y = iris.target
```

3. 训练决策树

使用决策树函数 DecisionTreeClassifier() 建立决策树分类模型，代码如下。

```python
clf_tree = DecisionTreeClassifier(random_state = 123)    # 创建决策树分类器
model = clf_tree.fit(X, y)                               # 训练决策树分类器
```

4. 可视化决策树

可视化决策树并将决策树图像保存为图像文件，代码如下。

```python
dot_data = tree.export_graphviz(clf_tree, out_file = None, feature_names = iris.feature_names, class_names = iris.target_names)
graph = pydotplus.graph_from_dot_data(dot_data)
```

```
Image(graph.create_png())          # 绘制决策树图像
graph.write_pdf("iris.pdf")        # 生成 PDF
graph.write_png("iris.png")        # 生成 PNG 格式的图像
```

输出结果如图 4-10 所示。

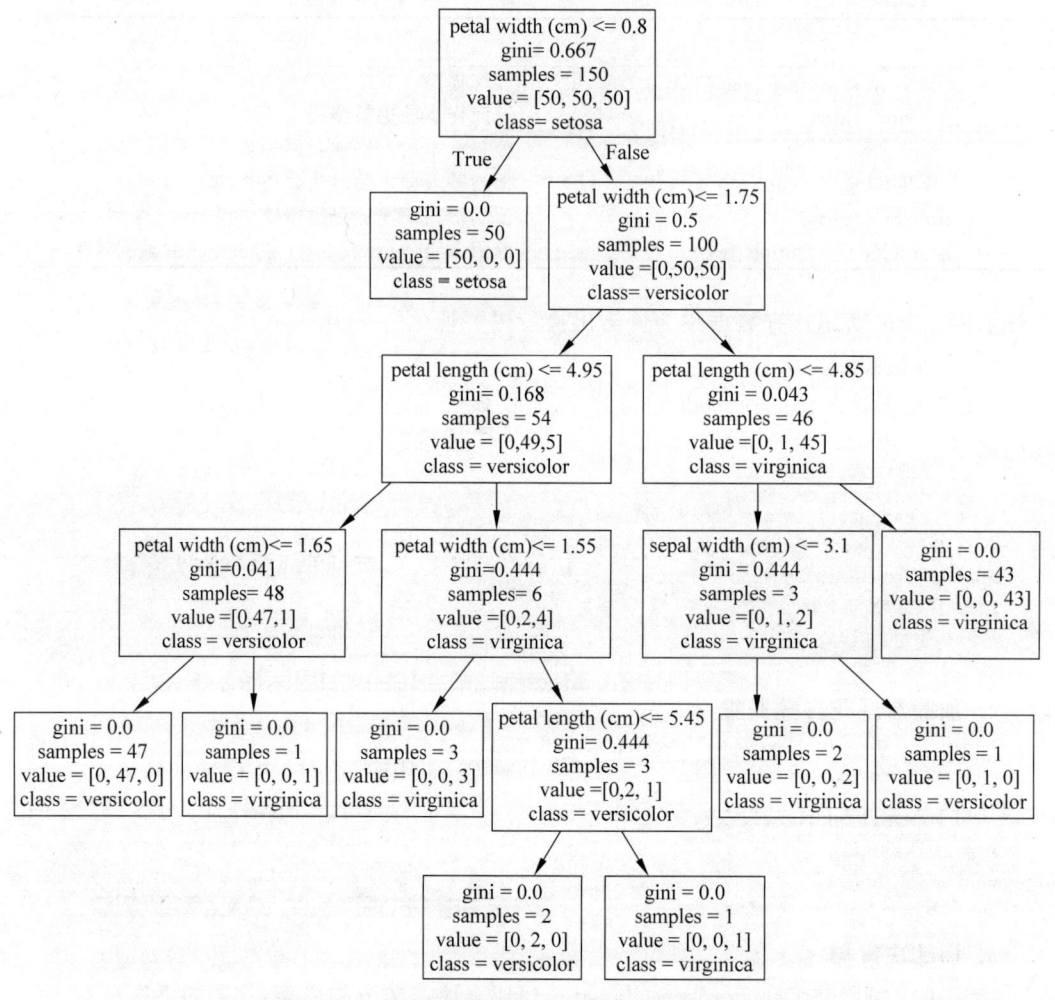

图 4-10　鸢尾花数据集的决策树算法可视化过程

图 4-10 为导出的最大深度为 5 的决策树的可视化图。

4.4　基于规则的算法

基于规则的分类器使用一组 IF-THEN 规则进行分类。一个规则可以用以下形式表示。

IF 条件成立 THEN 得到结论

例如,青年学生买电脑的规则 R1 可以表示为

IF 年龄＝青年 AND 是否学生＝是

THEN 是否买电脑＝是

规则中的 IF 部分称为先决条件，它由一个或多个属性测试构成，这些测试在逻辑上是"与"关系。规则的 THEN 部分称为结论，它包含了基于这些条件的类预测。我们也可以这样写规则 R1

年龄＝青年∧（是否学生＝是）→（是否买电脑＝是）

如果条件对给定的元组成立，则满足先决条件。规则的覆盖率定义为满足规则先决条件的记录的比例。一个规则的准确性定义为同时满足一个规则的前件和后件的记录的比例。

4.4.1 从决策树生成规则

从决策树生成规则的过程很简单。具有相同结果的规则可以通过逻辑结合它们的先决条件来形成一条新的规则。

虽然可以直接使用决策树来生成规则，但它们是不一样的。规则和树之间的一些区别包括：

- 树具有执行拆分的隐含顺序，规则没有顺序；
- 在检查所有类的基础上创建树，但在生成规则时，一次只需要检查一个类。

如果我们将决策树的结果转化为分类规则，这些规则将是互斥的，同时也是穷举的。对于互斥规则，如果规则相互独立，分类器包含互斥规则，且每条记录最多被一条规则覆盖。对于穷举规则，如果分类器解释了每个可能的属性值组合，并且每个记录至少被一个规则覆盖，那么它就有穷举覆盖。这些规则可以简化。然而，简化的规则可能不再是互斥的或穷举的，因为一个记录可能触发多个规则。

4.4.2 单规则算法

单规则算法（1R）是一种简单的方法。它生成了一组简单的规则，相当于只有一个级别的决策树。根据训练数据选择最佳属性进行分类是 1R 的基本思想。"最佳"是通过计算错误的数量来定义的，如表 4-11 所示。假设我们有一个基于性别和身高属性的决策树。如果我们只使用性别属性，那么总共有 6/15 个错误，而如果我们使用身高属性，则只有 1/15。在这种情况下，将选择身高，并使用表 4-11 中说明的 6 条规则。

表 4-11 单规则算法分类

选项	属性	规则	错误	总错误
1	性别	女→身高中等	3/9	6/15
		男→身高高	3/6	
2	身高	(0，1.6]→身高矮	0/2	1/15
		(1.6，1.7]→身高矮	0/2	
		(1.7，1.8]→身高中等	0/3	
		(1.8，1.9]→身高中等	0/4	
		(1.9，2.0]→身高中等	1/2	
		(2.0，∞)→身高高	0/2	

1R 和 ID3 一样,倾向于选择数值较多的属性,导致过拟合。通过为缺失值添加额外的属性值,1R 可以处理缺失数据。

4.5 支持向量机算法

4.5.1 支持向量机算法概述

支持向量机(support vector machine,SVM)算法是由哈瓦·西格尔曼(Hava Siegelmann)和弗拉基米尔·瓦普尼克(Vladimir Vapnik)创立的,它应用支持向量的统计数据,对未标记数据进行分类。支持向量机属于广义线性分类器,可以理解为感知器的扩展。它们也可以被认为是吉洪诺夫正则化的特殊情况。它们的一个特殊性质是同时最小化经验分类误差和最大化几何边界,因此,也被称为最大边际分类器。

4.5.2 支持向量机算法

1. 线性分类器

对于线性可分问题,如图 4-11 中黑点和白点的划分问题,很显然,图 4-11 上的这条直线就是我们要求的直线之一(可以有无数条这样的直线)。

我们将黑色的点用 -1 表示,白色的点用 $+1$ 表示,直线 $f(x)=wx+b$,w、b 分别是系数和截距,当 x 的维度为 2 的时候,$f(x)$ 表示二维空间中的一条直线,当 x 的维度为 3 的时候,$f(x)$ 表示 3 维空间中的一个平面,当 x 的维度大于 3 时,表示 n 维空间中的 $n-1$ 维超平面。

如何才能取得一个最优的划分直线 $f(x)$ 呢?图 4-12 的直线表示几条可能的 $f(x)$。假设超平面能将训练样本正确分类,即对于 $(x_i,y_i)\in D$,则有

$$\begin{cases} w^T x_i + b \geqslant +1, y_i = +1 \\ w^T x_i + b \leqslant -1, y_i = -1 \end{cases} \tag{4-19}$$

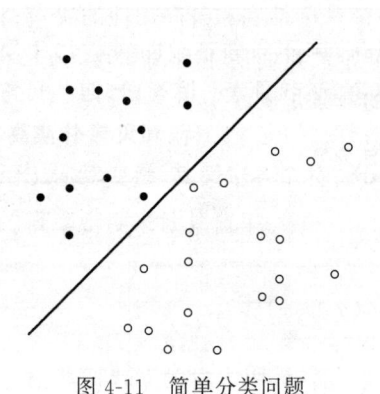

图 4-11 简单分类问题 　　图 4-12 多种可能的划分直线

图 4-13 中被圆圈圈出来的点,即距离超平面最近的几个训练样本点就是支持向量(support vector)。两个异类支持向量到超平面的距离之和被称为"间隔"。公式如下。

$$\lambda = \frac{2}{\|w\|} \tag{4-20}$$

图 4-14 就是一个对类别中的间隙的一个描述。$f(x)$表示的是分类器边界,两条黑色的线就是支持向量所在的面,它们之间的间隙就是我们要最大化的分类间的间隙。

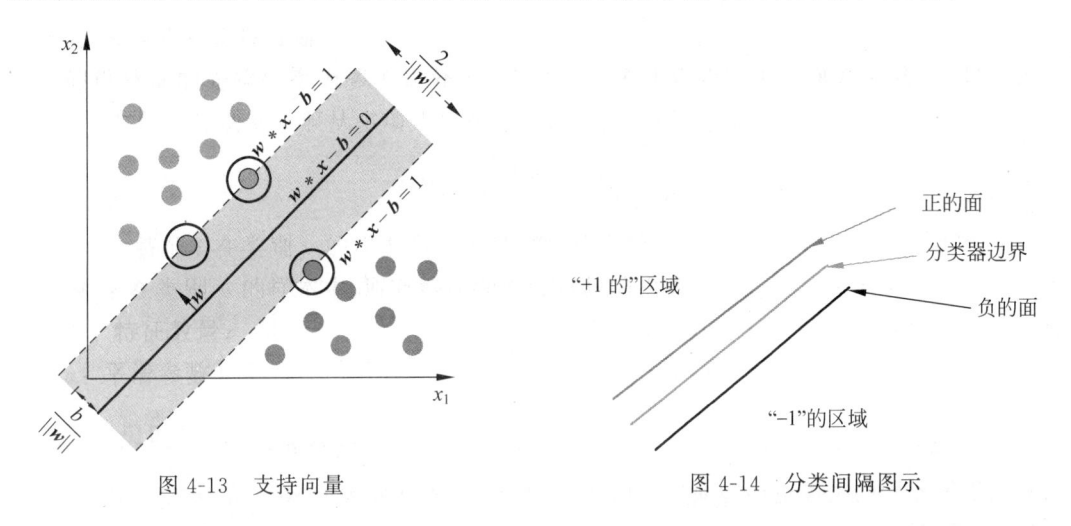

图 4-13 支持向量

图 4-14 分类间隔图示

想要找到具有最大间隔的划分超平面,也就是要找到能满足公式 4-19 中约束的参数 w 和 b,使得间隔最大,即

$$\max_{w,b} \frac{2}{\|w\|} \tag{4-21}$$
$$\text{s.t. } y_i(w^T x_i + b) \quad i=1,2,\cdots,m$$

显然,为了最大化间隔,仅需最大化$\|w\|^{-1}$,这等价于最小化$\|w\|^2$。于是,公式 4-21 可重写为

$$\min_{w,b} \frac{1}{2}\|w\|^2 \tag{4-22}$$
$$\text{s.t. } y_i(w^T x_i + b) \quad i=1,2,\cdots,m$$

这就是支持向量机的基本公式。

2. 对偶问题

公式 4-22 优化问题可以用拉格朗日乘子法得到其"对偶问题"并求解。具体地说就是对公式 4-22 的每条约束添加拉格朗日乘子$\alpha_i \geqslant 0$,则该问题的拉格朗日函数可写为

$$L(w,b,\alpha) = \frac{1}{2}\|w\|^2 + \sum_{i=1}^m \alpha_i(1 - y_i(w^T x_i + b)) \tag{4-23}$$

其中$\alpha = (\alpha_1, \alpha_2, \cdots, \alpha_m)$。令公式 4-23 对 w 和 b 的偏导为零可得

$$w = \sum_{i=1}^m \alpha_i y_i x_i \tag{4-24}$$
$$0 = \sum_{i=1}^m \alpha_i y_i$$

将两式代回公式 4-23 得到对偶问题的表达式

$$\max_{\alpha} \sum_{i=1}^{m} \alpha_i - \frac{1}{2} \sum_{i=1}^{m} \sum_{j=1}^{m} \alpha_i \alpha_j y_i y_j x_i^T x_j^T$$

$$\text{s.t.} \sum_{i=1}^{m} \alpha_i y_i = 0, \alpha_i \geqslant 0, i=1,2,\cdots,m \tag{4-25}$$

解出 α 后,求出 w 和 b 即可得到模型

$$f(x) = w^T x + b = \sum_{i=1}^{m} \alpha_i y_i x_i^T x + b \tag{4-26}$$

公式 4-26 就是最终优化的目标函数。

3. 软间隔

在上面使用超平面进行分割数据的过程中,如果我们严格让所有实例都不在最大的间隔之间,并且位于正确的一边,这种不允许数据进入间隔内侧的情况就是硬间隔。

硬间隔分类有两个问题。首先,它只在数据是线性可分离的时候才有效;其次,它对异常值非常敏感。

当有一个额外异常值的鸢尾花数据,如图 4-15 所示。左图的数据根本找不出硬间隔,而右图最终显示的决策边界与我们之前所看到的无异常值时的决策边界也大不相同,可能无法很好地泛化。

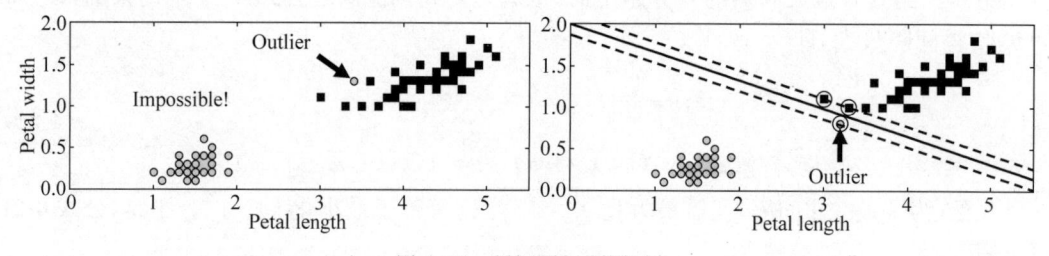

图 4-15 硬间隔问题图示

要避免这些问题,最好使用更灵活的模型。目标是尽可能在保持间隔宽阔和限制间隔违例之间找到良好的平衡,数据并不是完全线性分离的,允许一部分数据进入间隔内侧,这种情况叫作软间隔。

我们通常通过增加惩罚项做到软间隔,在 SVM 算法中就是对一个分错的点到其正确位置的距离。

$$\min_{w,b} \frac{1}{2} \| w \|^2 + C \sum_{i=1}^{m} \xi_i$$

$$\text{s.t.} \ y_i(w^T x_i + b) \geqslant 1 - \xi_i, \xi_i \geqslant 0, i=1,2,\cdots,m \tag{4-27}$$

这就是常用的"软间隔支持向量机"。C 是一个由用户去指定的系数,表示对分错的点加入多少的惩罚,当 C 很大的时候,分错的点就会更少,但是过拟合的情况可能会比较严重,当 C 很小的时候,分错的点可能会很多,不过可能由此得到的模型也会不太正确,在大部分情况下,C 的取值都是通过经验尝试得到的。图 4-16 显示了 $C=100$ 和 $C=1$ 时各自的决策边界和间隔。左边使用了高 C 值,分类器的错误样本(间隔违例)较少,但是间隔也

较小。右边使用了低 C 值,间隔大了很多,但是位于间隔上的实例也更多。看起来第二个分类器的泛化效果更好,因为大多数间隔违例实际上都位于决策边界正确的一边,所以即便是在该训练集上,它做出的错误预测也会更少。

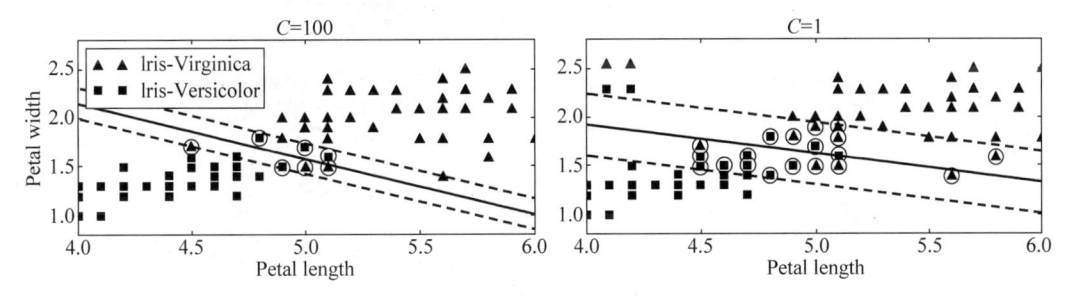

图 4-16　C 值不同时各自的决策边界和间隔

同样求解一个拉格朗日对偶问题,得到一个原问题的对偶问题的表达式

$$\max_{\alpha} \sum_{i=1}^{m} \alpha_i - \frac{1}{2} \sum_{i=1}^{m} \sum_{j=1}^{m} \alpha_i \alpha_j y_i y_j x_i^\mathrm{T} x_j^\mathrm{T}$$
$$\text{s.t.} \sum_{i=1}^{m} \alpha_i y_i = 0, 0 \leqslant \alpha_i \leqslant C, i = 1, 2, \cdots, m \tag{4.28}$$

线性可分问题的参数 α_i 范围为 $[0, +\infty)$,而线性不可分问题通过引入惩罚参数 C,将 α_i 范围限定为 $[0, C]$,以平衡分类错误和间隔最大化,且对偶问题的计算复杂度未显著增加。

4. 核函数

线性支持向量机通过最大化间隔,可以得到尽可能远离数据的"好的"决策边界。但是由于决策边界必定为直线,所以很难对图 4-17"每个标签的边界为曲线的数据"进行分类。

为了分隔图 4-17 所示的数据,模型需要学习曲线的线性决策边界。支持向量机可以使用核函数(kernal function)学习

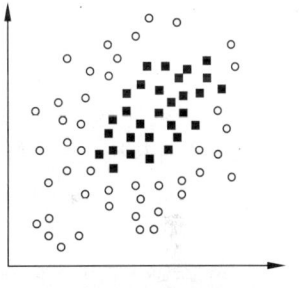

图 4-17　以某个点为中心分布的数据

复杂的决策边界。核函数的一个常见解释是"将数据移动到另一个特征空间,然后进行线性回归",将一个低维的样本集映射到高维则可以变成线性可分,再使用支持向量机。

假设有一个比训练数据更高维的空间,训练数据中的每一个点都对应着这个高维空间中的一个点。在这个高维空间中,训练数据对应的点是可以线性分离的,实际的训练数据是来自于该高维空间的投影。一旦有了这样的空间,模型就可以在高维空间中使用支持向量机来学习决策边界。最后,将高维空间的决策边界投影到由原始特征形成的向量空间上,得到决策边界。图 4-18 为在高维空间中对数据进行线性分离的情形,该数据原本是线性不可分的。

令 $\phi(x)$ 为 x 映射到高维后的特征向量,则在特征空间中划分超平面所对应的模型可表示为

$$f(x) = \sum_{i=1}^{n} \alpha_i y_i (\phi(x_i), \phi(x)) + b \tag{4-29}$$

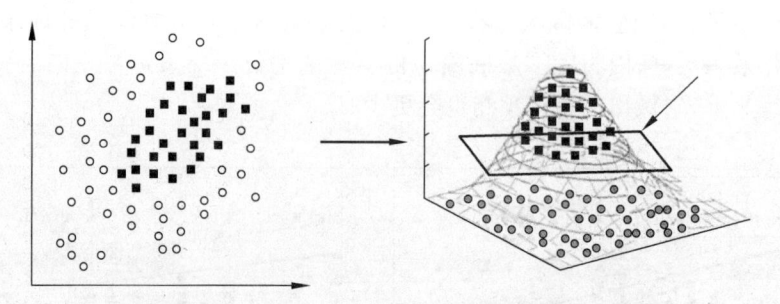

图 4-18　使原本线性不可分的数据变为线性可分

如果直接将低维数据映射到高维空间,维度数量会呈现指数级增长,因此需要引入核函数来解决这一问题。核函数的思想是要寻找一个函数,这个函数使得在低维空间中进行计算的结果和映射到高维空间中计算内积$<\boldsymbol{\phi}(x_1),\boldsymbol{\phi}(x_2)>$的结果相同。这样可以避免直接在高维空间中进行计算,而最终的结果仍然是等价的。此时,分类函数可以表示为

$$f(x)=\sum_{i=1}^{n}\alpha_i \boldsymbol{y}_i K(\boldsymbol{x}_1,\boldsymbol{x}_2)+b \tag{4-30}$$

其中 K 就是核函数,目前研究最多的核函数主要有以下 3 类。

(1) 多项式核函数

$$K(\boldsymbol{x}_i,\boldsymbol{x}_j)=[(\boldsymbol{x}_i,\boldsymbol{x}_j)+1]^q \tag{4-31}$$

其中 q 是多项式的阶次,所得到的是 q 阶多项式分类器。

(2) 径向基核函数(RBF)

$$K(\boldsymbol{x}_i,\boldsymbol{x}_j)=\exp\left\{-\frac{|\boldsymbol{x}_i-\boldsymbol{x}_j|^2}{\sigma^2}\right\} \tag{4-32}$$

所得的 SVM 是一种基于径向基核函数的分类器,与传统径向基核函数方法的主要区别在于,每个核函数的中心对应一个支持向量,其位置和输出权值均由算法自动确定。径向基核函数的形式类似于人类的视觉特性,因而在实际应用中广泛使用。但需要注意,不同参数的选择会显著影响分类面的形状和效果。

(3) Sigmoid 核函数

$$K(\boldsymbol{x}_i,\boldsymbol{x}_j)=\tanh[v(\boldsymbol{x}_i \cdot \boldsymbol{x}_j)+c] \tag{4-33}$$

这时的 SVM 算法中包含了一个隐藏层的多层感知器网络,网络的权值和网络的隐藏层结点数都是由算法自动确定,而不像传统的感知器网络那样由人凭借经验确定。此外,该算法不存在困扰神经网络的局部极小点的问题。

在上述几种常用的核函数中,最为常用的是多项式核函数和径向基核函数。除了上面提到的 3 种核函数外,还有指数径向基核函数、小波核函数等其他一些核函数,应用相对较少。

4.5.3　支持向量机算法的代码实现

sklearn 的 svm 模块提供了 6 个相关类,适用于不同场景,如表 4-12 所示。

表 4-12　sklearn 中基于 SVM 不同算法的相关类

类　　名	功　　能
LinearSVC	线性支持向量分类器
LinearSVR	线性支持向量回归器
NuSVC	核支持向量分类器,类似于 SVC 但允许使用参数控制支持向量的数量
NuSVR	核支持向量回归器,类似于 SVR 但允许使用参数控制支持向量的数量
OneClassSVM	非监督,单分类支持向量机,用于异常值检测
SVC	支持向量分类器,基于 libsvm
SVR	支持向量回归器,基于 libsvm

我们重点介绍两个类:LinearSVC 和 SVR。

1. LinearSVC

SVC、NuSVC 和 LinearSVC 是 3 个支持向量分类器。SVC 和 NuSVC 差不多,区别仅在于对损失的度量方式不同,而 LinearSVC 从名字就可以看出,它是线性支持向量分类器,类似于核函数设定为 linear 的 SVC,基于 liblinear 实现,不支持各种低维到高维的核函数,仅仅支持线性核函数,对线性不可分的数据不能使用。LinearSVC 的构造函数如下。

```
LinearSVC(penalty = 'l2', loss = 'squared_hinge', dual = True, tol = 0.0001,
C = 1.0, multi_class = 'ovr', fit_intercept = True, intercept_scaling = 1,
class_weight = None, verbose = 0, random_state = None, max_iter = 1000)
```

构造函数的主要参数如下。
- penalty:指定惩罚项中使用的范数,可选值有{l1,l2}。默认值为 l2。选择 l1 即 L1 正则化,此时由于 L1 正则化特点会使得 coef_ 向量稀疏化(类似于 Lasso 回归)。
- loss:损失函数,可选值有{hinge,squared_hinge}。默认值为 squared_hinge。
- dual:是否解对偶问题,默认值为 True,表示解对偶问题,否则解原始问题,但样本数量大于特征数量时,建议设为 False。
- tol:迭代终止的阈值,默认值为 1e-4。
- C:惩罚参数,默认值为 1.0,一般需要通过交叉验证来选择一个合适的值。
- multi_class:多分类时的策略,可选值有{ovr,crammer_singer}。默认值为 ovr。设置为 ovr 时,采用 one-vs-rest 分类策略。crammer_singer 对 ovr 进行改进,但效率较差,效果提升也不明显。
- fit_intercept:是否计算截距,默认值为 True。如果样本数据已经进行了中性化处理,则可以设为 False。

2. SVR

SVR、NuSVR 和 LinearSVR 是 3 个支持向量回归器。SVR 和 NuSVR 差不多,区别也仅仅在于对损失的度量方式不同,LinearSVR 是线性回归,只能使用线性核函数。SVR 的构造函数如下。

```
SVR (kernel = 'rbf', degree = 3, gamma = 'auto_deprecated', coef0 = 0.0, tol = 0.001, C = 1.0,
epsilon = 0.1, shrinking = True, probability = False,cache_size = 200, verbose = False, max_iter =
-1,class_weight = None,decision_function_shape = 'ovr',random_state = None)
```

构造函数的主要参数如下。

- kernel：算法中所使用的核函数类型，其中有(linear,poly,rbf,sigmoid,precomputed)。默认使用 rbf。linear 是线性核函数，poly 是多项式核函数，rbf 是径向核函数/高斯核函数，sigmoid 是 sigmod 核函数，precomputed 表示用户已提前计算好核函数矩阵，此时算法将直接使用用户提供的核矩阵，而不再通过核函数计算核矩阵。除上述内置核函数外，用户还可以自定义核函数并提供相应的核矩阵。
- degree：多项式核函数的次数，默认值为 3，当核函数为 poly 时用到，其他核函数忽略。
- gamma：核函数的系数，在核函数为 rbf,poly,sigmoid 时使用，其他核函数忽略。gamma 的值必须大于 0，当 gamma 增大时，模型在训练集上的分类效果会变好，但在测试集上的表现会变差，同时模型的复杂度增加，泛化能力下降，容易导致过拟合。
- C：错误项的惩罚因子。原则上 C 可以根据需要选择所有大于 0 的数。

C 越大表示整个优化过程中对于总误差的关注程度越高，对于减小误差的要求越高，甚至不惜使间隔减小。当 C 趋于无穷大时，这个问题也就是不允许出现分类误差的样本存在，那这就是一个硬间隔 SVM 问题。当 C 趋于 0 时，我们不再关注分类是否正确，只要求间隔越大越好，那么我们将无法得到有意义的解且算法不会收敛。

下面我们通过一个例子来考察回归器参数的不同取值对回归效果的影响。首先通过函数 make_regression_data 构造了用于回归的数据，x 为均匀分布在 $[-2\times pi, 2\times pi]$ 之间的 100 个点，$y = 3\sin(x) + 2x + 2$，混入了噪声。代码如下。

代码 4.5.3

```
import numpy as np
import matplotlib.pyplot as plt
import matplotlib.font_manager as fm
myfont = fm.FontProperties(fname = u'C:\Windows\Fonts\ simsun.ttc',size = 10)
myfont_title = fm.FontProperties(fname = u'C:\Windows\Fonts\ simsun.ttc',size = 16)
from sklearn.model_selection import train_test_split, cross_val_score
from sklearn import datasets as ds
from sklearn.svm import SVR, NuSVR
from sklearn.metrics import explained_variance_score
from sklearn.metrics import mean_absolute_error
from sklearn.metrics import mean_squared_error
from sklearn.metrics import median_absolute_error
from sklearn.metrics import r2_score
def make_regression_data():                                    #加载数据
    X = np.linspace( -2 * np.pi, 2 * np.pi, 100)
```

```
        y = (3 * np.sin(X) + 2 * X + 2).ravel()
        y[::7] += 7 * ( 0.5 - np.random.rand( 15 ))        # 加入噪声
        X = X.reshape(-1,1)
        y = y.reshape(-1, 1)
        x_train,x_test,y_train,y_test = train_test_split(X,y,
random_state = 0,test_size = 0.3, shuffle = False)
        return x_train,x_test,y_train,y_test,X,y
def print_regression_metrics(title,y_true,y_pred):        # 输出回归器的各项回归指标
        print(' = ' * 40)
        print(title)
print('explained_variance_score:\t',explained_variance_score(y_true,y_pred))
        print('mean_absolute_error:\t\t',mean_absolute_error(y_true,y_pred))
        print('mean_squared_error:\t\t',mean_squared_error(y_true,y_pred))
        print('median_absolute_error:\t\t',median_absolute_error(y_true,y_pred))
        print('r2_score:\t\t\t',r2_score(y_true,y_pred))
        return    # 输出分类器在测试集上的性能报告
def compare_SVM_regression_kernel():              # 测试 SVR 的不同核函数的回归效果
        x_train,x_test,y_train,y_test,X,y = make_regression_data()
     svr_rbf = SVR(kernel = 'rbf', C = 1e3, gamma = 0.1)     # 构建回归模型
        svr_lin = SVR(kernel = 'linear', C = 1e3)
        svr_poly = SVR(kernel = 'poly', C = 1e3, degree = 3)
        svr_sigmoid = SVR(kernel = 'sigmoid')
y_rbf = svr_rbf.fit(X, y).predict(X)
        y_lin = svr_lin.fit(X, y).predict(X)
        y_poly = svr_poly.fit(X, y).predict(X)
        y_sigmoid = svr_sigmoid.fit(X, y).predict(X)        # 计算预测值
        print_regression_metrics('径向基核函数回归器的性能报告', y.reshape(-1,1), y_rbf.
reshape(-1,1) )
        fig = plt.figure(figsize = (9,9))
        lw = 2
        ax = fig.add_subplot(221)                # 绘制 rbf 核函数的回归效果图
        ax.scatter(X, y, color = 'darkorange', label = 'data')
        ax.plot(X, y_rbf, color = 'navy', lw = lw, label = 'RBF model')
        ax.set_xlabel('x')
        ax.set_ylabel('y')
        ax.set_title('径向基核函数',fontproperties = myfont)
        ax.legend(loc = 'best')
        ax = fig.add_subplot(222)                # 绘制线性核函数的回归效果图
        ax.scatter(X, y, color = 'darkorange', label = 'data')
        ax.plot(X, y_lin, color = 'c', lw = lw, label = 'Linear model')
        ax.set_xlabel('x')
        ax.set_ylabel('y')
        ax.set_title('线性核函数',fontproperties = myfont)
        ax.legend(loc = 'best')
        ax = fig.add_subplot(223)                # 绘制多项式核函数的回归效果图
        ax.scatter(X, y, color = 'darkorange', label = 'data')
        ax.plot(X, y_poly, color = 'y', lw = lw, label = 'Polynomial model')
        ax.set_xlabel('x')
```

```python
        ax.set_ylabel('y')
        ax.set_title('多项式核函数',fontproperties = myfont)
        ax.legend(loc = 'best')
        ax = fig.add_subplot(224)                    # 绘制 sigmoid 核函数的回归效果图
        ax.scatter(X, y, color = 'darkorange', label = 'data')
        ax.plot(X, y_sigmoid, color = 'y', lw = lw, label = 'Sigmoid model')
        ax.set_xlabel('x')
        ax.set_ylabel('y')
        ax.set_title('Sigmoid 核函数',fontproperties = myfont)
        ax.legend(loc = 'best')
    plt.suptitle('不同核函数的支持向量回归效果对比',fontproperties = myfont_title)
    plt.legend()
    plt.show()
    return
def compare_SVR_C():                                 # 测试 SVR 中参数 C 对回归效果的影响
    x_train,x_test,y_train,y_test,X,y = make_regression_data()
    C_range = np.logspace(-2,3)                      # 参数 C 的范围
    train_scores = []
    test_scores = []
    for c in C_range:
        reg = SVR(C = c,kernel = 'rbf')
        reg.fit(x_train,y_train)
        train_scores.append( reg.score(x_train,y_train ) )
        test_scores.append( reg.score(x_test,y_test ) )
        pass
    index = C_range
    fig = plt.figure(figsize = (10,9))
    ax = fig.add_subplot(111)
    ax.plot(index,train_scores,label = 'training score')
    ax.plot(index,test_scores,label = 'testing score')
    ax.legend(loc = 'best')
    ax.set_xscale('log')
    plt.show()
    return
if __name__ == '__main__':
    compare_SVR_C()
    compare_SVM_regression_kernel()
```

径向基核函数回归器的性能报告如下。

```
explained_variance_score:      0.9890884012668825
mean_absolute_error:           0.30593190090479444
mean_squared_error:            0.5080172369567388
median_absolute_error:         0.09427910151149277
r2_score:                      0.9889826190742161
```

输出结果如图 4-19 所示。从图 4-19 中可以看出,通过改变核函数,模型学习到了曲线的决策边界。右上图中的线性核函数等价于线性支持向量机。左下图采用的多项式函数

作为核函数，右下图中使用 Sigmoid 函数作为核函数。左上图中使用 RBF 核函数得到的决策边界分类效果更好，通过性能报告也可以看出得分达到 0.98。

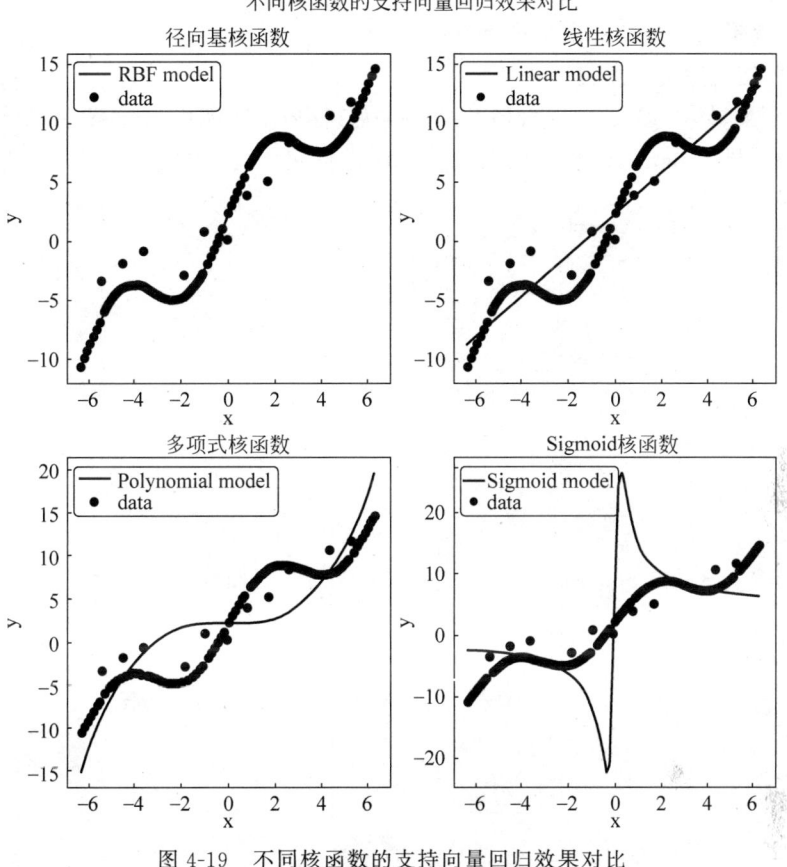

图 4-19　不同核函数的支持向量回归效果对比

4.6　分类算法应用案例

4.6.1　手写数字识别——基于逻辑回归分类的商务决策

1. 问题分析

在现代社会，数字识别技术已经渗透到日常生活的方方面面。例如，在停车场管理中，通过识别车牌号码实现自动计费，不仅提高了管理效率，还为用户提供了更加便捷的服务体验。在政务服务、银行、医院等行业中，手写数字识别技术能够帮助工作人员快速准确地处理大量手写表单，提高了工作效率，缩短了民众等待时间，体现了"为人民服务"的宗旨。在大规模数据的统计与分析中，数字识别技术极大地提高了数据录入的效率和准确性，使得商务决策更加科学、精准。阿拉伯数字，作为一套全球通用的符号系统，虽然仅由 10 个基本数字构成，却成功跨越了国家、文化和民族的界限，其应用范围极为广泛，成为现代社会不可或缺的一部分。

2. 数据来源

本例使用 sklearn 中 datasets 提供的手写数字 0-9 的数据集,实现用逻辑回归模型识别手写数字的多元分类问题。

3. 基于逻辑回归分类的商务决策过程

（1）导入相关库和数据集

此模型需要导入 sklearn、matplotlib 等库,尤其 sklearn 库中 LogisticRegression 类,导入 datasets 提供的 load_digits 数据集。代码如下。

代码 4.6.1

```python
from sklearn.datasets import load_digits
from sklearn.linear_model import LogisticRegression
from sklearn import model_selection
import matplotlib.pyplot as plt
from sklearn.model_selection import learning_curve
from sklearn.model_selection import ShuffleSplit
load_data = load_digits()                              # 导入数据集
X = load_data.data
y = load_data.target
print('X.shape:', X.shape)
print('Y.shape:', y.shape)
print('target_names:', load_data.target_names)         # 输出所有类别名称
```

输出结果如下。

```
X.shape: (1797, 64)
Y.shape: (1797,)
target_names: [0 1 2 3 4 5 6 7 8 9]
```

通过输出结果可以发现：数据集共 1797 个数据,每个有 64 个特征值,这些数据分别对应 0～9 共 10 个类别。下面通过 load_data.images 数组中的下标画出不同的图片,代码如下。

```python
plt.gray()
plt.matshow(load_data.images[1])
plt.show()                                             # 查看其中一个数据,并画出手写数字图
```

运行上面的代码,输出手写数字 1,如图 4-20 所示。

（2）拆分数据集并训练模型

导入数据集后,将数据集拆分成训练集和测试集,得到矩阵 x_train、x_test、y_train 和 y_test,代码如下。

```python
x_train, x_test, y_train, y_test = model_selection.train_test_split(X, y, test_size = 0.3, random_state = 20, shuffle = True)
```

使用 LogisticRegression() 类生成逻辑回归模型。由于这次有 10 个类别,因此属于多元分类问题。下一步用训练集数据训练模型,模型训练好后,可以用测试集的数据进行测

图 4-20　手写数字 1

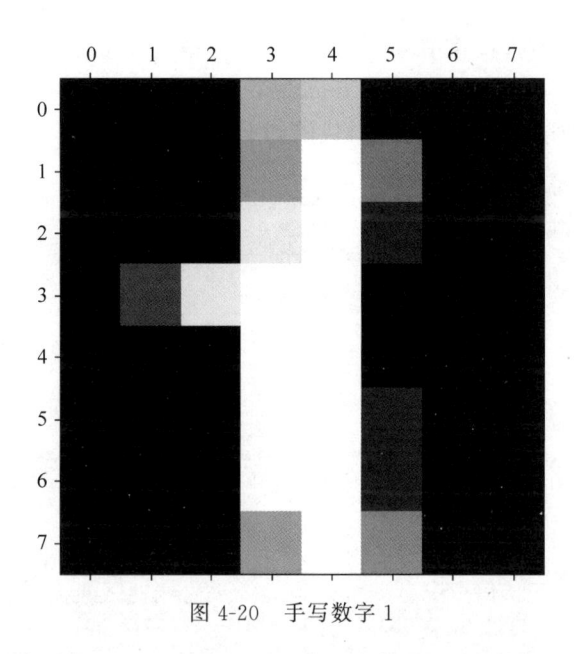

试，这里将测试集中编号 100~130 的图片数据放入模型进行预测，然后输出预测的数字类别和真实的数字序列做对比，具体代码如下。

```
model = LogisticRegression()                    # 生成模型
model.fit(x_train,y_train)                      # 训练模型
y_predict = model.predict(x_test[100:130,])     # 预测测试集中编号 10 到 30 的图片的所属类别
print('y_predictValue:',y_predict)              # 输出预测值与真实值
print('y_realValue :',y_test[100:130])
```

输出结果如下。

```
y_predictValue: [1 6 7 8 1 8 4 0 1 3 6 9 5 5 1 6 0 6 2 8 9 4 1 3 4 0 6 7 7 5]
y_realValue   : [4 6 7 8 1 8 4 0 1 3 6 5 5 5 1 6 0 6 2 8 9 4 1 3 4 0 6 7 7 9]
```

从预测值和真实值的序列可以看出，有 1 个预测错误了，将手写数字 1 预测为 4，其他都预测正确。

(3) 模型评价

通过 score() 函数计算模型的得分，代码如下。

```
trainData_score = model.score(x_train,y_train)   # 模型在训练集上的准确率
testData_score = model.score(x_test,y_test)      # 模型在测试集上的准确率
print('trainData_score:',trainData_score)        # 输出得分
print('testData_score :',testData_score)
```

输出结果如下。

```
trainData_score: 1.0
testData_score : 0.9685185185185186
```

从输出结果可以看到,模型在训练集上的准确率为100%,在测试集上的准确率为96.9%,可以得出结论,模型的准确率很高。

最后可以查看训练后的模型的参数,代码如下。

```
print('输出模型的超参数:',model.get_params())
print('输出分类类别:',model.classes_)
print('输出模型训练后得到的参数集矩阵的维度:',model.coef_.shape)
print('输出模型的bias:',model.intercept_)
```

输出结果如下。

```
输出模型的超参数:{'C': 1.0, 'class_weight': None, 'dual': False, 'fit_intercept': True,
'intercept_scaling': 1, 'l1_ratio': None, 'max_iter': 100, 'multi_class': 'auto', 'n_jobs': None,
'penalty': 'l2', 'random_state': None, 'solver': 'lbfgs', 'tol': 0.0001, 'verbose': 0, 'warm_start':
False}
输出分类类别:[0 1 2 3 4 5 6 7 8 9]
输出模型训练后得到的参数集矩阵的维度:(10, 64)
输出模型的bias:[ 0.0002134 -0.09030417 -0.00074388 0.01630581 0.04637628
-0.01169696 -0.01172005 0.00900834 0.06599831 -0.02343708]
```

从输出结果可知,最后输出模型的超参数中 multi_class 参数值为 auto 且 solver 值为 lbfgs,这表明逻辑回归模型使用了 multinomial 方式处理多元分类问题。

model.coef_shape 的值为(10,64),它表示模型参数集矩阵的维度总共有 10 组参数值,每组 64 个。因此,10 个类别的分类器,当使用 multinomial 方式处理时,模型会通过 softmax 函数联合优化所有类别的参数。故训练后模型总共有 10 组参数,同时也有 10 个偏差值,model.intercept_属性就代表偏差。

4.6.2 酒店评论分析——基于朴素贝叶斯分类的商务决策

1. 问题分析

随着旅游业的迅猛崛起,酒店业也随之迈入繁荣兴旺的新阶段,展现出前所未有的生机与活力。在挑选酒店的过程中,消费者往往倾向于查阅他人的评论与评分,以更全面、真实地了解酒店的各项服务及设施。然而,面对海量的酒店评论,如何高效、准确地筛选出有价值的信息,成为摆在消费者和酒店业面前的一大难题。为此,利用机器学习对酒店评论进行分析,已成为提升消费者选择酒店效率的有效途径,同时也为酒店业提供了宝贵的改进方向。我们以多项式朴素贝叶斯分类器为例,探讨其在酒店评价分析中的应用及其性能表现。

数据 4.6.2

2. 数据来源

本案例数据来自《scikit-learn 机器学习实战》(文献[17])中酒店评论数据。

3. 基于朴素贝叶斯分类的商务决策过程

(1) 导入相关库

此模型需要导入 sklearn、matplotlib、pandas 等库,代码如下。

代码 4.6.2

```
from sklearn.feature_extraction.text import CountVectorizer
from sklearn.model_selection import train_test_split
from sklearn.utils import shuffle
import matplotlib.pyplot as plt
from sklearn import naive_bayes as nb
from sklearn.preprocessing import LabelEncoder
from sklearn.metrics import accuracy_score, classification_report,confusion_matrix
import pandas as pd
import numpy as np
import os
import pathlib
```

（2）读取数据

读取文本数据集情感分析酒店评论，代码如下。

```
data_dir = r"E://hotel review"
```

从文件夹中读取情感分析酒店评论数据，返回文件路径和标签，代码如下。

```
def read_files_from_dir(dir):
    file_names = []
    labels = []
    for roots, dirs, files in os.walk(dir):
        for directory in dirs:
            new_dir = os.path.join(dir,directory)   # 子目录
            for _,_, files in os.walk(new_dir):
                for file in files:
                    file_names.append(os.path.join(new_dir,file))
                    labels.append(directory)
    return [file_names, labels]
files_path,labels = read_files_from_dir(data_dir)

def read_data(files_path):          # 从含文本路径的列表数据中读取文本内容
    data = []
    for file in files_path:
        p = pathlib.Path(file)
        data.append(p.read_text(encoding = 'utf-8'))
    return data
data = read_data(files_path)        # Call read_data to populate 'data' list
assert(len(labels) == len(data))    # 检查数据和标签数量是否一致
print(len(data))
```

输出结果如下。

```
4000
```

通过结果可知，共有 4000 条评论。

从含文本路径的列表数据中读取文本内容,代码如下。

```
le = LabelEncoder()
labels = le.fit_transform(labels)        # 构建编码器
def read_data(files_path):
    data = []
    for file in files_path:
        p = pathlib.Path(file)
        data.append(p.read_text(encoding = 'utf-8'))
    return data
data = read_data(files_path)
assert(len(labels) == len(data))         # 判断数据和标签数量是否一致
print(data)
```

输出结果如图 4-21 所示。

['距离川沙公路较近,但是公交指示不对,如果是"蔡陆线"的话,会非常麻烦。建议用别的路线。房间较为简单。\n\n\n', '商务大床房,房间很大,床有2m宽,整体感觉经济实惠,不错!\n\n\n', '早餐太差,无论去多少人,那边也不加食品的。酒店应该重视一下这个问题了。\n\n房间本身很好。\n\n\n', '宾馆在小街道上,不大好找,但还好北京热心同胞很多~\n\n宾馆设施跟介绍的差不多,房间小,但加上低价位因素,还是物超所值的;\n\n环境不错,就在小胡同内,安静整洁,暖气好足-_-||。。\n\n呵\n\n还有一大优势就是从宾馆出发,步行不到十分钟就可以到梅兰芳故居等,与京味小胡同、北海距离好近呢。\n\n总之,不错。\n\n推荐给节约消费的自助游朋友"比较划算,附近特色小吃很多~"\n\n\n', 'CBD中心,周围没什么店铺,说5里有点勉强。不知道为什么卫生间没有电吹风\n\n\n', '总的来说,这样的酒店配这样的价格还算可以,希望赶快装修,给客人留下好的印象\n\n\n', '价格比较不错的酒店。这次免费升级了,感谢前台服务员。房子还好,地毯是新的,比上次的好些。吃早餐的人很多,要早去。\n\n\n', '不错,在同等档次酒店中应该是值得推荐的!\n\n\n', '入住圆晶,感觉很好。因为是新酒店,的确有淡淡的油漆味,房间内较新。房间大小合适,卫生间设施齐全,服务态度也很好。网速可能是提升了吧,感觉还好。有免费的插线板、水果刀等一系列的日常用品免费提供,很细心。晚上的自助餐   是每人68元,菜品一般,还算说得过去吧。酒店外有西贝筱面等几家饭馆。西贝的菜容量是大得惊人,人多在酒店吃就不如去西贝吃了。酒店21、30-24点有广式晚茶,吃过几次,味道正宗,就是点心品种略少哈。\n\n酒店地处青山区,包头分昆区、青山区。相对来说,昆区是最繁华的,青山区次之。像包百等大商场全在昆区,从酒店打车到包百商圈车费12元多。青山区也有一个王府井百货,相对来说比包百商圈的略小,从酒店打车8元多。银河广场离酒店有一段距离,打车9~10元吧,银河广场边上有"科丽珑"24小时营业的超市。酒店一楼有小卖部,周围基本没有超市。\n\n这次住正赶上有几家公司在这里开会,有时楼道里嗡嗡,晚上还有几次有人敲错门,理论上与酒店管理没关系吧。希望以后还是尽量让会议团体住在一层,也许这样可以好些吧。总体感觉面最很好,以后来包头必住这里。\n\n\n', '1。酒店比较新,装潢和设施还不错,只是房间有些油漆味。\n\n2。早餐还可以,只是品种不是很多。\n\n3。交通比较方便,周围的小饭店比较多。\n\n', '我住的是特色间,所谓特色,是有些类似家的感觉。寝具不是单调的白色,是条纹和大格子的,看起来感觉温馨。圈儿椅的靠垫是卡通的加菲猫头像,明黄的颜色有点扎眼,和周围配在一起感觉有点不协调。\n\n客房硬件评价3.5分。加湿器、烫衣板、电熨斗、吹风机、小冰箱等俱全。缺点、液晶电视固定在墙上,位置不好。

图 4-21 评论内容

图 4-21 展示了游客对酒店的部分评论,里面包括正面评论和负面评论。

(3) 数据处理

将数据打乱,并将 4000 条评论数据分成 3200 条训练集数据和 800 条测试集数据,代码如下。

```
data, labels = shuffle(data,labels)       # 打乱数据
train_data, test_data, train_label, test_label = train_test_split(data,labels,test_size = 0.2,random_state = 0)
```

使用 CountVectorizer 将句子转化为向量,代码如下。

```
c_v = CountVectorizer(decode_error = 'ignore')
train_data = c_v.fit_transform(train_data)
test_data = c_v.transform(test_data)
```

(4) 多项式朴素贝叶斯算法训练预测

使用 MultinomialNB() 生成多项式朴素贝叶斯模型,用此模型训练 3200 条训练数据,再用训练好的模型,预测 800 条测试数据的评论结果。代码如下。

```
clf = nb.MultinomialNB()                                    # 生成模型
model = clf.fit(train_data, train_label)                    # 训练模型
predicted_label = model.predict(test_data)                  # 预测数据
print("train score:", clf.score(train_data, train_label))   # 模型评分
print("test score:", clf.score(test_data, test_label))
print("Classifier Accuracy:",accuracy_score(test_label, predicted_label))
print("Classifier Report:",classification_report(test_label, predicted_label))
print("Confusion Matrix:\n",confusion_matrix(test_label, predicted_label))
```

输出结果如下。

```
train score: 0.99625
test score: 0.825
Classifier Accuracy: 0.825
Classifier Report:
              precision    recall   f1-score    support

           0      0.86       0.78      0.82        408
           1      0.79       0.87      0.83        392

    accuracy                           0.82        800
   macro avg      0.83       0.83      0.82        800
weighted avg      0.83       0.82      0.82        800
Confusion Matrix:
 [[319  89]
 [ 51 341]]
```

通过分类报告（classifier report）和混淆矩阵（confusion matrix）输出结果可知，测试集中负面评论（用 0 表示）共 408 条，预测结果为负面的有 319 条，预测结果为正面的有 89 条；正面评论（用 1 表示）共 392 条，预测结果为正面的有 341 条，预测结果为负面的有 51 条。因此多项式朴素贝叶斯分析器对训练集数据的评分为 0.99625，测试集评分为 0.825，分类准确率达到 82.5%，即通过训练数据训练后的多项式朴素贝叶斯分析器能以 82.5% 的正确率预测新的评论数据。

4.6.3 乳腺癌预测——基于决策树和支持向量机的决策

1. 问题分析

根据世界卫生组织的统计数据，乳腺癌是女性恶性肿瘤中的主要类型，并且是导致女性死亡的第二大原因。因此，早期检测和准确预测乳腺癌是至关重要的。通过分析乳腺癌预测数据，不仅可以了解患者群体的特定需求，为客户提供定制化的诊疗方案、健康保险计划等，而且可以开发新的医疗设备、检测工具或软件应用，用于乳腺癌的早期筛查和诊断。在过去的几十年里，随着医学和数据科学的快速发展，基于机器学习的癌症风险预测成为研究的热点。

2. 数据来源

本案例以美国威斯康星州的乳腺癌诊断数据集作为样本进行预测。数据来自于

sklearn 自带的乳腺癌诊断数据集 load_breast_cancer。该数据集包括 569 个病例的数据样本,每个样本具有 30 个特征值,而样本共分为两类:分别是恶性和良性。下面我们利用决策树算法和支持向量机算法创建模型,训练模型,并对该模型进行评估和预测。

3. 基于决策树的乳腺癌预测

(1) 导入决策树包

此模型需要导入 sklearn、graphviz 库,代码如下。

代码 4.6.3-1

```python
from sklearn.preprocessing import StandardScaler, MinMaxScaler
from sklearn.datasets import load_breast_cancer
from sklearn import tree
from sklearn.model_selection import train_test_split
from sklearn.metrics import accuracy_score
import graphviz
```

(2) 加载数据集

加载乳腺癌诊断数据集 load_breast_cancer。代码如下。

```python
cancer = load_breast_cancer()
x = cancer.data
y = cancer.target
```

(3) 分割数据集

将数据集拆分成训练集和测试集,得到矩阵 x_train、x_test、y_train 和 y_test,代码如下。

```python
x_train, x_test, y_train, y_test = train_test_split(x, y, random_state = 10, test_size = 0.2)
std = StandardScaler()
x_train = std.fit_transform(x_train)
x_test = std.transform(x_test)
print("x_train.shape:", x_train.shape)
print("y_train.shape:", y_train.shape)
print("x_test.shape:", x_test.shape)
print("y_test.shape:", y_test.shape)
```

输出结果如下。

```
x_train.shape: (455, 30)
y_train.shape: (455,)
x_test.shape: (114, 30)
y_test.shape: (114,)
```

通过输出结果可知,训练集共有 455 个病例的数据样本,测试集有 114 个病例的数据样本,每个样本具有 30 个特征值。

(4) 训练决策树模型

使用 DecisionTreeClassifier() 类生成决策树模型。

```
clf = tree.DecisionTreeClassifier()
clf.fit(x_train, y_train)        # 训练决策树模型
```

（5）导出并保存决策树模型

我们使用 graphviz 库把决策树绘制出来，代码如下。

```
dot_data = tree.export_graphviz(clf,filled = True)
graph = graphviz.Source(dot_data)
graph
graph.render("tree")
```

输出结果如图 4-22 所示。

图 4-22 为癌症数据集的决策树算法可视化过程。

（6）决策树模型评估

通过 score() 函数计算模型的得分，代码如下。

```
train_score = clf.score(x_train, y_train)        # 模型评估
test_score = clf.score(x_test, y_test)
print('train score: {0}; test score: {1}'.format(train_score, test_score))
```

输出结果如下。

```
train score: 1.0; test score: 0.9035087719298246
```

通过输出结果可知，决策树模型在训练集准确率得分为 1，在测试集准确率得分为 90.35%。

（7）决策树模型预测

运用训练好的决策树进行预测，并评估预测精准度，代码如下。

```
predictions = clf.predict(x_test)
print('精准预测评估:% s'% accuracy_score(y_test, predictions))
```

输出结果如下。

```
精准预测评估:0.9035087719298246
```

根据输出结果可知，预测的精准度为 90%。

4. 基于支持向量机的乳腺癌预测

决策树可以捕捉特征与乳腺癌之间的线性关系，但对于非线性关系的建模能力较弱，在应对乳腺癌的复杂性和高维数据方面存在一些局限。支持向量机通过将样本映射到高维特征空间，并构建一个能够最大化分类间隔的超平面来实现分类任务。它通过引入核函数来处理非线性关系，从而捕捉到更复杂的数据模式。支持向量机还具有良好的泛化能力和鲁棒性，可以处理小样本和高维数据，对异常值和噪声有较好的容忍性。下面我们使用

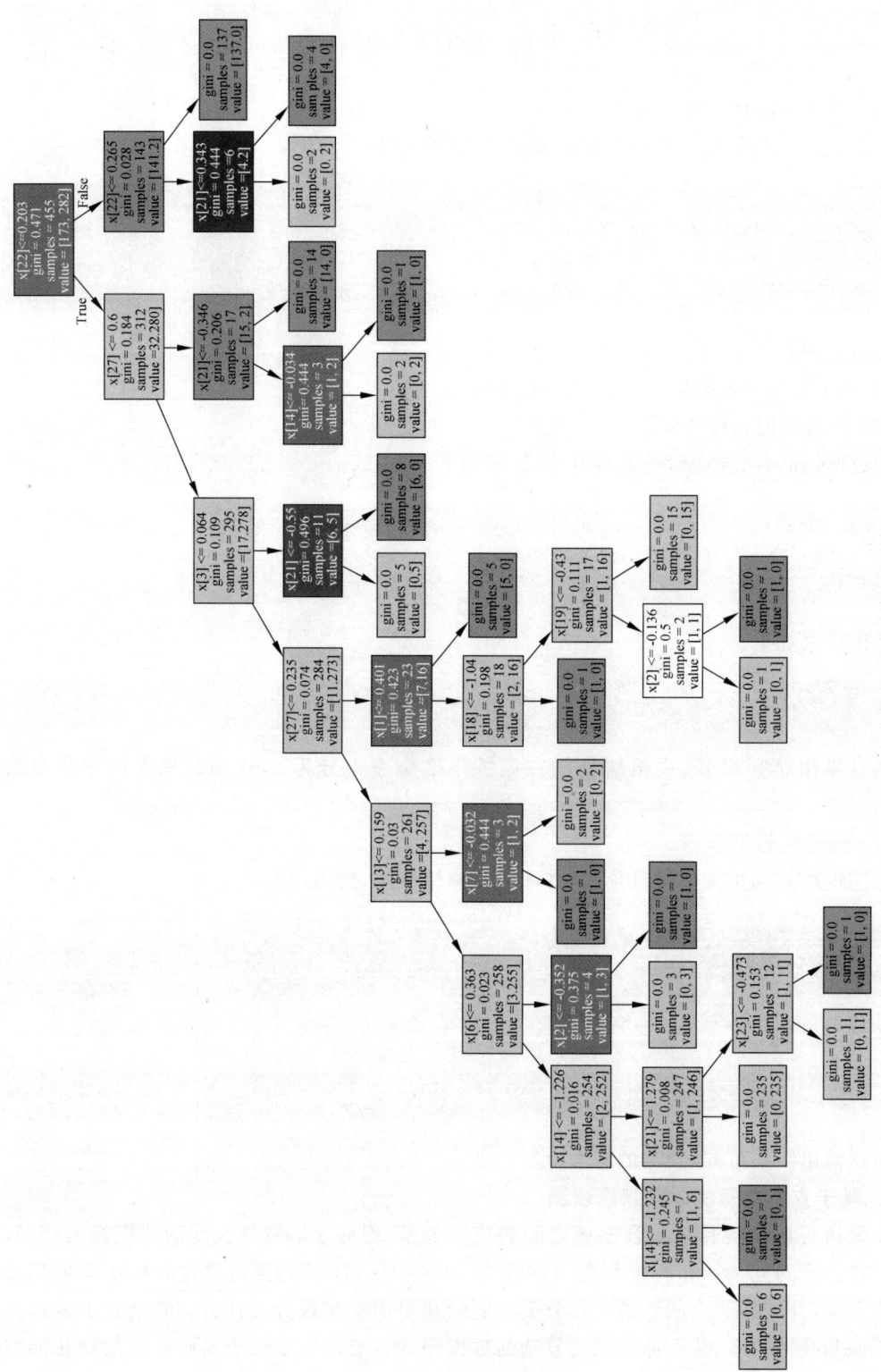

图 4-22 癌症数据集的决策树算法可视化过程

支持向量机再以美国威斯康星州的乳腺癌诊断数据集作为样本进行预测。数据同样来自于 sklearn 自带的乳腺癌诊断数据集 load_breast_cancer。

（1）导入相关库和载入数据

此模型需要导入 sklearn 库,并加载乳腺癌诊断数据集 load_breast_cancer,代码如下。

代码 4.6.3-2

```
from sklearn.datasets import load_breast_cancer
from sklearn.model_selection import train_test_split
from sklearn.svm import SVC
cancer = load_breast_cancer()
X = cancer.data
y = cancer.target
```

（2）拆分数据集

将数据集拆分成训练集和测试集,得到矩阵 x_train、x_test、y_train 和 y_test,代码如下。

```
x_train, x_test, y_train, y_test = train_test_split(X, y, test_size = 0.2)
```

（3）训练支持向量机模型

使用径向基核函数生成支持向量机模型,并使用 score()函数计算模型的得分。代码如下。

```
clf = SVC(C = 1.0, kernel = 'rbf', gamma = 0.1)
clf.fit(X_train, y_train)
train_score = clf.score(X_train, y_train)
test_score = clf.score(X_test, y_test)
print('train score: {0}; test score: {1}'.format(train_score, test_score))
```

输出结果如下。

```
train score: 1.0; test score: 0.5701754385964912
```

从输出结果可以看出,支持向量机在训练集上得分很高,但是在测试集上表现较差。考虑原因是数据过拟合了。因为我们的数据集很小,径向基核函数高斯核函数太复杂,容易造成过拟合。

我们尝试着使用多项式核函数,代码如下。

```
clf = SVC(C = 1.0, kernel = 'poly', degree = 2)
clf.fit(X_train, y_train)
train_score = clf.score(X_train, y_train)
test_score = clf.score(X_test, y_test)
print('train score: {0}; test score: {1}'.format(train_score, test_score))
```

输出结果如下。

```
train score: 0.9098901098901099; test score: 0.9210526315789473
```

从输出结果可以看出,支持向量机在训练集上得分为 0.91,在测试集上得分为 0.92,效果略优于决策树。

4.6.4　共享单车需求预测——基于决策树的商务决策

为了便于共享单车租赁做出合理的决策,3.5.2 案例运用多元线性回归模型给出了解决方案,本案例将再运用决策树给出解决方案。本案例的数据集及数据清理部分与 3.5.2 相同,下面主要展示决策树部分的代码。

代码 4.6.4

```python
from sklearn.tree import DecisionTreeRegressor
dtr_params = {"splitter":["best", "random"],"max_depth":[2, 4, 6, 8, 10, 12, 16],
              "min_samples_leaf":[1, 2, 4, 8],"max_features":[2, 4, 8, 12, 16]}
dtr_model = GridSearchCV(DecisionTreeRegressor(), param_grid = dtr_params, scoring = "neg_mean_squared_error", cv = 5, verbose = 1)
dtr_model.fit(X_train_scaled, y_train)
print("Decision Tree best params: \n")
print(dtr_model.best_params_)
print('\n')
print("Decision Tree best score: \n")
print(dtr_model.best_score_)
print('\n')
print("Training set performance: ")
y_train_pred_dtr = dtr_model.predict(X_train_scaled)
print("Training MSE:", mean_squared_error(y_train, y_train_pred_dtr))
print("Training R2:", r2_score(y_train, y_train_pred_dtr))
print('\n')
print("Validation set performance: ")
y_valid_pred_dtr = dtr_model.predict(X_valid_scaled)
print("Validation MSE:", mean_squared_error(y_valid, y_valid_pred_dtr))
print("Validation R2:", r2_score(y_valid, y_valid_pred_dtr))
```

输出结果如下。

```
Fitting 5 folds for each of 280 candidates, totalling 1400 fits
Decision Tree best params:
{'max_depth': 16, 'max_features': 16, 'min_samples_leaf': 2, 'splitter': 'best'}

Decision Tree best score:
-0.3817654105862661

Training set performance:
Training MSE: 0.23095140427181543
Training R2: 0.8852734168055811

Validation set performance:
Validation MSE: 0.38648547718733844
Validation R2: 0.8083700692595658
```

通过结果可知,决策树最大深度(max_depth)为16,每次分裂考虑16个特征(max_features)。叶子节点最少样本数(min_samples_leaf)为2。训练集决策树模型得分达到88.5%,均方根误差为0.2310,测试集决策树模型得分达到80.8%,均方根误差为0.3864,说明决策树效果比线性回归方程略优。

练 习 题

1. 什么是分类问题?请给出几个应用场景。
2. 比较逻辑回归分类模型与SVM在分类问题上的异同。
3. 使用朴素贝叶斯分类器来构建一个垃圾邮件过滤器。你的任务是训练一个模型,根据电子邮件的内容预测它们是垃圾邮件还是正常邮件。数据集来源于Kaggle平台的垃圾邮件项目,https://www.kaggle.com/datasets/uciml/sms-spam-collection-dataset。
4. 使用决策树模型预测泰坦尼克号乘客的生存情况。目标是根据乘客的特征(如年龄、性别、船舱等级等)预测他们是否在灾难中幸存。数据集来源于Kaggle平台的泰坦尼克项目,https://www.kaggle.com/competitions/titanic。
5. 使用scikit-learn内置的手写数字数据集(digits dataset),用支持向量机(SVM)对手写数字进行分类。目标是训练一个模型,识别手写数字图像。

即测即练题

第 5 章 集成学习

> **本章学习目标**
>
> 通过本章学习,学员应该能够:
> (1) 了解什么是集成学习;
> (2) 了解 AdaBoost 算法的基本思想;
> (3) 了解随机森林算法的基本思想;
> (4) 掌握随机森林算法的实现过程并能应用到商务决策中。

引导案例:"会思考"的信用卡智能反欺诈模型

中国光大银行依托大数据挖掘平台,研发出"会思考"的信用卡智能反欺诈模型,强化业务风险防控。该模型主要面向信用卡客户审批环节,首先通过数据调研分析构建个人客户的复杂网络,总计包括 700 多万节点和 2.3 亿条关系;同时,结合传统风险管控和复杂网络分析技术,加工基础维度信息和社交维度信息特征指标,形成可精准预测的反欺诈客户画像,从而增强业务风险预警能力。区别于传统风控模型以年为单位的更新优化周期,智能反欺诈模型每天都能进行"思考",通过更新网络关系和优化模型确定最新的欺诈预测思维模式,使该行在技术上具备了从被动防御到主动侦测的阶段性进化能力。

光大银行建设的大数据挖掘平台,集成多种机器学习、深度学习和复杂网络算法,通过分布式计算引擎支持全量数据的分析挖掘,同时具备数据管理、模型管理、资源管理等功能,能够快速有效地处理大规模数据集,支持实现企业级大数据挖掘流程的规范化管理,为业务智能化转型提供重要系统支撑。

资料来源:金融机构数字化转型领先案例,https://www.163.com/dy/article/DDU8EVI70519O1P3.html。

在前面介绍的一系列算法中,不同的算法有各自的适用范围,但某些算法在实际应用中的机器学习效果可能并不理想。那么,如何提高机器学习的整体效果呢?在现实生活中,我们常常依靠"集体智慧"轻松解决复杂问题。同样的理念在机器学习中也适用——对于一个复杂的任务,我们可以尝试将多种机器学习算法组合在一起,这样的组合是否能够比单一算法的性能更优呢?这正是集成学习的核心思想。集成学习并不是一种单一的机器学习算法,而是一种通过整合多个模型来提升整体性能的方法。通过组合不同的模型,集成学习能够提高模型的泛化能力,从而在处理复杂任务时获得更好的效果。对于如何组合多个模型,主要有以下几种方法。
- 在验证数据集上找到表现最好的模型作为最终的预测模型;
- 对多个模型的预测结果进行投票或者取平均值;
- 对多个模型的预测结果做加权平均。

以上的几种思路就对应了集成学习中的几种主要的学习框架。集成学习是将多个分类器集成起来而形成的新的分类算法。多个模型集成成为的模型叫作集成评估器,组成集成评估器的每个模型都叫作基评估器。最常见的集成思想有两种:Boosting(提升法)和Bagging(袋装法),如图5-1所示。Boosting 中基评估器是相关的并按顺序一一构建,其核心思想是结合弱评估器的力量一次次对难以评估的样本进行预测,从而构成一个强评估器。Boosting 最著名的代表是 AdaBoost 算法。Bagging 核心思想是构建多个相互独立的评估器,然后对其预测进行平均或多数表决原则来决定集成评估器的结果。随机森林是Bagging 的进化版,它的思想仍然是 Bagging,但是进行了独有的改进。本章着重介绍AdaBoost 和随机森林两种集成学习算法。

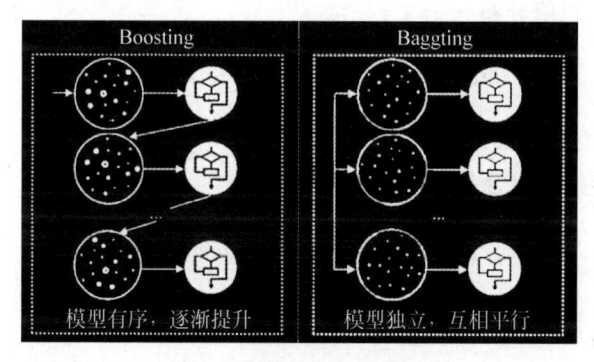

图 5-1 Boosting 与 Bagging

5.1 AdaBoost 算法

5.1.1 AdaBoost 算法基本思想

AdaBoost(adaptive boosting,自适应增强)算法由罗伯特·夏皮雷(Robert E. Schapire)和约夫·弗雷德(Yoav Freund)在 1995 年提出。其核心思想是针对同一个训练集训练不同的分类器(弱分类器),然后把这些弱分类器集合起来,构成一个更强的最终分类器(强分类器)。其自适应性表现在:前一个弱分类器分错的样本会得到加强,加强后的全体样本再次被用来训练下一个弱分类器。同时,在每一轮中加入一个新的弱分类器,直到达到某个预定的足够小的错误率或达到预先指定的最大迭代次数。

5.1.2 AdaBoost 算法流程

给定一个训练数据集 $T=\{(x_1,y_1),(x_2,y_2),\cdots,(x_N,y_N)\}$,其中实例 $x_i \in X \subseteq R^n$,$y_i \in Y=\{-1,1\}$。AdaBoost 的目的是从训练数据中学习一系列弱分类器,然后将这些弱

分类器组合成一个强分类器。AdaBoost 迭代算法内容如下。

(1) 初始化训练数据的权值分布。每一个训练样本最开始时都被赋予相同的权重：$w_i = 1/N$，这样训练样本集的初始权值分布 $D_1(i)$ 为

$$D_1(i) = (w_1, w_2, \cdots, w_N) \tag{5-1}$$

(2) 进行迭代 $t = 1, \cdots, T$

选择一个当前误差率最低的弱分类器 h 作为第 t 个弱分类器 h_t，并计算弱分类器 h_t：$X \to \{-1, 1\}$，该弱分类器在分布 D_t 上的误差为

$$e_t = P(H_t(x_i) \neq y_i) = \sum_{i=1}^{N} w_{ti} I(H_t(x_i) \neq y_i) \tag{5-2}$$

$H_t(x)$ 在训练数据集上的误差率 e_t 就是被 $H_t(x)$ 误分类样本的权值之和。

(3) 计算该弱分类器在最终分类器中所占的权重（弱分类器权重）

$$\alpha_t = \frac{1}{2} \ln\left(\frac{1 - e_t}{e_t}\right) \tag{5-3}$$

更新训练样本的权值分布

$$D_{t+1} = \frac{D_t(i) \exp(-\alpha_t y_i H_t(x_i))}{Z_t} \tag{5-4}$$

其中 Z_t 为归一化常数，$Z_t = 2\sqrt{e_t(1-e_t)}$。

(4) 按弱分类器权重组合各个弱分类器，即

$$f(x) = \sum_{t=1}^{T} \alpha_t H_t(x) \tag{5-5}$$

通过符号函数 sign 的作用，得到一个强分类器为

$$H_{\text{final}} = \text{sign}(f(x)) = \text{sign}\left(\sum_{t=1}^{T} \alpha_t H_t(x)\right) \tag{5-6}$$

其中 $\text{sign}(x)$ 是符号函数，即 $\text{sign}(x) = \begin{cases} 1, & x > 0 \\ 0, & x = 0 \\ -1, & x < 0 \end{cases}$

5.1.3 AdaBoost 算法的代码实现

sklearn 的 ensemble 模块提供了 AdaBoostClassifier 类，实现了 AdaBoost 算法，该类的构造函数如下。

```
AdaBoostClassifier(base_estimator = None, n_estimators = 50, learning_rate = 1.0,
algorithm = 'SAMME.R', random_state = None)
```

构造函数的主要参数如下。

- base_estimator：增强学习使用的基础分类器对象，默认决策树。
- n_estimators：弱分类器的数量，默认值为 50。
- learning_rate：学习率，默认值为 1。该值越大则算法收敛速度越慢，越小则需要的弱分类器会越多。

- algorithm：指定算法，默认值为 SAMME.R。取值范围{SAMME,SAMME.R}。SAMME.R 算法速度快于 SAMME 算法，但是要求弱分类器支持输出类别的概率。
- random_state：代表随机数种子的设置，整数型，默认值为 None。

AdaBoostClassifier 类的常用方法如表 5-1 所示。

表 5-1　AdaBoostClassifier 类的常用方法

方　　法	说　　明
decision_function(X)	计算样本集合的决策函数值
fit(X,y[,sample_weight])	训练模型
predict(X)	预测样本类别
predict_log_proba(X)	计算样本类别概率的对数值
predict_proba(X)	计算样本类别概率
staged_decision_function(X)	计算样本每一轮迭代的决策函数值
staged_predict(X)	计算样本每一轮迭代的预测值
staged_predict_proba(X)	计算样本每一轮迭代的类别概率
staged_score(X,y[,sample_weight])	计算样本每一轮迭代的正确率

下面我们通过一个分类问题来介绍 AdaBoostClassifier，代码如下。

1. 导入相关库

此案例需要导入 sklearn、numpy、matplotlib 等库，尤其是从 sklearn 库中导入 AdaBoostClassifier、DecisionTreeClassifier。代码如下。

代码 5.1.3

```
import numpy as np
import matplotlib.pyplot as plt
from sklearn import tree
from sklearn.ensemble import AdaBoostClassifier
from sklearn.tree import DecisionTreeClassifier
from sklearn.datasets import make_gaussian_quantiles
from sklearn.metrics import classification_report
```

2. 生成分组多维正态分布的数据

我们通过 make_gaussian_quantiles()生成一些随机数据来做二元分类。随机生成两个样本，都服从正态分布，按分位数分为两类，一个是 500 个样本，2 个样本特征，另一个是 400 个样本，2 个样本特征。然后将这两个样本合成一组数据。代码如下。

```
# 生成2维正态分布,生成的数据按分位数分为两类,500个样本,2个样本特征
x1, y1 = make_gaussian_quantiles(n_samples = 500, n_features = 2, n_classes = 2)
# 生成2维正态分布,生成的数据按分位数分为两类,400个样本,2个样本特征,均值都为3
x2, y2 = make_gaussian_quantiles(mean = (3, 3), n_samples = 500, n_features = 2, n_classes = 2)
x_data = np.concatenate((x1, x2))          # 将两组数据合成一组数据
y_data = np.concatenate((y1, - y2 + 1))
plt.scatter(x_data[:, 0], x_data[:, 1], c = y_data)
plt.show()
```

生成的多维正态数据的分布如图 5-2 所示。

图 5-2 生成的多维正态数据的分布

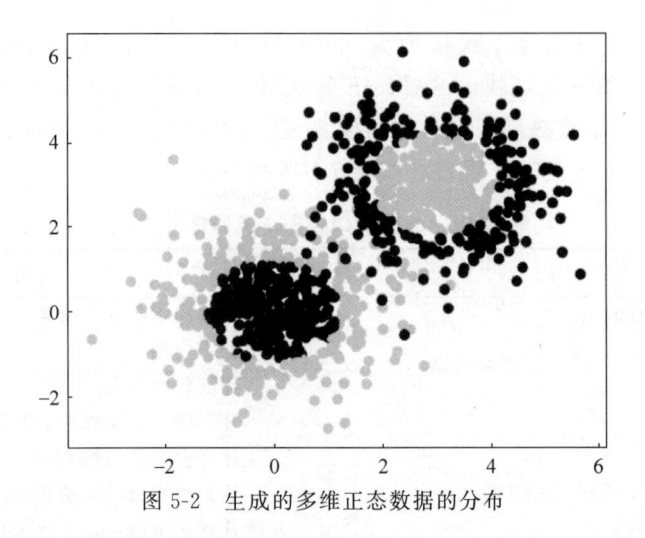

3. 训练 AdaBoost 分类器

通过图 5-2 可以看出,数据有些混杂,我们现在用基于决策树的 AdaBoost 来做分类拟合,并绘制分类效果,代码如下。

```
# 创建 AdaBoost 分类器
model = AdaBoostClassifier(DecisionTreeClassifier(max_depth = 3), n_estimators = 10)
model.fit(x_data, y_data)                                    # 训练分类器
x_min, x_max = x_data[:, 0].min() - 1, x_data[:, 0].max() + 1  # 获取数据值所在的范围
y_min, y_max = x_data[:, 1].min() - 1, x_data[:, 1].max() + 1  # 生成网格矩阵
xx, yy = np.meshgrid(np.arange(x_min, x_max, 0.02),np.arange(y_min, y_max, 0.02))
z = model.predict(np.c_[xx.ravel(), yy.ravel()])             # 获取预测值
z = z.reshape(xx.shape)
cs = plt.contourf(xx, yy, z)                                 # 绘制等高线
plt.scatter(x_data[:, 0], x_data[:, 1], c = y_data)          # 绘制样本散点图
plt.show()
print("模型准确率:")
print(model.score(x_data,y_data))
```

输出图形如图 5-3 所示。

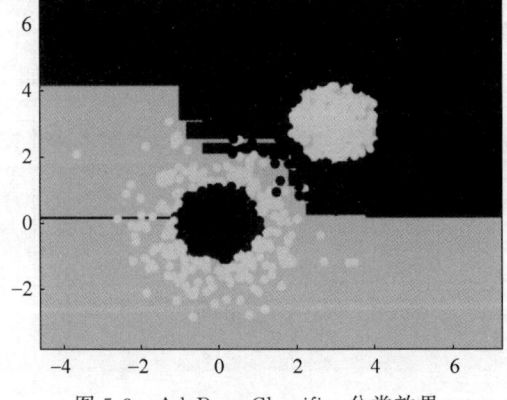

图 5-3 AdaBoostClassifier 分类效果

输出结果如下。

模型准确率: 0.973

通过图 5-3 可以看出,分类效果较图 5-2 更清晰,模型准确率为 97.3%,准确率也非常高。

为了更深入了解 AdaBoost 的效果,我们再运用决策树对数据进行分类,并查看决策树的模型准确率,代码如下。

```
model = tree.DecisionTreeClassifier(max_depth = 3)        # 创建决策树分类器
model.fit(x_data, y_data)                                  # 训练决策树分类器
x_min, x_max = x_data[:, 0].min() - 1, x_data[:, 0].max() + 1    # 获取数据值所在的范围
y_min, y_max = x_data[:, 1].min() - 1, x_data[:, 1].max() + 1    # 生成网络矩阵
xx, yy = np.meshgrid(np.arange(x_min, x_max, 0.02), np.arange(y_min, y_max, 0.02))
z = model.predict(np.c_[xx.ravel(), yy.ravel()])
z = z.reshape(xx.shape)
cs = plt.contourf(xx, yy, z)                               # 绘制等高线
plt.scatter(x_data[:, 0], x_data[:, 1], c = y_data)        # 绘制样本散点图
plt.show()
print("模型准确率: ")
print(model.score(x_data, y_data))
```

输出图形如图 5-4 所示。

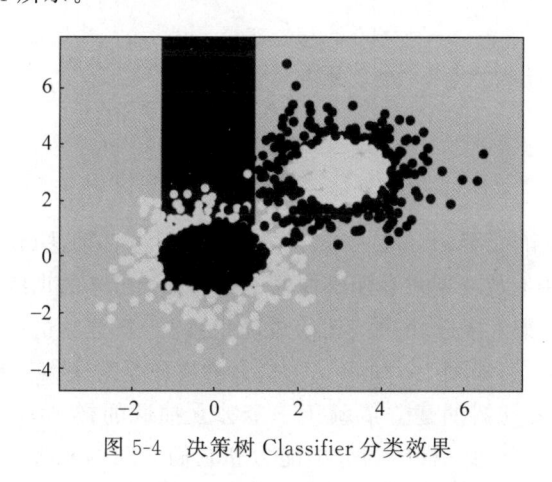

图 5-4 决策树 Classifier 分类效果

输出结果如下。

模型准确率: 0.69

通过图 5-4 和图 5-3 对比,可以发现 AdaBoost 算法比决策树分类效果更好。决策树的准确率仅有 69%,由此可见,AdaBoost 算法的准确率更高。

5.2 随机森林算法

5.2.1 随机森林算法基本思想

随机森林(random forest,RF)是用随机的方式建立一个森林,森林由若干没有关联的决策树组成。在得到森林之后,当有一个新的输入样本进入时,就让森林中的每一棵决策树分别判别该样本的类别,最后投票表决该样本的最终类别。我们可以这样比喻随机森林算法:每一棵决策树就是一个精通于某一个窄领域的专家(因为我们从 M 个特征中选择 m 个特征,让每一棵决策树进行学习),这样在随机森林中就有了很多个精通不同领域的专家,对一个新的问题(新的输入数据),可以用不同的角度去看待它,最终由各个专家,投票得到结果,如图 5-5 所示。

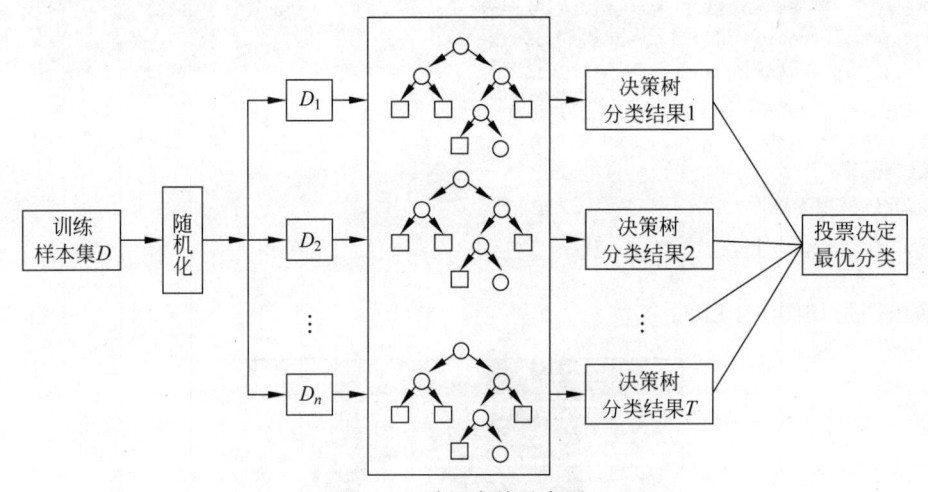

图 5-5 随机森林示意图

随机森林由利奥·布雷曼(Leo Breiman)提出,它通过自助法(bootstrap)重采样技术,从原始训练样本集 D 中有放回地重复随机抽取 n 个样本生成新的训练样本集合 $D_1,D_2,\cdots,D_n$,然后根据自助样本集生成 n 个决策树组成随机森林,新数据的分类结果按决策树分类结果投票形成的分数而定,如图 5-5 所示。随机森林实质是对决策树算法的一种改进,将多个决策树合并在一起,每棵树的建立依赖于一个独立抽取的样本,森林中的每棵树具有相同的分布,分类误差取决于每一棵树的分类能力和它们之间的相关性。特征选择采用随机的方法去分裂每一个节点,然后比较不同情况下产生的误差。能够检测到的内在估计误差、分类能力和相关性决定选择特征的数目。单棵树的分类能力可能很小,但在随机产生大量的决策树后,一个测试样本可以通过每一棵树的分类结果经统计后选择最可能的分类。

5.2.2 随机森林算法实现过程

随机森林中的每一棵分类树为二叉树,其生成遵循自顶向下的递归分裂原则,即从根节点开始依次对训练集进行划分。在二叉树中,根节点包含全部训练数据,按照节点纯度最小原则,分裂为左节点和右节点,它们分别包含训练数据的一个子集,按照同样的规则节点继续分裂,直到满足分支停止规则而停止生长。若节点 n 上的分类数据全部来自同一类别,则此节点的纯度 $I(n)=0$,纯度度量方法采用的是 Gini 准则。

具体实现过程如下。

(1) 原始训练集为 D,应用 Bootstrap 法有放回地随机抽取 n 个新的自助样本集,并由此构建 n 棵分类树,每次未被抽到的样本组成了 n 个袋外数据。

(2) 设有 M 个变量,则在每一棵树的每个节点处随机抽取 m 个变量,然后在 m 中选择一个最具有分类能力的变量,变量分类的阈值通过检查每一个分类点确定。

(3) 每棵树最大限度地生长,不做任何修剪。

(4) 将生成的多棵分类树组成随机森林,对于新数据的分类预测,利用随机森林里每棵树的分类结果进行投票,最终根据票数多数决策确定分类结果。

5.2.3 随机森林算法的代码实现

sklearn 的 ensemble 模块提供了分类类 RandomForestClassifier 和回归类 RandomForestRegressor,实现随机森林算法,这两类的构造函数分别如下。

```
RandomForestClassifier(n_estimators = 10, criterion = 'gini', max_depth = None,
min_samples_split = 2, min_samples_leaf = 1,
min_weight_fraction_leaf = 0.0, max_features = 'auto', max_leaf_nodes = None,
min_impurity_decrease = 0.0, min_impurity_split = None, bootstrap = True,
oob_score = False, n_jobs = 1, random_state = None, verbose = 0, warm_start = False,
class_weight = None)
```

```
RandomForestRegressor (n_estimators = 'warn', criterion = 'mse', max_depth = None,
min_samples_split = 2, min_samples_leaf = 1, min_weight_fraction_leaf = 0.0,
max_features = 'auto', max_leaf_nodes = None, min_impurity_decrease = 0.0,
min_impurity_split = None, bootstrap = True, oob_score = False, n_jobs = None,
random_state = None, verbose = 0, warm_start = False)
```

构造函数的主要参数如下。

- n_estimators:随机森林中决策树的数量。一般而言,决策树的数量会大于 100,可以根据数据集大小和特征多少进行增减。
- criterion:字符串,指定每棵决策树评价切分质量的标准,即选择特征的依据。分类类函数默认值为 gini,可选值有{gini,entropy}。gini 表示基尼系数,entropy 表示信息熵。回归类函数默认值为 mse,表示衡量回归效果的指标为均方误差。可选的还有 mae。
- max_features:指定每棵决策树切分时的最大特征数,默认值为 None,即考虑所有特征,一般来说如果特征数不多,例如小于 30,就可以用默认值。如果特征数较多,可以通过设定该参数来控制划分时考虑的最大特征数,以控制决策树的生成时间。
- max_depth:指定每棵决策树的最大树深度,如果为 None 表明深度不限,直到每个叶子都是纯的,或者直到所有的叶子包含小于参数 min_samples_split 个样本点。

如果模型样本和特征都比较多时,可以通过设定该参数控制模型的复杂度,常用的取值在 10~100 之间。
- min_samples_split:指定每棵决策树的分割所考虑的最小样本数。
- min_samples_leaf:指定每棵决策树的叶子节点最小样本数。
- min_weight_fraction_leaf:指定每棵决策树的叶子节点最小权重总值。
- max_leaf_nodes:指定每棵决策树的最大叶子节点数。
- min_impurity_split:指定每棵决策树的分裂的不纯度阈值,即决策树的当前节点不纯度小于此值时不切分。
- min_impurity_decrease:指定每棵决策树的不纯度缩小幅度的阈值,该值限制了决策树的增长。
- bootstrap:布尔值,指定是否使用 boostrap 采样方法来产生决策树的训练集。
- oob_score:布尔值,指定是否使用包外样本(即构建决策树没用到的样本)来计算泛化误差。
- n_jobs:指定使用的 CPU 个数,如果取值为 −1,则使用全部的 CPU。
- random_state:指定随机状态。
- verbose:是否输出中间结果。
- warm_start:指定是否采用热启动方式,即使用上一次训练的结果。
- class_weight:指定样本权重,解决样本不平衡问题。

RandomForestClassifier 和 RandomForestRegression 类的常用方法如表 5-2 所示。

表 5-2　RandomForestClassifier 和 RandomForestRegression 类的常用方法

方法	说明
apply(X)	返回样本在每棵树的叶节点的索引
decision_path(X)	返回样本在所有树的决策路径
fit(X, y[, sample_weight])	训练模型
predict(X)	利用模型进行预测
predict_log_proba(X)	返回测试样本预测概率的对数值,仅适用于 RandomForestClassifier
predict_proba(X)	返回测试样本预测概率值,仅适用于 RandomForestClassifier
score(X, y[, sample_weight])	返回测试集预测的准确率

我们选用美国威斯康星州的乳腺癌诊断数据集作为分类数据集来介绍 RandomForest,该数据集有 569 条样本,其中 357 条样本为良性的,212 条样本为恶性的。样本特征维度为 30 维。代码如下。

代码 5.2.3

(1) 导入相关库

此案例需要导入 sklearn、numpy、pandas、matplotlib 等库,尤其是从 sklearn 库中导入 RandomForestClassifier。代码如下。

```
import numpy as np
import pandas as pd
import seaborn as sb
```

```
import sklearn.datasets as ds
import graphviz
import matplotlib.pyplot as plt
from sklearn import tree
from sklearn.ensemble import RandomForestClassifier
from sklearn.tree import DecisionTreeClassifier
from sklearn.model_selection import train_test_split
from sklearn.metrics import f1_score
from sklearn.model_selection import cross_val_score
import matplotlib.font_manager as fm
myfont = fm.FontProperties(fname = u'C:\Windows\Fonts\simsun.ttc',size = 10)
```

（2）加载数据集

加载乳腺癌数据集，并将数据集拆分成训练集和测试集，得到矩阵 x_train、x_test、y_train 和 y_test，代码如下。

```
raw_data = ds.load_breast_cancer()        # 加载乳腺癌数据集
X = raw_data.data
y = raw_data.target
feature_names = raw_data.feature_names
target_names = raw_data.target_names
x_train,x_test,y_train,y_test = train_test_split(X,y,shuffle = True, stratify = y, random_state = 0)
```

（3）建立随机森林模型

我们先用默认参数建立一个随机森林模型，使用训练集对模型进行训练，使用测试集对模型的性能进行测量，并且输出了各特征对分类的重要程度，代码如下。

```
clf = RandomForestClassifier()                          # 使用默认参数训练随机森林
clf.fit(x_train,y_train)
print('feature_importances_ = ',clf.feature_importances_)  # 输出各特征的重要性
ind = np.argsort(clf.feature_importances_)[::-1]
total = 0.0
print('各特征的重要性')
for i, feature_importance in enumerate(clf.feature_importances_[ind]):
    if i > 9:
        break
    print("%-25s : %.2f" %(feature_names[i],feature_importance))
    total += feature_importance
    pass
print("%-23s : %.4f" %('合计',total))
print('')
print("%-20s : %.4f" %('测试集得分',cross_val_score(clf,X,y).mean()))
dot_data = tree.export_graphviz(clf.estimators_[0], out_file = None,
```

```
feature_names = feature_names, class_names = target_names,
filled = True, rounded = True, special_characters = True)    # 生成第一个基础决策树分类器的图形
graph = graphviz.Source(dot_data)graph
graph.render("senlin")
clf.fit(x_train[:,ind[0:10]],y_train)                # 使用10个特征进行分类
print("%-20s : %.4f"%('基于10个特征进行测试集得分',cross_val_score(clf, X[:,ind[0:
10]],y).mean()))
```

输出结果如下。

```
feature_importances_ = [0.05317257 0.01677363 0.05372467 0.02719358 0.00649963
 0.0062391  0.03468998 0.08755707 0.00394248 0.00211681 0.01577529 0.00278588
 0.01665884 0.03054562 0.00292383 0.00275051 0.00855524 0.00872616
 0.00222179 0.00200667 0.11873028 0.01759159 0.15411564 0.15985812
 0.00943572 0.00907821 0.05063902 0.07947072 0.00730322 0.00891813]
```

按照重要程度进行排序如下。

```
各特征的重要性
mean radius                : 0.16
mean texture               : 0.15
mean perimeter             : 0.12
mean area                  : 0.09
mean smoothness            : 0.08
mean compactness           : 0.05
mean concavity             : 0.05
mean concave points        : 0.05
mean symmetry              : 0.03
mean fractal dimension     : 0.03
合计                        : 0.8225

测试集得分                   : 0.9631
基于10个特征进行测试集得分    : 0.9456
```

可以看出肿瘤的 mean radius(平均半径)、mean texture(平均纹理)、mean perimeter(平均周长)等特征对分类的贡献较大,如果我们只选取最重要的10个特征进行分类,准确度达到94.56%,使用全部特征进行分类的准确度为96.31%,二者相差无几。

随机森林模型的第1个基础分类器——决策树模型结构如图5-6所示,可以看出该决策树的结构较为复杂,有可能产生过拟合现象,可以通过 max_depth、min_samples_leaf 等属性对其进行控制。

随机森林算法的准确率与模型中分类器的数量密切相关,下面我们来观察不同的 n_estimators 取值对分类性能的影响,代码如下。

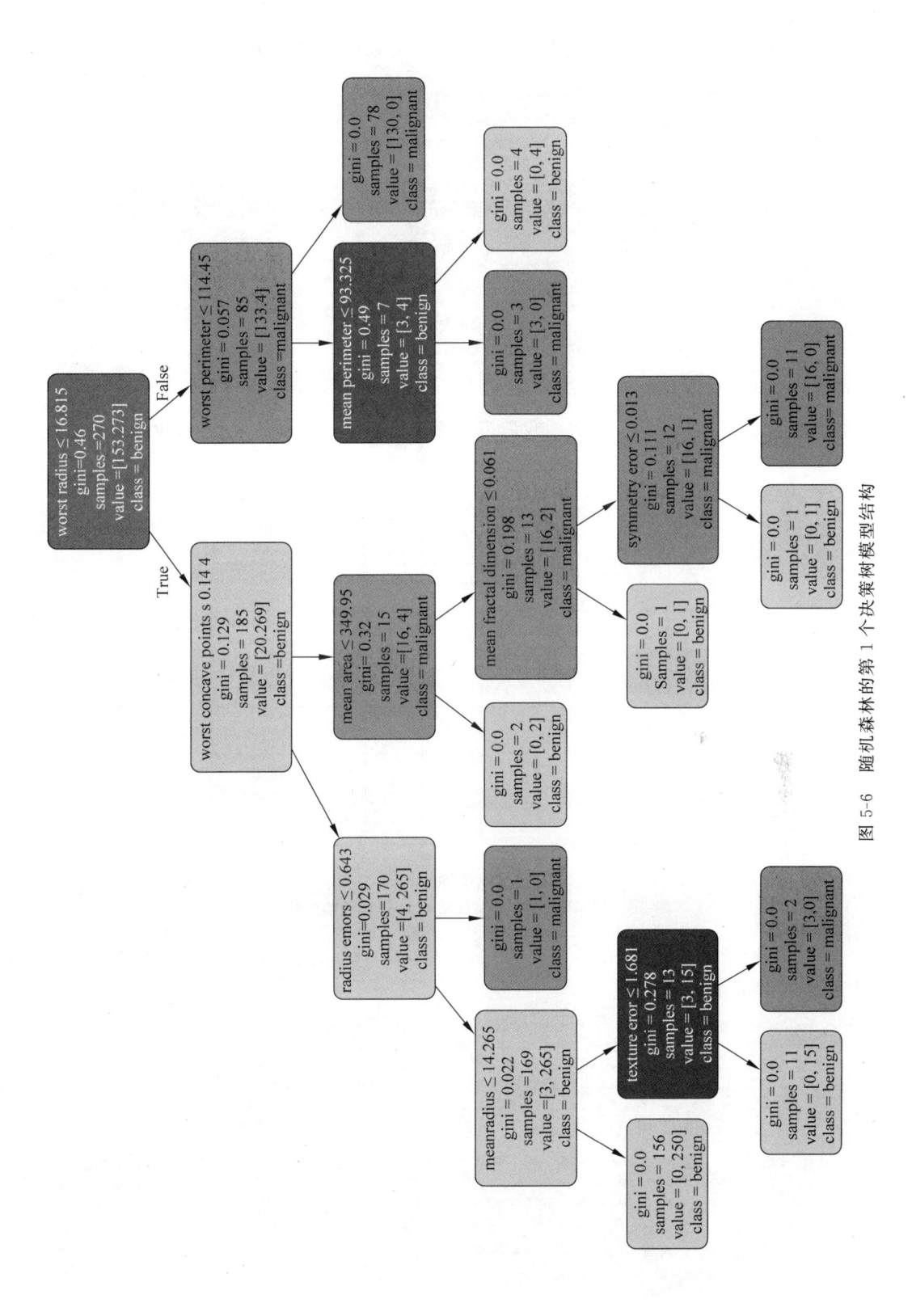

图 5-6 随机森林的第 1 个决策树模型结构

```
n_estimators_List = np.arange(1,150)    # 对比分析不同的 n_estimators 取值对分类性能的影响
f1_scores = []
for n_estimators in n_estimators_List:
    clf = RandomForestClassifier(n_estimators = n_estimators,
                                  random_state = 0)
    clf.fit(x_train, y_train)
    f1_scores.append(f1_score(y_test,clf.predict(x_test)))
fig = plt.figure(figsize = (6,4))        # 绘制不同的 n_estimators 取值对分类性能的影响
ax = fig.add_subplot(111)
ax.plot(f1_scores)
ax.grid(True)
ax.set_xlabel('决策树的数量',fontproperties = myfont)
ax.set_ylabel('F1 得分',fontproperties = myfont)
ax.set_title('决策树的数量对随机森林分类性能的影响',fontproperties = myfont)
fig.show()
```

输出结果如图 5-7 所示。从图中我们可以看出由于本例样本数量有限,故此模型的性能在决策树的数量大于 40 时趋于稳定。

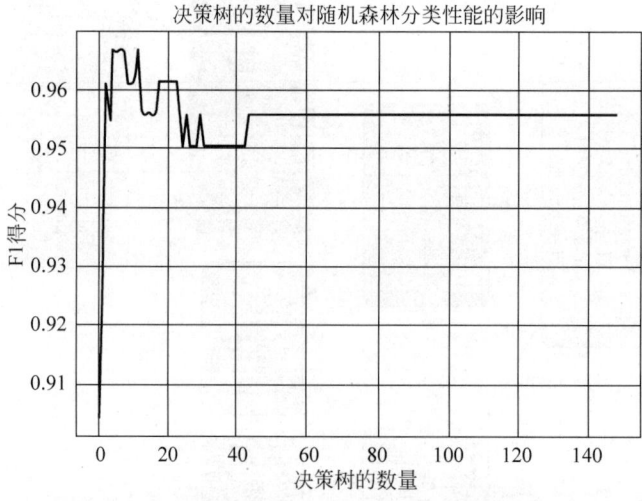

图 5-7 决策树的数量对随机森林分类性能的影响

紧接着我们通过 min_samples_leaf 和 max_depth 参数来控制决策树的规模,观察随机森林性能,代码如下。

```
fig,axs = plt.subplots(1,2)
# 对比分析 min_samples_leaf 对随机森林分类器性能的影响
min_samples_leaf_List = np.arange(1,20)
f1_scores = []
for min_samples_leaf in min_samples_leaf_List:
    clf = RandomForestClassifier(min_samples_leaf = min_samples_leaf, random_state = 0)
    clf.fit(x_train, y_train)
    f1_scores.append(f1_score(y_test,clf.predict(x_test)))
    print('')
# 绘制 min_samples_leaf 取值对分类性能的影响
axs[0].plot(f1_scores)
```

```
axs[0].grid(True)
axs[0].set_xlabel('min_samples_leaf',fontproperties = myfont)
axs[0].set_ylabel('F1 得分',fontproperties = myfont)
axs[0].set_title('min_samples_leaf 参数对随机森林分类性能的影响',fontproperties = myfont)
# 对比分析 max_depth 对随机森林分类器性能的影响
max_depth_List = np.arange(1,20)
f1_scores = []
for max_depth in max_depth_List:
    clf = RandomForestClassifier(max_depth = max_depth,random_state = 0)
    clf.fit(x_train, y_train)
f1_scores.append(f1_score(y_test,clf.predict(x_test)))
    print('')
axs[1].plot(f1_scores)
axs[1].grid(True)
axs[1].set_xlabel('max_depth',fontproperties = myfont)
axs[1].set_ylabel('F1 得分',fontproperties = myfont)
axs[1].set_title('max_depth 参数对随机森林分类性能的影响',fontproperties = myfont)
fig.show() # 绘制 max_depth 取值对分类性能的影响
```

输出结果如图 5-8 所示。

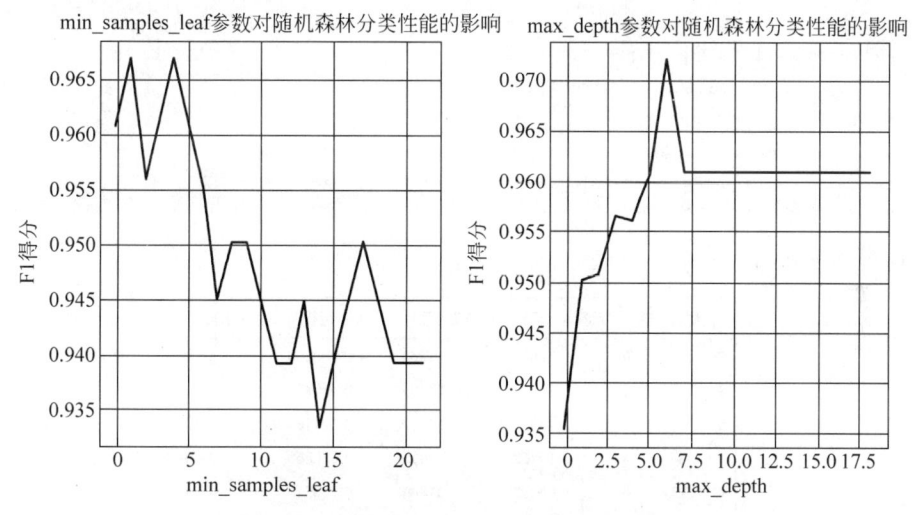

图 5-8 决策树规模对随机森林性能的影响

由图 5-8 可以看出，本例 min_samples_leaf 取值范围在 2～5 之间模型分类效果较好，max_depth 取值为 6 时，模型性能较好。

5.3 集成算法应用案例

5.3.1 信用卡营销——基于 AdaBoost 算法的商务决策

1. 问题分析

20 世纪 80 年代，随着改革开放和市场经济的发展，信用卡作为电子化和现代化的消费金融支付工具开始进入中国，并在近几十年的时间里，得到了跨越式的长足发展。据统计，截至 2022 年末，我国信用卡累计发卡量由 2010 年的 2.3 亿张增加至 7.98 亿张。然而，央行《2023 年第三季度支付体系运行总体情况》显示，截至 2023 年第三季度末，信用卡和借贷合一卡在用发卡数量为 7.79 亿张，环比下降 1%。信用卡产品同质化严重，银行迫切需要采用有效的方式扩大客户规模，实现精准营销。本案例运用 AdaBoost 算法构建一个信用卡营销模型。

数据 5.3.1

2. 数据来源

本案例数据来自于某银行的信用卡客户部分信息。

3. 基于 AdaBoost 算法的商务决策过程

（1）导入相关库和数据集

此案例需要导入 pandas、sklearn、matplotlib 等库。通过下面的代码读取信用卡客户信息，特征变量有年龄、性别、月收入、月消费及月消费/月收入，目标变量为是否办卡，办卡为 1，不办卡为 0。

代码 5.3.1

```python
import pandas as pd
from sklearn.ensemble import AdaBoostClassifier
from sklearn.metrics import accuracy_score
from sklearn.metrics import roc_curve
from sklearn.metrics import roc_auc_score
from sklearn.model_selection import train_test_split
import matplotlib.pyplot as plt
cr = pd.read_excel('./kaggle/credit.xlsx')
cr.head()
```

输出结果如图 5-9 所示。

	年龄	性别	月收入（元）	月消费（元）	月消费/月收入	是否办卡
0	29	0	7600	6234	0.820263	1
1	35	0	17334	13464	0.776739	1
2	29	0	23923	14932	0.624169	1
3	34	0	14162	7596	0.536365	1
4	27	0	15890	11449	0.720516	1

图 5-9　前 5 条信用卡客户信息

图 5-9 显示了前 5 条信用卡客户的基本信息。

（2）拆分训练集和测试集

将特征变量和目标变量分别提取出来，并将数据拆分为训练集和测试集，代码如下。

```python
X = cr.drop(columns = '是否办卡')
y = cr['是否办卡']
X_train, X_test, y_train, y_test = train_test_split(X, y, test_size = 0.2, random_state = 123)
```

（3）AdaBoost 模型训练及预测

引入 AdaBoostClassifier 类进行模型训练，并对模型进行预测及评估。代码如下。

```
clf = AdaBoostClassifier(random_state = 123)    # 创建 AdaBoostClassifier 分类器
clf.fit(X_train, y_train)                       # 训练 AdaBoostClassifier 分类器
y_pred = clf.predict(X_test)                    # 预测测试集数据
print(y_pred)
a = pd.DataFrame()                              # 创建一个空 DataFrame
a['预测值'] = list(y_pred)
a['实际值'] = list(y_test)
a.head()
```

输出结果如图 5-10 和图 5-11 所示。

```
[1 1 1 0 1 0 1 0 0 0 1 1 1 1 1 0 0 1 1 0 1 1 1 1 0 0 0 0 0 0 0 0 1 0 0 0
 1 1 0 0 0 1 1 0 0 1 0 0 0 1 0 0 0 1 0 0 0 0 0 0 0 0 0 0 1 1 0 0 1
 0 0 0 0 1 0 0 1 0 0 0 1 0 1 0 0 0 0 0 0 1 0 0 0 0 0 0 0 0 0 1 0 0 1 1
 0 1 0 1 0 0 0 1 0 0 0 1 0 0 1 0 1 1 0 0 0 0 0 0 0 1 0 0 0 0 1 1 1 0 0 1
 0 1 0 0 0 0 1 0 0 1 1 0 1 0 1 1 1 0 0 1 1 0 0 0 0 0 1 0 0 0 1 0 1 0 1 1
 0 0 1 0 0 0 0 0 0 1 1 0 1 ]
```

	预测值	实际值
0	1	1
1	1	1
2	1	1
3	0	0
4	1	1

图 5-10　预测测试集数据　　　　　　　图 5-11　预测值与实际值对比图

图 5-10 显示了 AdaBoost 模型对测试集数据的预测结果，图 5-11 则展示了预测值与实际值之间的对比，可以看出这 5 组预测值与实际值结果一致。

(4) 模型预测准确度

查看预测准确率，代码如下。

```
score = accuracy_score(y_pred, y_test)
print(score)
```

输出结果如下。

```
0.865
```

通过输出结果可知，AdaBoost 模型的预测准确率为 86.5%。下面再查看预测分类概率，代码如下。

```
y_pred_proba = clf.predict_proba(X_test)
y_pred_proba[0:5]    # 查看前 5 项，第一列为分类为 0 的概率,第二列为分类为 1 的概率
```

输出结果如下。

```
array([[0.19294615, 0.80705385],[0.41359387,0.58640613],
[0.42597039, 0.57402961],[0.6681739, 0.3318261 ],[0.32850159,0.67149841]])
```

下面通过绘制 ROC 曲线来评估模型的预测效果，代码如下。

```
fpr, tpr, thres = roc_curve(y_test.values, y_pred_proba[:,1])
plt.plot(fpr, tpr)
plt.show()
```

绘制结果如图 5-12 所示。

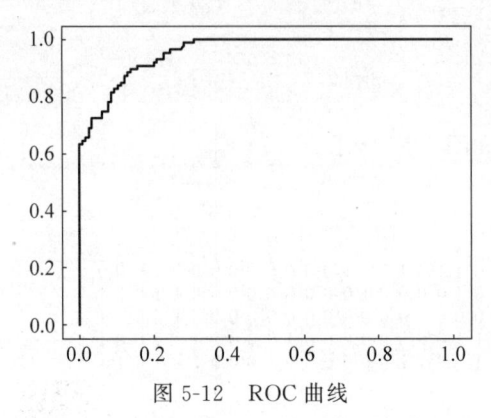

图 5-12　ROC 曲线

AUC(area under curve)表示 ROC 曲线下的面积,用于量化模型的性能。AUC 取值介于 0.5 与 1 之间,越接近 1,说明模型的诊断性能越好,准确度越高。通过如下代码计算模型的 AUC 值。

```
score = roc_auc_score(y_test, y_pred_proba[:,1])
print(score)
```

输出结果如下。

```
0.947665547757095
```

计算得到的 AUC 值为 0.9477,说明模型具有非常高的准确度,可以较好地区分是否办卡。

5.3.2　共享单车需求预测——基于随机森林的商务决策

为了便于共享单车租赁做出合理的决策,3.5.2 案例运用多元线性回归模型,4.6.4 案例运用决策树给出了解决方案,本案例将再运用随机森林给出解决方案。本案例的问题分析及数据来源均与 3.5.2 案例相同。下面将具体介绍基于随机森林的商务决策过程。

1. 导入相关库

此案例需要导入 sklearn、numpy、pandas、matplotlib、calendar 等库,尤其导入 RandomForestRegressor。代码如下。

代码 5.3.2

```
import numpy as np
import pandas as pd
```

```
import pylab
import calendar
import seaborn as sn
from sklearn.ensemble import RandomForestRegressor
from scipy import stats
from datetime import datetime
import matplotlib.pyplot as plt
```

2. 加载数据并合并数据

加载共享单车的训练集和测试集数据,并将他们合并到一个数据集中,代码如下。

```
dataTrain = pd.read_csv('./kaggle/biketrain.csv')
dataTest = pd.read_csv('./kaggle/biketest.csv')
data = pd.concat([dataTrain,dataTest])
data.reset_index(inplace = True)
data.drop('index', inplace = True, axis = 1)
data.head()
```

输出结果如图 5-13 所示。

	datetime	season	holiday	workingday	weather	temp	atemp	humidity	windspeed	casual	registered	count
0	2011-01-01 00:00:00	1	0	0	1	9.84	14.395	81	0.0	3.0	13.0	16.0
1	2011-01-01 01:00:00	1	0	0	1	9.02	13.635	80	0.0	8.0	32.0	40.0
2	2011-01-01 02:00:00	1	0	0	1	9.02	13.635	80	0.0	5.0	27.0	32.0
3	2011-01-01 03:00:00	1	0	0	1	9.84	14.395	75	0.0	3.0	10.0	13.0
4	2011-01-01 04:00:00	1	0	0	1	9.84	14.395	75	0.0	0.0	1.0	1.0

图 5-13 共享单车合并数据集

图 5-13 为合并后的数据集的内容展示。通过合并后的数据集,我们可以看出,season、holiday、workingday、weather 这些列应该是 category 数据类型,但是目前数据集中的数据类型是 int。我们通过以下的方法转换。

(1) 从 datetime 这一列获取,建立新的列 date、hour、weekday、month。

(2) 转换 season、holiday、workingday、weather 这些列的数据类型为 category。代码如下。

```
data['date'] = data['datetime'].apply(lambda x : x.split()[0])
data['hour'] = data['datetime'].apply(lambda x : x.split()[1].split(':')[0]).astype('int')
data['year'] = data['datetime'].apply(lambda x : x.split()[0].split('-')[0])
data['weekday'] = data['date'].apply(lambda dateString : datetime.strptime(dateString,
"%Y-%m-%d").weekday())
data["month"] = data['date'].apply(lambda dateString : datetime.strptime(dateString,
"%Y-%m-%d").month)
data.head()
categoricalFeatureNames = ["season","holiday","workingday","weather","weekday","month",
"year","hour"]
numericalFeatureNames = ["temp","humidity","windspeed","atemp"]
```

```
dropFeatures = ['casual',"count","datetime","date","registered"]
for var in categoricalFeatureNames:
    data[var] = data[var].astype('category')
data.info()
```

输出结果如图 5-14 和图 5-15 所示。

	datetime	season	holiday	workingday	weather	temp	atemp	humidity	windspeed	casual	registered	count	date	hour	year	weekday	month
0	2011-01-01 00:00:00	1	0	0	1	9.84	14.395	81	0.0	3.0	13.0	16.0	2011-01-01	0	2011	5	1
1	2011-01-01 01:00:00	1	0	0	1	9.02	13.635	80	0.0	8.0	32.0	40.0	2011-01-01	1	2011	5	1
2	2011-01-01 02:00:00	1	0	0	1	9.02	13.635	80	0.0	5.0	27.0	32.0	2011-01-01	2	2011	5	1
3	2011-01-01 03:00:00	1	0	0	1	9.84	14.395	75	0.0	3.0	10.0	13.0	2011-01-01	3	2011	5	1
4	2011-01-01 04:00:00	1	0	0	1	9.84	14.395	75	0.0	0.0	1.0	1.0	2011-01-01	4	2011	5	1

图 5-14 新建列 date、hour、weekday、month 的数据集展示图

```
<class 'pandas.core.frame.DataFrame'>
RangeIndex: 17379 entries, 0 to 17378
Data columns (total 17 columns):
 #   Column      Non-Null Count  Dtype
---  ------      --------------  -----
 0   datetime    17379 non-null  object
 1   season      17379 non-null  category
 2   holiday     17379 non-null  category
 3   workingday  17379 non-null  category
 4   weather     17379 non-null  category
 5   temp        17379 non-null  float64
 6   atemp       17379 non-null  float64
 7   humidity    17379 non-null  int64
 8   windspeed   17379 non-null  float64
 9   casual      10886 non-null  float64
 10  registered  10886 non-null  float64
 11  count       10886 non-null  float64
 12  date        17379 non-null  object
 13  hour        17379 non-null  category
```

图 5-15 数据集类型

图 5-14 是新建 date、hour、weekday、month 的数据集展示图。图 5-15 展示修改后的数据的类型，可以看出 season、holiday、workingday、weather 这些列的数据类型都转为 category。

观察图 5-15，可以发现 temp、atemp、humidity、windspeed 这四列属于数值型数据，查看一下它们的分布，代码如下。

```
sns.set(style = 'whitegrid', palette = 'tab10')

fig,axes = plt.subplots(2,2)
fig.set_size_inches(12,10)
sns.distplot(data['temp'], ax = axes[0,0])
sns.distplot(data['atemp'], ax = axes[0,1])
sns.distplot(data['humidity'], ax = axes[1,0])
```

```
sns.distplot(data['windspeed'], ax = axes[1,1])
axes[0,0].set(xlabel = 'temp', title = 'Distribution of temp')
axes[0,1].set(xlabel = 'atemp', title = 'Distribution of atemp')
axes[1,0].set(xlabel = 'humidity', title = 'Distribution of humidity')
axes[1,1].set(xlabel = 'windspeed', title = 'Distribution of windspeed')
```

输出结果如图 5-16 所示。

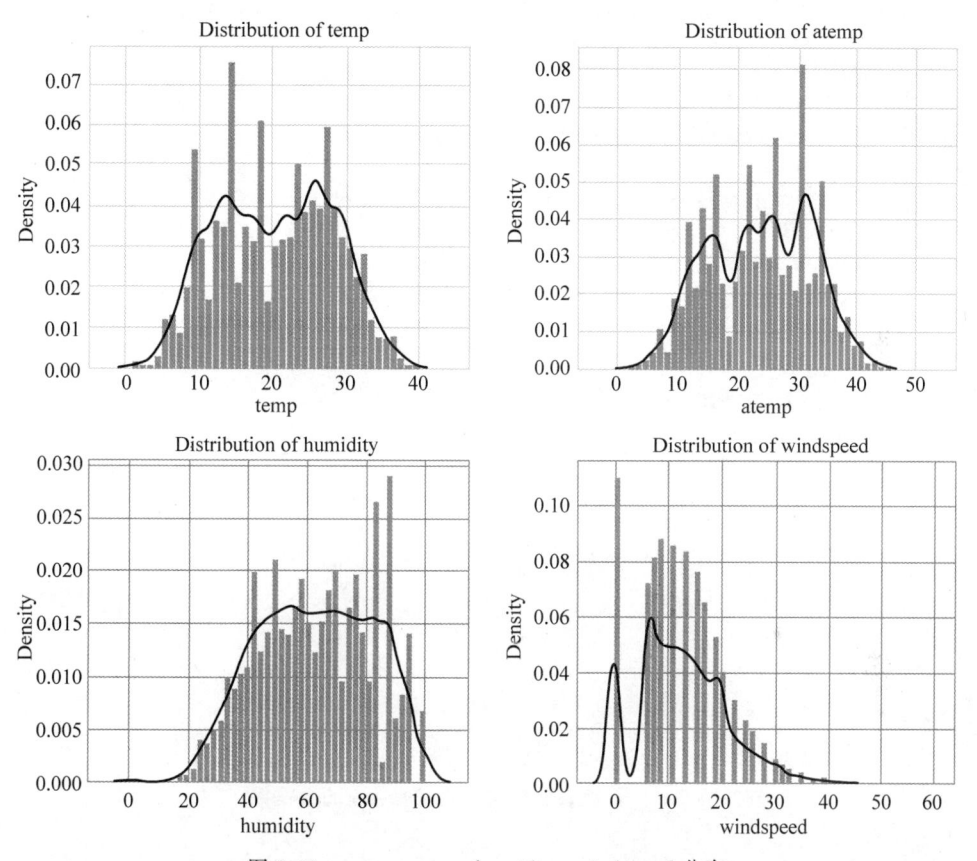

图 5-16　temp、atemp、humidity、windspeed 分布

通过图 5-16 的分布图可以发现一些问题，比如 windspeed（风速）0 的数据很多，而观察统计描述发现空缺值在 1～6 之间。从这里似乎可以推测，数据本身或许是有缺失值的，但是用 0 来填充了；但这些风速为 0 的数据会对预测产生干扰，希望使用随机森林根据相同的年份、月份、季节、温度、湿度等几个特征来填充一下风速的缺失值。

3. 随机森林模型预测风速的空值

这里采用随机森林模型预测风速，并替换掉 0，并再查看它们的分布，代码如下。

```
dataWind0 = data[data["windspeed"] == 0]
dataWindNot0 = data[data["windspeed"]!= 0]
rfModel_wind = RandomForestRegressor()
windColumns = ["season","weather","humidity","month","temp","year","atemp"]
```

```
rfModel_wind.fit(dataWindNot0[windColumns],
dataWindNot0["windspeed"])
wind0Values = rfModel_wind.predict(X = dataWind0[windColumns])
dataWind0["windspeed"] = wind0Values
data = dataWindNot0.append(dataWind0)
data.reset_index(inplace = True)
data.drop('index', inplace = True, axis = 1)
data.head()
fig, axes = plt.subplots(2,2)
fig.set_size_inches(12,10)
sns.distplot(data['temp'], ax = axes[0,0])
sns.distplot(data['atemp'], ax = axes[0,1])
sns.distplot(data['humidity'], ax = axes[1,0])
sns.distplot(data['windspeed'], ax = axes[1,1])
axes[0,0].set(xlabel = 'temp', title = 'Distribution of temp')
axes[0,1].set(xlabel = 'atemp', title = 'Distribution of atemp')
axes[1,0].set(xlabel = 'humidity', title = 'Distribution of humidity')
axes[1,1].set(xlabel = 'windspeed', title = 'Distribution of windspeed')
```

输出结果如图 5-17 和图 5-18 所示。

	datetime	season	holiday	workingday	weather	temp	atemp	humidity	windspeed	casual	registered	count	date	hour	year	weekday	month
0	2011-01-01 05:00:00	1	0	0	2	9.84	12.880	75	6.0032	0.0	1.0	1.0	2011-01-01	5	2011	5	1
1	2011-01-01 10:00:00	1	0	0	1	15.58	19.695	76	16.9979	12.0	24.0	36.0	2011-01-01	10	2011	5	1
2	2011-01-01 11:00:00	1	0	0	1	14.76	16.665	81	19.0012	26.0	30.0	56.0	2011-01-01	11	2011	5	1
3	2011-01-01 12:00:00	1	0	0	1	17.22	21.210	77	19.0012	29.0	55.0	84.0	2011-01-01	12	2011	5	1
4	2011-01-01 13:00:00	1	0	0	2	18.86	22.725	72	19.9995	47.0	47.0	94.0	2011-01-01	13	2011	5	1

图 5-17 随机森林模型预测风速后新的数据集

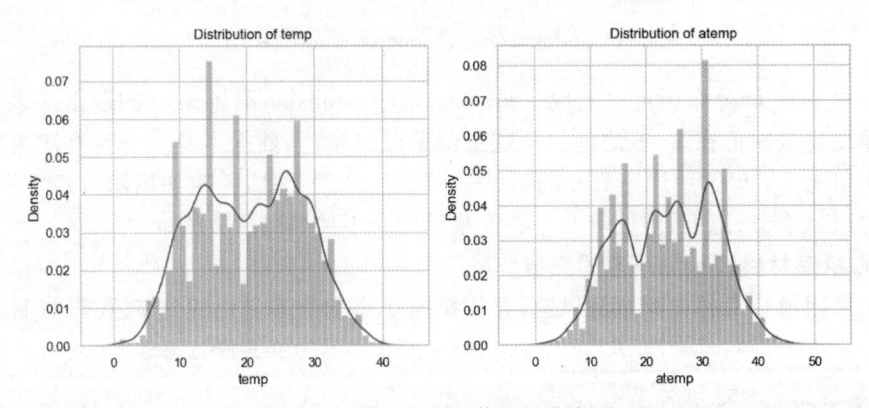

图 5-18 随机森林赋值后的分布图

图 5-18 （续）

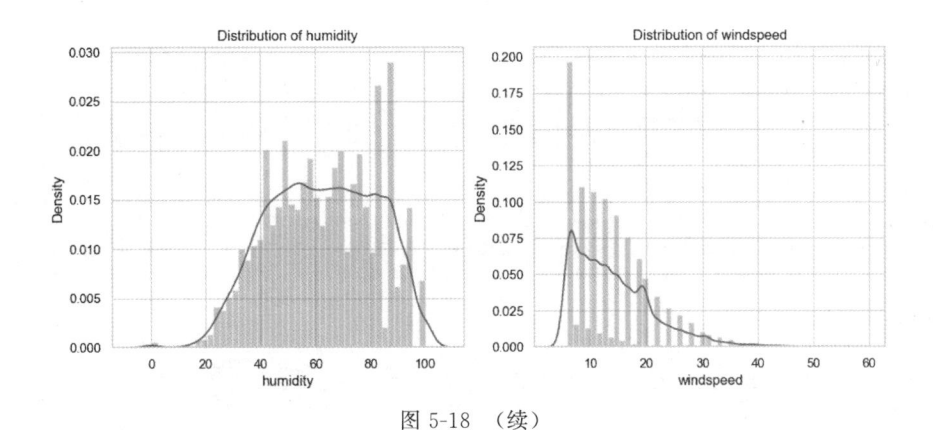

图 5-17 里 windspeed 的值为运用随机森林预测后的值。图 5-18 为 temp、atemp、humidity、windspeed 数据的分布图。随机森林预测了 windspeed 的数值，不再为 0，windspeed 的图也没有出现 0 值。

处理好数据之后，开始拆分训练数据和测试数据，把所有的 count 为空值的取出来，当作测试集，其他的作为训练集。代码如下。

```
dataTrain = data[pd.notnull(data['count'])].sort_values(by = ['datetime'])
dataTest = data[~pd.notnull(data['count'])].sort_values(by = ["datetime"])
datetimecol = dataTest['datetime']
yLabels = dataTrain['count']
yLabelsRegistered = dataTrain['registered']
yLabelsCasual = dataTrain['casual']
dataTrain = dataTrain.drop(dropFeatures, axis = 1)    #丢掉不要的列
dataTest = dataTest.drop(dropFeatures, axis = 1)
dataTrain.head()
dataTest.head()
```

输出结果如图 5-19 所示。

	season	holiday	workingday	weather	temp	atemp	humidity	windspeed	hour	year	weekday	month
9573	1	0	1	1	10.66	11.365	56	26.002700	0	2011	3	1
16512	1	0	1	1	10.66	13.635	56	8.823199	1	2011	3	1
16513	1	0	1	1	10.66	13.635	56	8.823199	2	2011	3	1
9574	1	0	1	1	10.66	12.880	56	11.001400	3	2011	3	1
9575	1	0	1	1	10.66	12.880	56	11.001400	4	2011	3	1

图 5-19 删除多余列后的数据集

图 5-19 为删除 datatime、registered、casual 列后的数据集。

4．构建随机森林模型

使用 RandomForestRegressor() 构建随机森林模型，代码如下。

```
source_X = dataTrain
source_Y = yLabels_log
```

```
x_train, x_test, y_train, y_test = train_test_split(source_X,source_Y,test_size = 0.2)
rfModel = RandomForestRegressor(n_estimators = 100, random_state = 42)
rfModel.fit(x_train,y_train)
y_pre = rfModel.predict(x_test)
error = mean_squared_error(y_test,y_pre)
score = cross_val_score(rfModel,source_X,source_Y,cv = 10).mean()
print('模型误差: ',error, '模型得分: ',score)
```

输出结果如下。

模型误差:0.10655202465108139,模型得分:0.9096193050214216

通过输出结果可以发现,随机森林模型的得分为0.9096193050214216,模型误差为0.10655202465108139。

5. 随机森林模型评价

为了比较随机森林和线性回归预测共享单车的效果,再计算线性回归模型的得分和模型误差,代码如下。

```
from sklearn.linear_model import LinearRegression
from sklearn.model_selection import train_test_split
from sklearn.metrics import mean_squared_error
from sklearn.model_selection import cross_val_score
source_X = dataTrain
source_Y = yLabels_log                    #加载建模数据
x_train, x_test, y_train, y_test = train_test_split(source_X, source_Y,test_size = 0.2)
                                          #将测试数据拆分为训练集和测试集
lrModel = LinearRegression()              #构建模型
lrModel.fit(x_train,y_train)
#模型检验:利用测试集测试预测值和真实值的差异(用 x_test 计算出 y_predict,与 y_test 作比较,计算误差)
y_pre = lrModel.predict(x_test)
error = mean_squared_error(y_test,y_pre)
score = cross_val_score(lrModel,source_X,source_Y,cv = 10).mean()   # 使用交叉验证用于评估模型的预测性能
print('线性回归模型误差: ',error, '线性回归模型得分: ',score)
```

输出结果如下。

线性回归模型误差: 1.1486640845587868
线性回归模型得分: 0.4361909334766548

通过输出结果可知,线性回归模型的得分为0.4361909334766548,误差为1.1486640845587868。通过与随机森林的结果比较发现,线性回归模型得分远远低于随机森林。

6. 使用随机森林模型进行预测

根据上文的随机森林模型对共享单车进行预测,代码如下。

```
predsTest = rfModel.predict(dataTest)
preDf = pd.DataFrame({'datetime':datetimecol, 'count':[max(0,x) for x in np.exp(predsTest)]})
preDf.to_csv('./kaggle/bike_pre.csv', index = False)
```

运用随机森林模型进行预测,预测结果保存到文件 bike_pre 文件中,预测部分结果如图 5-20 所示。

	datetime	count
1		
2	2011/1/20 0:00	11.43980017
3	2011/1/20 1:00	5.159210178
4	2011/1/20 2:00	2.706434786
5	2011/1/20 3:00	2.990351762
6	2011/1/20 4:00	2.407417
7	2011/1/20 5:00	5.497060985
8	2011/1/20 6:00	36.94829509
9	2011/1/20 7:00	86.85836031
10	2011/1/20 8:00	186.3658541
11	2011/1/20 9:00	113.8294774
12	2011/1/20 10:00	59.38387065
13	2011/1/20 11:00	59.78293829
14	2011/1/20 12:00	73.76086354
15	2011/1/20 13:00	71.37505949

图 5-20 基于随机森林算法的共享单车部分预测值

练 习 题

1. 简述 AdaBoost 算法的基本思想。
2. 运用 AdaBoost 算法对 sklearn 库中乳腺癌诊断数据集进行模型训练,并与决策树算法进行比较,看哪个效果更好。
3. 运用 AdaBoost 算法对鸢尾花卉数据进行模型训练,并对模型进行评价。
4. 运用随机森林算法对鸢尾花卉数据进行模型训练,并对模型进行评价。

即测即练题

第 6 章
无监督学习

本章学习目标

通过本章学习，学员应该能够：
(1) 了解什么是 K-means 算法；
(2) 了解主成分分析及其原理；
(3) 了解关联规则的基本概念；
(4) 掌握 K-means 算法、主成分分析、关联规则在商务决策中的应用。

引导案例：亚马逊的推荐系统

亚马逊的推荐系统在 1998 年首次推出，经过多年的优化，现在已经非常成熟。该系统不仅基于用户的购买历史，还结合了用户的浏览历史和评分数据，来进行更为精确的推荐。通过这种方式，亚马逊能够实现个性化推荐，从而大幅提升用户的购买欲望和满意度。

亚马逊的推荐系统是基于关联规则的经典案例之一。亚马逊使用一种名为"项目间协同过滤"的方法来推荐产品。这种方法通过分析用户的购买历史，找到相关联的产品。例如，如果许多用户在购买产品 A 后也购买了产品 B，那么系统会推荐产品 B 给购买了产品 A 的用户。这种关联分析能够帮助亚马逊提高推荐的准确性，不仅增强用户体验，还直接带动了销售增长。据统计，亚马逊约 35% 的销售额来自于推荐系统的贡献。这种基于关联规则的推荐系统在电商领域有着广泛的应用，不仅限于亚马逊，其他电商平台如京东和淘宝也采用了类似的技术来提升用户体验和销售额。

资料来源：Two Decades of Recommender Systems at Amazon.com，IEEE Internet Computing，2017(21)，pp.12-18.

无监督学习是机器学习中的一种训练方式/学习方式。它不需要事先标记的数据作为训练集，而是从未标记的数据中自动学习数据的内在结构和模式。在无监督学习中，算法通过对数据进行聚类、降维等操作，从而发现数据中的隐藏关系和规律。常用的无监督学习算法有 K-means 聚类、主成分分析、关联规则等。下面将分别对具体的算法进行介绍。

6.1 K-means 聚类算法

聚类类似于分类技术,但类/组不是预先定义的。这些组被称为集群或视为特殊类型的分类或分割。它是一种无监督学习方法,其任务是将总体或数据集划分为若干组,使同一组中的数据点比其他组中的数据点更相似。它是基于对象之间的相似性和差异性的集合。例 6-1 是一个简单的聚类的例子。

例 6-1
假设你正在管理一家零售商店,希望了解客户的偏好以扩大业务规模。你有可能查看每个顾客的购物细节,并为他们每个人设计一个特定的促销策略吗?当客户数量非常大的时候,你无法做到为每个人设计一个促销策略。但是,你可以根据顾客的购买习惯和个人属性,将顾客分成 10 个组,然后为每个组设计独特的策略来解决这个问题,这就是聚类技术的应用。

聚类分析是洞察数据分布、观察每个聚类特征的通用工具。它已广泛应用于多个领域,比如生物、地理、市场营销和经济学等。在生物学中,它被用来确定植物和动物的分类,用于具有相似功能的基因分类和洞察种群固有结构。在地理学中,它使得在土地利用中找到相似区域变得更加便捷。在市场营销中,它有助于识别具有类似消费行为的客户,还可以帮助广告商在客户群中找到不同的群体。此外,聚类分析在推荐引擎、社会网络分析、异常检测等方面也有广泛应用。与分类技术相比,聚类的一些基本特征可以概括如下。
- 类别数量未知;
- 先验专业知识较少,仅有一组未标记的输入数据,且无法预知最终的输出结果;
- 聚类结果是动态的,当用户的偏好改变时,可以从一个集群切换到另一个集群。

6.1.1 距离度量

样本间距离的计算方式可以是欧氏距离(Euclidean distance)、曼哈顿距离(Manhattan distance)、余弦相似度(cosine similarity)等。聚类分析中经常使用距离度量 $\operatorname{dis}(t_i,t_j)$,而不是相似性度量。类似于相似性的定义,对于一个集群 K_j,$\forall t_i,t_j \in K_j$ 且 $\forall t_m \notin K_j$,有 $\operatorname{dis}(t_i,t_j) < \operatorname{dis}(t_i,t_m)$。该测量方法考察了个体的"不同"程度。欧氏距离和曼哈顿距离度量是两个传统的度量。

对于 K_j 的 N 个点,欧氏距离公式为

$$\operatorname{dis}(t_i,t_j) = \sqrt{\sum_{h=1}^{N}(t_{ih}-t_{jh})^2} \tag{6-1}$$

对于 K_j 的 N 个点,曼哈顿距离公式为

$$\operatorname{dis}(t_i,t_j) = \sum_{h=1}^{N}|t_{ih}-t_{jh}| \tag{6-2}$$

为了弥补不同属性值之间的尺度差异,可以将属性值归一化到[0,1]范围内。一些聚

类算法只关注数值数据，通常假设度量数据点。如果使用标称值而不是数值，则需要某种方法来确定差异。一种方法是，如果值相同则赋值 0，如果值不同则赋值 1。从距离度量的角度来看，簇可以用几个特征值来描述，比如簇的质心（C_j）、半径（R_j）和直径（D_j）。对于 K_j 的 N 个点，定义如下。

$$\text{centroid} = C_j = \frac{\sum_{i=1}^{N} t_i}{N}, \quad t_i \in K_j \tag{6-3}$$

$$\text{radius} = R_j = \sqrt{\frac{\sum_{i=1}^{N}(t_i - C_j)^2}{N}}, \quad t_i \in K_j \tag{6-4}$$

$$\text{diameter} = D_j = \sqrt{\frac{\sum_{i=1}^{N}\sum_{l=1}^{N}(t_i - t_l)^2}{N(N-1)}}, \quad t_i, t_l \in K_j \tag{6-5}$$

质心表示簇的"中心"，它可能不是集群中的一个样本点。当聚类中心不能用质心来表示时，有些聚类算法会交替使用 medoid（M_m）的概念来描述簇的中心位置。medoid 在概念上类似于质心或平均值，但 medoid 总是被限制为数据集的成员。

6.1.2　K-means 聚类算法流程

K-means 聚类算法是应用最广泛的基于质心的聚类算法，其目的是将 n 个观测数据划分为 k 个聚类，每个观测数据属于一个聚类，最接近的均值作为聚类的原型。由于它涉及通过最小化每个类别内的方差或集群内的平方和来分配观察到的类别，它可以被称为方差最小化方法，类似于聚集层次方法中使用的 Ward 最小方差准则。类别内的差异越小，同一类别内的数据点就越同质（相似）。

算法所需的类别数量 k 被指定为一个输入参数。对于一个数据集 $D = \{t_1, t_2, \cdots, t_n\}$，其中 t_i 是多维的，K-means 算法的计算步骤如下。

步骤 1：为 k 个簇的质心随机产生 k 个平均值（从数据集 D 中选择，或者只是 k 个不属于 D 元素的随机值），记作 m_i，$1 \leqslant i \leqslant k$。

步骤 2：根据平方欧氏距离将每个数据点分配到质心最近的聚类。形式上，赋给第 i 个聚类质心的数据点集为

$$S_i = \{t_p : \|t_p - m_i\|^2 \leqslant \|t_p - m_j\|^2\} \tag{6-6}$$

其中，每一个 t_p 都被分配给一个类别，即使它可以被分配给两个或多个类别。

步骤 3：在这一步更新质点（平均值），取所有分配给该集群的数据点的平均值

$$m_i = \frac{1}{|S_i|} \sum_{t_p \in S_i} t_p \tag{6-7}$$

步骤 4：计算旧的和新的质心之间的差异 Δm_i，然后算法重复步骤 2 和步骤 3，直到差异小于一个阈值。换句话说，重复迭代，直到质心没有明显的移动。

算法的结果包括：

- k 个簇的质心,可以用来标记新数据;
- 训练数据的标签(每个数据点分配给单个类别)。

现在让我们用一个手工计算的例子来说明 K-means 算法是如何工作的,然后在 Python 中的 sklearn 中实现该算法,参见例 6-2。

例 6-2

假设提供二维数据集 $D=\{(7,8),(11,14),(12,13),(13,16),(14,15),(12,13),(6,4),(7,5),(5,8),(5,6)\}$,需要将其分为两个集群 C_1 和 C_2。基于上面介绍的 K-means 聚类算法,我们首先随机初始化 C_1 和 C_2 的 t 值,这里我们使用数据集的前两个值,即 $(7,8)$ 和 $(11,14)$。其次,我们开始在步骤2和步骤3之间循环。然后计算每个点到两个集群的欧氏距离,如表 6-1 所示。

表 6-1 每个点到质心的欧氏距离

数据点	坐标	到点 $C_1=(7,8)$ 的欧式距离的平方	到点 $C_2=(11,14)$ 的欧式距离的平方	属于的集群
A	(7,8)	0	52	C_1
B	(11,14)	52	0	C_2
C	(12,13)	50	2	C_2
D	(13,16)	100	8	C_2
E	(14,15)	98	10	C_2
F	(15,13)	50	2	C_2
G	(6,4)	17	125	C_1
H	(7,5)	9	97	C_1
I	(5,8)	4	72	C_1
J	(5,6)	8	100	C_1

质心更新为新的值,这些值是通过平均属于同一簇的数据点的坐标来计算的。对于聚类 C_1,目前有 5 个点 $\{A,G,H,I,J\}$,因此坐标的均值为 $((7+6+7+5+5)/5,(8+4+5+8+6)/5)=(6,6.2)$,即更新后的 C_1 质心。同理,对于 C_2,其他 5 个点 $\{B,C,D,E,F\}$ 的坐标均值变为 $((11+12+13+14+15)/5,(14+13+16+15+13)/5)=(13,14.2)$。

在下一个迭代中,将使用 $C_1(6,6.2)$ 和 $C_2(13,14.2)$ 的新的质心值,并重复整个过程。迭代停止,直到最后两步中的质心收敛到相同的值。接下来的迭代如表 6-2 所示。

表 6-2 每个点到新的质心的欧氏距离

数据点	坐标	到点 $C_1=(6,6.2)$ 的欧式距离的平方	到点 $C_2=(13,14.2)$ 的欧式距离的平方	属于的集群
A	(7,8)	4.24	67.6	C_1
B	(11,14)	85.84	2	C_2
C	(12,13)	82.24	1.6	C_2
D	(13,16)	145.04	3.6	C_2

续表

数据点	坐标	到点 $C_1=(6,6.2)$ 的欧式距离的平方	到点 $C_2=(13,14.2)$ 的欧式距离的平方	属于的集群
E	(14,15)	141.44	3.2	C_2
F	(15,13)	127.24	8.2	C_2
G	(6,4)	4.84	145	C_1
H	(7,5)	2.44	113.8	C_1
I	(5,8)	4.24	93.2	C_1
J	(5,6)	1.04	122	C_1

在这次迭代之后,C_1 和 C_2 的值与第一步结束时的值相同。这意味着数据无法进一步聚类,C_1 和 C_2 的质心最终分别为(6,6.2)和(13,14.2)。

最终的答案是 $S_1=\{A,G,H,I,J\}$ 和 $S_2=\{B,C,D,E,F\}$。为了确定一个新的数据点应该分配给哪个簇,要计算该数据点与每个簇的质心之间的距离,并分配给质心最接近该数据点的簇。

6.1.3 K-means 聚类算法的代码实现

在 sklearn 的 cluster 模块中,KMeans 类实现了 K-means 聚类算法,该类的构造函数如下。

```
KMeans(n_clusters = 8, init = 'k – means++', n_init = 10, max_iter = 300, tol = 0.0001,
precompute_distances = 'deprecated', verbose = 0, random_state = None, copy_x = True,
n_jobs = 'deprecated', algorithm = 'auto')
```

构造函数的主要参数如下。

- n_clusters:k 值,默认值为 8。
- max_iter:最大的迭代次数,如果是凸数据集的话可以不管这个值,如果数据集不是凸的,可能很难收敛,此时可以指定最大的迭代次数让算法可以及时退出循环。
- n_init:用不同的初始化质心运行算法的次数。由于 K-means 是结果受初始值影响的局部最优的迭代算法,因此需要多跑几次以选择一个较好的聚类效果,默认值为 10,一般不需要改。如果 k 值较大,则可以适当增大。
- init:即初始值选择的方式,可以为完全随机选择 random、优化过的 k-means++ 或者自己指定初始化的 k 个质心。一般建议使用默认的 k-means++。
- algorithm:有 auto、full、elkan 三种选择。full 就是传统的 K-means 算法,elkan 是使用三角不等式,效率更高,但目前不支持稀疏数据。auto 表示当为稀疏数据时采用 full,否则选择 elkan。

K-means 聚类的常用方法如表 6-3 所示,常用属性如表 6-4 所示。

表 6-3　KMean 类的常用方法

方　　法	说　　明
fit(X)	拟合模型,计算 K-means 的聚类结果
predict(X)	预测每个测试集 X 中的样本的所在簇,并返回每个样本所对应的簇的索引
score(X)	返回聚类后的 inertia,即簇内平方和的负数,越小越好,最佳值为 0

表 6-4　KMeans 类的常用属性

属　　性	说　　明
cluster_centers_	聚类中心(质心)
lables_	每个样本点对应的标签
inertia_	每个点到聚类中心的距离和
n_iter_	实际迭代的次数

下面以一个案例说明 K-means 聚类算法的实现。

1. 导入相关库

此案例需要导入 sklearn、numpy、matplotlib 等库,尤其导入 KMeans。代码如下。

代码 6.1.3

```
import matplotlib.pyplot as plt
import numpy as np
from sklearn.cluster import KMeans
```

2. 准备数据

接下来是准备我们想要聚类的数据。在我们的例子中,它是一个由 10 行和 2 列组成的 numpy 数组。sklearn 库可以使用 numpy 数组类型的数据输入,而不需要任何预处理。你还可以通过使用不同的数据值来更改输入数据。

```
X = np.array([[7,8],[11,14],[12,13],[13,16],[14,15],[15,13],[6,4],[7,5],[5,8],[5,6]])
X.shape
```

在创建聚类之前,我们可以绘制这些数据点,并检查是否可以观察到任何类别。为此,执行以下代码。

```
plt.scatter(X[:,0],X[:,1], label = 'True Position')
```

输出结果如图 6-1 所示。我们直观地将上述数据点划分为两个簇,将左下 5 个点组成一个簇,将右上 5 个点组成一个簇。

3. 导入 K-means 聚类算法

运用 K-means 聚类算法将数据点分成两个集群,并输出两个簇的质心值。代码如下。

```
kmeans = KMeans(n_clusters = 2)
kmeans.fit(X)
print(kmeans.cluster_centers_)
```

图 6-1　数据的散点图

输出结果如下。

```
[[13. 14.2]
 [ 6.  6.2]]
```

通过输出结果可知,最后两个簇生成的质心值为(13,14.2)和(6,6.2)。结果与例6-2里 C_1 和 C_2 的人工聚类结果一致,聚类结果得到验证,算法性能良好。此外,我们可以通过执行这行代码来查看数据点的标签。

```
print(kmeans.labels_)
```

输出结果如下。

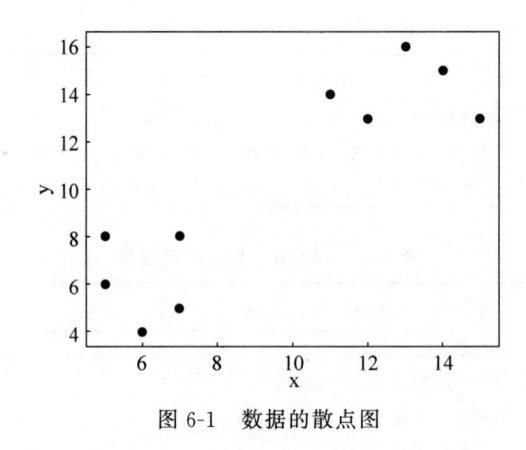

```
[0 1 1 1 1 1 0 0 0 0]
```

这里的 0 和 1 仅仅代表簇 id,表示簇 0 和簇 1,没有数学意义。如果有三个簇,那么第三个簇应该用数字 2 表示,对于更多的簇,可以用类似的方式表示。

6.1.4　K 值的选择

评估聚类算法的性能不像计算误差的数量或监督分类算法的精度和召回率那么简单。与监督学习相反,聚类分析没有一个可靠的评估指标可以供我们来评估不同聚类算法的结果。

要查找数据集的聚类数量,可以在 k 个值范围内运行 K-means 算法,并比较结果。另外还有一些其他的验证技术,包括交叉验证、信息准则、信息论方法、剪影法和 G-means 算法。此外,估计数据点在集群中的分布可以洞察算法是如何为每个 k 分割数据的。然而,没有合适的方法来确定 k 的准确值,有时专业知识和背景知识可能会有所帮助,但通常在实践中很难推广到各种问题。

下面我们将介绍两个指标,即肘部法和轮廓分析法,这可能会给我们一些关于如何选择 k 的数量的启发。

让我们从肘部法开始,它包括绘制解释变量的变化(数据点和它们指定的质心之间的平方欧氏距离(SSE))作为集群数量的函数,并选取曲线的肘部作为集群数量 k,其中 SSE 开始变平。我们将使用示例 6-2 中的数据集来说明这个过程,并检查曲线在哪里可能形成肘部形状并变平。代码如下。

```
SSE = [ ]
list_k = list(range(1, 10))
for k in list_k:
    km = KMeans(n_clusters = k)
    km.fit(X_std)
    sse.append(km.inertia_)
plt.figure(figsize = (6, 6))
plt.plot(list_k, SSE, '-o')
plt.xlabel(r'Number of clusters (k)')
plt.ylabel('Sum of squared distance');
```

输出结果如图 6-2 所示。曲线的肘部为 $k=2$,因此 $k=2$ 是一个合适的簇数选择。请注意,这并不总是找出有问题的数据集的适当数量的一个好方法,因为有时曲线是单调递减的,可能没有一个独特的点,曲线开始变平。

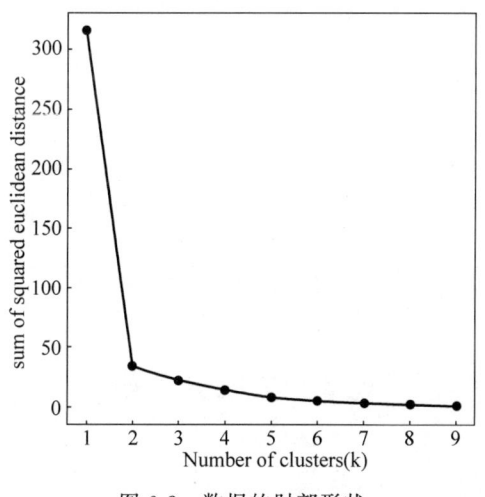

图 6-2 数据的肘部形状

至于轮廓分析,它可以用来验证数据集集群内的一致性,并通过与其他集群的对比来衡量数据点与指定集群的相似程度。Silhouette(轮廓)值的取值范围是 $[-1,1]$。如果一个数据点的值很高,并且接近于 1,这表明该点与自己的集群匹配良好,而与邻近的集群不匹配,那么聚类配置是合适的。当该值为 -1 时,数据点被分配到错误的类别。因此,我们希望 Silhouette 的值尽量大,接近 1,这样聚类的效果会更好。

一个样本数据点的 Silhouette 值定义如下:

$$s(i) = \frac{b_i - a_i}{\max\{a_i, b_i\}} \tag{6-8}$$

其中，a_i 是与同一簇中第 i 个点与所有其他数据点之间的平均距离，b_i 是第 i 个点与任何其他簇中不属于成员的所有点之间的最小平均距离。较小的 a_i 值表示集群是良好匹配的，较大的 b_i 值表示与相邻集群不匹配。因此，考虑所有数据点的平均值 $s(i)$ 是对数据点聚集的适当程度的衡量，我们再次使用示例 6-2 中的数据集来展示如何在 Python 中计算 Silhouette 值，因为很明显，很可能只有两个数据点集群，即 $k=2$。

```
silhouette_mean = []
for i in range(2,9):
    kmeans_fit = KMeans(n_clusters = i).fit(X)
    silhouette_mean.append(silhouette_score(X, kmeans_fit.labels_))
plt.plot(range(2,9), silhouette_mean)
```

输出结果如图 6-3 所示。当集群数量设置为 2 时，平均 Silhouette 值最高，为 0.74。随着集群数量的增加，Silhouette 值的平均值急剧下降。这表明对于例子中的数据点，两个集群的数量是一个很好的聚类选择。

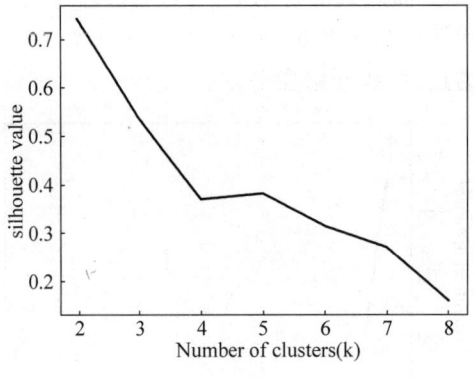

图 6-3 不同 K 值的 Silhouette 值

6.2 主成分分析

6.2.1 降维概述

维数灾难(curse of dimensionality)，这一术语通常用以形容在处理向量计算问题时所遭遇的困境。具体而言，当数据的维数逐渐上升时，计算复杂度将呈现出指数级的激增。在众多的机器学习实践中，我们不难发现，训练集中每一条数据往往都伴随着数以千计，甚至万计的特征维度。若是对这些特征进行全面处理，不仅会导致训练过程的显著迟缓，还会导致机器学习性能的下降。这种由维数过多而引发的种种问题，正是我们常说的维数灾难。维数灾难涉及数字分析、抽样、组合、机器学习、数据挖掘和数据库等诸多领域。

降维(dimensionality reduction)作为一种数据处理技术，旨在将高维空间中的训练样本(实例)有效地映射至低维空间。这一过程与信息论中的有损压缩概念紧密相连，因为在降维过程中，原始数据中的部分信息会不可避免地丢失。需要明确的是，完全无损的降维在实际应用中并不存在。

降维的方法主要有两种：选择特征和抽取特征。选择特征即从原有的特征中挑选出最佳的特征。抽取特征即将数据由高维向低维投影，进行坐标的线性转换。主成分分析（principal component analysis，PCA）为典型的抽取特征的方法，它不仅是对高维数据降维，更重要的是经过降维去除噪声，发现数据中的模式。这一节主要介绍主成分分析的基本原理，并通过简单案例来讲解如何通过 Python 来实现主成分分析。

6.2.2 主成分分析原理

假设在二维坐标系上有一组数据，分别是 $A(1,1),B(2,2),C(3,3)$，我们的目的就是把这一组二维数据转换为一维数据。

如果需要将这组数据从二维降至一维，我们可以将"$y=x$"这一条直线作为新的坐标轴，在图 6-4 右边新的坐标体系中，只有一条横轴 x'，而不再具有纵轴了，这样就把原来的二维数据转换为一维数据了，例如点 $A(1,1)$ 就变成了 $\sqrt{2}$ 这一个一维坐标了，点 $B(2,2)$ 就变成了 $2\sqrt{2}$ 这个一维坐标了，如图 6-4 所示。

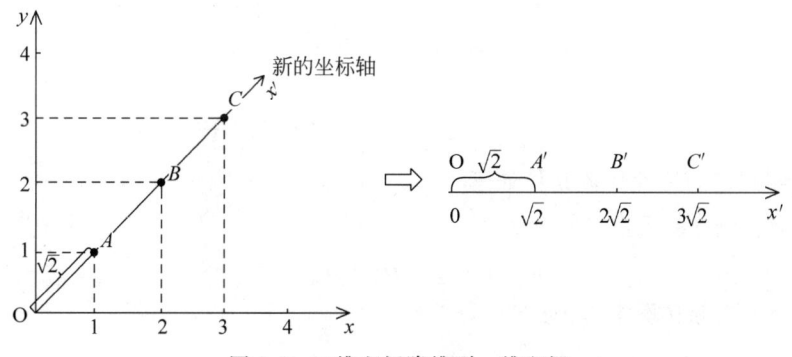

图 6-4 二维空间降维到一维空间

通过图 6-4 可知，数据降维就是对原来的二维数据进行了简单的线性组合。由于 $X'=\frac{1}{\sqrt{2}}X+\frac{1}{\sqrt{2}}Y$，因此，$A'=\frac{1}{\sqrt{2}}\times 1+\frac{1}{\sqrt{2}}\times 1=\sqrt{2}$，$B'=\frac{1}{\sqrt{2}}\times 2+\frac{1}{\sqrt{2}}\times 2=2\sqrt{2}$，$C'=\frac{1}{\sqrt{2}}\times 3+\frac{1}{\sqrt{2}}\times 3=3\sqrt{2}$。

在实际进行数据降维前首先需要对特征数据零均值化，即对每个特征维度的数据减去该特征的均值。例如 $A(1,1),B(2,2),C(3,3)$ 三个二维数据的特征 X 和特征 Y 的均值都是 $(1+2+3)/2=2$，则每个特征都减去均值后，数据被转化为 $(-1,-1),(0,0),(1,1)$。再对零均值化后的数据进行线性组合，根据 $X'=\frac{1}{\sqrt{2}}X+\frac{1}{\sqrt{2}}Y$，则 $A'=\frac{1}{\sqrt{2}}\times(-1)+\frac{1}{\sqrt{2}}\times(-1)=-\sqrt{2}$，$B'=\frac{1}{\sqrt{2}}\times 0+\frac{1}{\sqrt{2}}\times 0=0$，$C'=\frac{1}{\sqrt{2}}\times 1+\frac{1}{\sqrt{2}}\times 1=\sqrt{2}$。二维空间中的 3 个点被转化为数

轴上的 $-\sqrt{2}, 0, \sqrt{2}$，数轴如图 6-5 所示。

对于二维到一维的数据降维，其本质就是在将原始数据零均值化后，寻找下式所示的合适的线性组合系数 α 和 β，来将二维数据转换为一维数据。

图 6-5　零均值化后的二维空间降维

$$x' = \alpha X + \beta Y \tag{6-9}$$

如果原特征变量有 n 个，那么就是 n 维空间降维，n 维空间降维的思路和二维空间降维的思路是一致的。

例如将 n 维数据 $(x_1, x_2, \cdots, x_n)$ 转换为一维数据，就是寻找公式(6-10)所示的线性组合系数 $a_1, a_2, \cdots, a_n$。

$$F_1 = a_1 x_1 + a_2 x_2 + \cdots + a_n x_n \tag{6-10}$$

在实际应用中，Python 已经提供了相应的计算库供我们使用，能够快速地帮我们计算出这些系数。

前面分析的是将 n 维向量转成 1 维向量，那么如何将 n 维向量 $(x_1, x_2, \cdots, x_n)$ 转成 k 维向量 $(F_1, F_2, \cdots, F_k)$ 呢，即将 n 个特征降维成 k 个新特征？只要从构造 1 个线性组合变为构造 k 个线性组合，如下式所示。

$$\begin{aligned} F_1 &= a_{11}X_1 + a_{12}X_2 + \cdots + a_{1n}X_n \\ F_2 &= a_{21}X_1 + a_{22}X_2 + \cdots + a_{2n}X_n \\ &\cdots \\ F_k &= a_{k1}X_1 + a_{k2}X_2 + \cdots + a_{kn}X_n \end{aligned} \tag{6-11}$$

其中需要满足的线性代数条件如下。

(1) 每个主成分的系数平方和为 1

$$a_{i1}^2 + a_{i2}^2 + \cdots + a_{in}^2 = 1 \tag{6-12}$$

(2) 各个主成分互不相关，协方差为 0

$$\mathrm{Cov}(F_i, F_j) = 0, \quad \forall i \neq j \tag{6-13}$$

(3) 主成分的方差依次递减，重要性依次递减

$$\mathrm{Var}(F_1) \geqslant \mathrm{Var}(F_2) \geqslant \cdots \geqslant \mathrm{Var}(F_k) \tag{6-14}$$

6.2.3　主成分分析的代码实现

sklearn 的 decomposition 模块提供了主成分分析相关的类 PCA，该类的构造函数如下。

```
PCA(n_components = None, copy = True, whiten = False)
```

构造函数的主要参数如下。

- n_components：表示需要保留的主成分个数，即需要降低到几维，默认值为 None。若 n_components=1，则表示降低为 1 维，若 n_components=mle，则自动选取要保留的维度。

- copy：表示是否需要将原始数据集复制一份，默认值为 True，即复制原始训练集的副本，并在副本上进行运算，原始训练不会有任何改变；若值为 False，则直接在原始训练集上进行降维运算。
- whiten：表示使每个特征拥有相同的方差，默认值为 False。

PCA 对象的常用方法如表 6-5 所示。

表 6-5 PCA 对象的常用方法

方法	说明
fit(X, y=None)	用数据 X 来训练 PCA 模型
fit_transform(X)	用 X 来训练 PCA 模型，同时返回降维后的数据
inverse_transform()	将降维后的数据转换成原始数据
transform(X)	将数据 X 转换成降维后的数据
score(X, y=None)	计算数据的评价准确率

（1）二维空间降维的代码实现

以 6.2.2 节二维空间降维的数据为例，使用 PCA 降维的代码如下。

```
import numpy as np
from sklearn.decomposition import PCA
X = np.array([[1,1],[2,2],[3,3]])
pca = PCA(n_components = 1)
pca.fit(X)
X_transformed = pca.transform(X)
print(X_transformed)
```

代码 6.2.3-1

降维后的结果 X_transformed 输出结果如下。

```
array([[-1.414],[0],[1.414]])
```

虽然输出数据的格式仍然是二维数组，但只有一列，实质上是一个一维数组，结果与 6.2.2 节计算的结果 $-\sqrt{2}, 0, \sqrt{2}$ 一致。

（2）三维空间降维的代码实现

上面例子是从二维到一维的数据降维代码实现，接着来介绍从 n 维到 k 维的数据降维，为了方便演示，本例以从三维到二维的数据降维为例。在建立信用卡违约评判模型时，数据可能包含申请人的收入、年龄、性别、婚姻状况、工作单位等数百个维度的数据。本例我们选择年龄（岁）、负债比率、月收入（元）三个维度的数据使用 PCA 进行降维。

代码 6.2.3-2

这里首先使用 pandas 库构建待降维的不同申请人的三维数据。

```
import pandas as pd
from sklearn.preprocessing import StandardScaler
from sklearn.decomposition import PCA
```

```
X = pd.DataFrame([[45,0.8,9120],[40,0.12,2600],[38,0.09,3042], [30,0.04,3300],[39,0.21,
3500]],columns = ['年龄(岁)','负债比率','月收入(元)'])
X_new = StandardScaler().fit_transform(X)
pca = PCA(n_components = 2) #设置 n_components = 2,将 3 维数据降维 2 维数据
pca.fit(X_new)
X_transformed = pca.transform(X_new)
print(X_transformed)
```

输出结果如下。

```
[[ 3.08724247 -0.32991205] [-0.52888635 0.74272137] [-0.70651782 0.33057258]
 [-1.62877292 -1.05218639] [-0.22306538 0.30880449]]
```

输出结果即为降维后的二维数组。n 维数据降维是通过线性组合完成的,通过如下代码可以获取线性组合系数。

```
pca.components_
```

输出结果如下。

```
array([[ 0.52952108, 0.61328179, 0.58608264],
       [ 0.82760701, -0.22182579, -0.51561609]])
```

通过结果可知,这是一个二维数组,第 1 个元素中的 3 个数对应的是公式(6-11)中 a_{11},a_{12},a_{13},第 2 个元素的 3 个数对应的是 a_{21},a_{22},a_{23},因此

$$F_1 = 0.529x_1 + 0.613x_2 + 0.586x_3$$
$$F_2 = -0.827x_1 + 0.221x_2 + 0.516x_3$$

其中：x_1 为年龄(岁),x_2 为负债比率,x_3 为月收入(元)

6.3 关联规则

1993 年,拉凯什·阿格拉瓦(Rakesh Agrawal)等人提出了关联规则(association rules)。关联规则是无监督学习的一种方法,主要用于知识的发现和数据挖掘。它通过定义一系列的项集(items),然后确定两个项集之间的关系,即规则。具体来说,一条关联规则由两个项集和一个蕴含式构成,蕴含式通常由两个部分组成：先行项(IF)或左项(LHS)和后项(THEN)或右项(RHS)。关联规则形式为 $X \Rightarrow Y$(IF X,THEN Y),意味着如果一个项集 X 出现,那么另一个项集 Y 也很可能出现。关联规则中有一个著名的啤酒与尿布案例,该案例通过对大量购物清单的深入剖析,惊奇地发现啤酒与尿布这两种看似毫无关联的商品,却频繁地一同出现在顾客的购物车里。基于这一发现,商家成功挖掘出啤酒与尿布这一频繁项集,进而在顾客购买尿布时,精准推荐啤酒,从而巧妙地实现组合营销,提升了销售额。在实际的商业应用中,关联规则发挥着举足轻重的作用,它能够帮助商家制定出更

为精准有效的促销策略。

本章节我们将介绍关联规则是如何工作的。首先介绍算法的基本概念,然后详细介绍算法,特别是 Apriori 算法。

6.3.1 关联规则的基本概念

关联规则的基本概念包括频繁项集和关联规则。频繁项集是在数据集中经常出现的项集,它们可以通过特定的算法(如 Apriori 算法)找到。一旦找到了频繁项集,就可以从中生成关联规则。通常,在许多算法中都使用两个度量标准来衡量关联规则的强度,即支持度(support)和置信度(confidence)。下面使用表 6-6 中的数据来说明基本概念和相关算法。表 6-6 中有 5 个事务和 5 个项目。注意,这里的示例很少,在实践中,规则需要数百个事务的支持度计数才能被认为具有统计意义,而超市中的数据集实际上通常包含数百万个事务。

表 6-6 关联规则的样本数据

事务	项目	事务	项目
t_1	面包,果酱,花生酱	t_4	啤酒,面包
t_2	面包,花生酱	t_5	啤酒,牛奶
t_3	面包,牛奶,花生酱		

给定一个项目集 $I=\{I_1,I_2,\cdots,I_m\}$,以及一个事务数据库 $D=\{t_1,t_2,\cdots,t_n\}$,其中 $t_i=\{I_{i1},I_{i2},\cdots,I_{ik}\}$,并且 $I_{ij}\in I$,这意味着每个事务包含项目集 I 的一个子集。如果一个项目集有 k 个项目,它被称为 k-项集。空项目集不包含任何项目。表 6-6 共有 6 种产品,则项目集 I 中包含 6 个项目。{面包,果酱,花生酱}有 3 个项目,因此称为 3-项集。我们可以定义关联规则为 $X\Rightarrow Y$,其中 $X,Y\subset I$ 且 $X\cap Y=\varnothing$。在应用中,我们通常不关心所有隐含规则,而只关心那些通过支持度和置信度度量的重要规则。

关联规则 $X\Rightarrow Y$ 的支持度是数据库中包含 $X\cup Y$ 的事务的比例。简单地说,是指项目 X 和项目 Y 同时出现的概率。支持度与关联规则成正比,最小支持度是寻找频繁项集的最小界定标准,可以表示为

$$\mathrm{Support}(X\Rightarrow Y)=\frac{\sigma(X\cup Y)}{n} \tag{6-15}$$

其中 $\sigma(X\cup Y)$ 是支持度计数,表示数据库中包含 $X\cup Y$ 的事务数,n 为总事务数。支持度虽然简单,却是一个重要的度量标准,因为它是确定事务间关联的置信度和强度的主要度量标准之一。

在表 6-6 中,{面包}⇒{花生酱}规则的支持度是 3/5=60%,因为{面包,花生酱}支持度计数是 3,总事务数是 5。当支持度值超过一定比例时,这些项目集被标识为重要的。换句话说,支持度量实际上用于量化项目集是否为频繁项集。

关联规则 $X\Rightarrow Y$ 的置信度是数据库中包含 $X\cup Y$ 的事务数与包含 X 的事务数的比率。简单地说,是指出现了项目 X 的事务中,项目 Y 也同时出现的概率。我们可以用数学表达

式来表述其定义

$$\text{Confidence}(X \Rightarrow Y) = \frac{\sigma(X \cup Y)}{\sigma(X)} \tag{6-16}$$

$\sigma(X)$ 表示数据库中包含 X 的事务数。最小置信度是关联规则正确性的最小界定标准,置信度越高,对于给定规则,左项与右项共存的可能性就越大。比如,{面包}⇒{花生酱}规则的置信度是 $3/4=0.75$,用{面包,花生酱}的支持度计数除以{面包}的支持度计数得到。这表明,75%的情况下,当面包被购买时,花生酱也被顾客购买。这个规则比{果酱}⇒{牛奶}更强,因为根据样本数据集购买果酱时没有购买牛奶。这可以为超市经理向顾客推销他们的产品提供非常有用的信息。请注意,置信度度量的一个缺点是它可能会扭曲规则的重要性。规则{面包}⇒{花生酱}只说明了面包有多受欢迎,而不是花生酱。如果花生酱在一般情况下也很受欢迎,那么包含面包的交易也会包含花生酱的概率应该会更高,从而导致置信度的增加。

关联规则 $X \Rightarrow Y$ 提升度(Lift)是数据库 $X \cap Y$ 的支持度与 X 的支持度、Y 支持度之比。提升度反映了项目 X 的出现对项目 Y 的出现概率发生了多大的变化。我们可以用数学表达式来表述其定义

$$\text{Lift}(X \Rightarrow Y) = \frac{\text{Support}(X \cap Y)}{\text{Support}(X) \cdot \text{Support}(Y)} = \frac{P(X,Y)}{P(X) \cdot P(Y)} \tag{6-17}$$

提升度可以帮助我们回答这样一个问题,如果某个人购买了产品,是否以一定的置信度水平判断他们是否会购买产品 Y? 通过比较标准情况(假设 X 和 Y 不独立)下与假设两个产品相互独立的情况下的 X 和 Y 的支持度。提升度 Y 将计算这两种情况的比率,因此其范围为[0, Infinity](Infinity 表示无穷大)。当提升度等于 1 时,两个产品是独立的,因此,在购买产品 X 时无法得出关于产品 Y 的结论。当提升度大于 1 且越高表明产品 X 和 Y 正相关性越高,提升度<1 且越低表明负相关性越高。

对于大多数关联规则挖掘算法,一个重要的任务是找到所有满足最小支持阈值的项集。这些项集称为频繁项集。L 用于表示频繁项集的完整集合,l 表示特定的频繁项集。一旦发现了频繁项集,下一步就是从这些频繁项集生成所有高置信度规则。规则 $X \Rightarrow Y$ 必须在频繁项集中有 $X \cup Y$。尽管挖掘频繁项集比规则生成要简单,但关联规则算法的效率往往因寻找频繁项集的复杂性而有所不同。给定一个大小为 m 的项集,有 2^m 个子集,则频繁项集的可能数量有 2^m-1 个。当 $m=30$ 时,这个数字变成了一个看似不可能完成的任务:1073741823。就事务量和项集的大小而言,许多真实的事务性数据集都非常大。因此,生成关联规则具有挑战性,经常涉及如何有效地发现频繁项集。这些可能较大的项集称为候选项集,相应地,所有统计的(可能较大的)项集的集合就是候选项集 C。C 的大小是许多关联规则算法使用的一个重要性能指标。

6.3.2 Apriori 算法

Apriori 算法是最著名的关联规则算法,用 Apriori 关联规则实现的频繁项集挖掘算法是最基本的规则模型。首先设定最小支持度和最小置信度,然后采用一种逐层搜索的迭代方法,根据最小支持度找出所有的频繁项集,其中,支持度大于或等于设定的最小支持度的

项集称为频繁项集。最后根据最小置信度发现强关联规则。

Apriori算法主要遵循以下两条定律。

(1) 若一个集合为频繁项集,则其所有的子集都是频繁项集;

(2) 若一个集合不是频繁项集,则其所有的超集都不是频繁项集。

Apriori算法发现频繁项集的具体流程如图6-6所示。

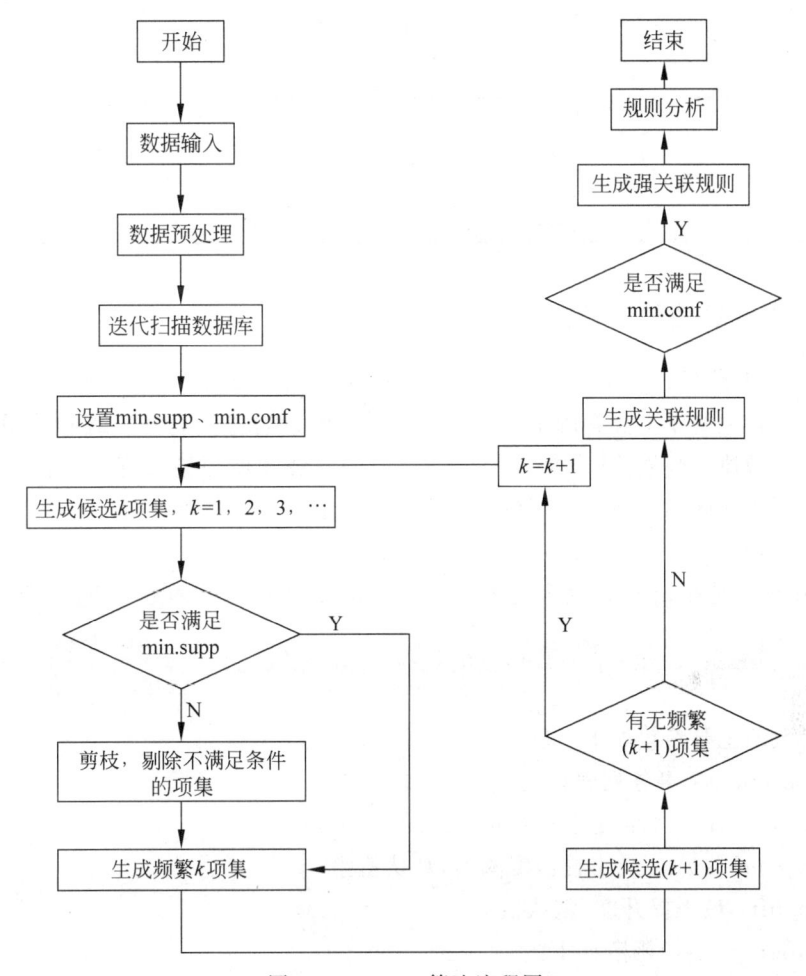

图 6-6 Apriori算法流程图

扫描数据库,对每个项进行计数得到候选 1-项集 C1,然后剔除小于最小支持度的项集得到频繁 1-项集 L1,接下来用 L1 生成候选 2-项集 C2,再通过探查 C2 来挖掘出频繁 2-项集 L2。依次迭代,直到无法找出频繁 k-项集为止。

表 6-7 展示了使用表 6-6 中的数据集的过程,假设最小置信度的值为 0.5。对于候选 2-项集,{面包}⇒{花生酱}规则的置信度为 3/4,大于最小置信度 0.5,表明它是一个有效的规则。在这个示例中,没有 3 个项目集的候选项。注意,在实践中,业务经理通常更感兴趣的是拥有两个或以上长度的大型项目集的完整列表,而不是单个项目集。

表 6-7 Apriori 算法的结果

项数	候 选 项	数量	大型项目集
1	{啤酒}	2	{面包},{花生酱}, {啤酒},{牛奶}
1	{面包}	4	{面包},{花生酱}, {啤酒},{牛奶}
1	{果酱}	1	{面包},{花生酱}, {啤酒},{牛奶}
1	{牛奶}	2	{面包},{花生酱}, {啤酒},{牛奶}
1	{花生酱}	3	{面包},{花生酱}, {啤酒},{牛奶}
2	{啤酒,面包}	1	{面包,花生酱}
2	{啤酒,牛奶}	1	{面包,花生酱}
2	{面包,牛奶}	1	{面包,花生酱}
2	{面包,花生酱}	3	{面包,花生酱}
2	{牛奶,花生酱}	1	{面包,花生酱}

6.3.3 Apriori 算法的代码实现

sklearn 库中没有 Apriori 算法,不过可以采用 Python 的第三方库实现 Aprior 算法发掘关联规则。相关的库主要有两个：apyori 库是一个经典的库,它的安装和使用较为简单,不过其有时会漏掉一些强关联规则；mlxtend 库的安装和使用稍微麻烦一点,不过其能捕捉到所有的强关联规则。在这一部分中,我们将使用 mlxtend 库 apriori() 函数挖掘频繁项集,根据频繁项集,使用 association_rules() 函数计算出它们的关联规则。

Apriori 算法是在 apriori 这个类中实现的,apriori 类的构造函数如下。

Apriori (transactions,min_support = 0.1,min_confidence = 0,min_lift = 0)

构造函数的主要参数如下。
- transactions：事务列表；
- min_support：最小支持度阈值,默认值为 0.1；
- min_confidence：最小置信度阈值,默认值为 0；
- min_lift：最小提升度,默认值为 0。

association_rules() 函数如下。

association_rules(df, metric = "confidence",min_threshold = 0.8,support_only = False)

构造函数的主要参数如下。
- df：Apriori 计算后的频繁项集；
- metric：可选值有{support,confidence,lift,leverage,conviction},比较常用的是置信度和支持度。下面的 min_threshold 参数配合使用；
- min_threshold：阈值,参数类型是浮点型,根据 metric 不同可选值有不同的范围,当 metric＝support 时,取值范围[0,1],当 metric＝confidence 时,取值范围[0,1],当 metric＝lift 时,取值范围[0,inf]；

- support_only：仅计算有支持度的项集，默认值为 False。若缺失支持度则用 NaNs 填充。

下面以表 6-6 中的数据为例，运用 Python 实现关联规则挖掘。

1. 导入相关库和数据

此案例需要导入 mlxtend、pandas、matplotlib 等库，尤其需要导入 apriori、association_rules。同时创建数据列表。代码如下。

代码 6.3.3

```
import pandas as pd
import mlxtend
from mlxtend.frequent_patterns import apriori
from mlxtend.frequent_patterns import association_rules
from mlxtend.preprocessing import TransactionEncoder
import matplotlib.pyplot as plt
item_list = [['面包','果酱','花生酱'],['面包','花生酱'],['面包','牛奶','花生酱'],
             ['啤酒','面包'],['啤酒','牛奶']]
```

2. 关联规则分析

设置参数最小支持度 min_support 为 0.05，调用 mlxtend 库中的 apriori() 函数来进行关联规则分析，代码如下。

```
item_df = pd.DataFrame(item_list)
te = TransactionEncoder()
df_tf = te.fit_transform(item_list)
df = pd.DataFrame(df_tf,columns = te.columns_)
frequent_itemsets = apriori(df,min_support = 0.05)
frequent_itemsets.sort_values(by = 'support',ascending = False, inplace = True)
#选择2频繁项集
print(frequent_itemsets[frequent_itemsets.itemsets.apply(lambda x: len(x)) == 2])
```

输出结果如图 6-7 所示。support 表示支持度，itemsets 表示项目集。(花生酱,面包) 的支持度是 0.6，其他项目集的支持度都是 0.2，它们均大于 0.05。

3. 绘制支持度分布图

根据图 6-7，绘制支持度分布图，代码如下。

```
frequent_itemsets.hist("support",grid = False, bins = 30)
plt.title("Support")
```

支持度的分布输出如图 6-8 所示。

4. 拟合关联规则模型

设置置信度度量标准为 lift，即关联规则按照提升度排序，并设置最小阈值 0.9，在数据集上拟合关联规则模型，代码如下。

```
association_rule = association_rules(frequent_itemsets, metric = 'confidence',min_threshold = 0.9)
# 关联规则按照提升度排序
association_rule.sort_values(by = 'lift',ascending = False, inplace = True)
association_rule
```

	support	itemsets
11	0.6	(花生酱, 面包)
5	0.2	(啤酒, 牛奶)
6	0.2	(啤酒, 面包)
7	0.2	(花生酱, 果酱)
8	0.2	(果酱, 面包)
9	0.2	(花生酱, 牛奶)
10	0.2	(牛奶, 面包)

Number of Associations: 8

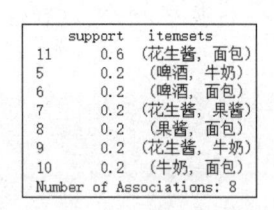

图 6-7　Apriori 算法结果

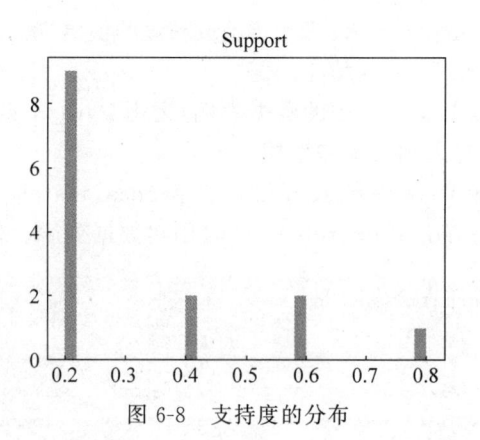

图 6-8　支持度的分布

输出结果如图 6-9 所示。

	antecedents	consequents	antecedent support	consequent support	support	confidence	lift
1	(果酱)	(花生酱)	0.2	0.6	0.2	1.0	1.666667
4	(果酱, 面包)	(花生酱)	0.2	0.6	0.2	1.0	1.666667
5	(果酱)	(花生酱, 面包)	0.2	0.6	0.2	1.0	1.666667
7	(牛奶, 面包)	(花生酱)	0.2	0.6	0.2	1.0	1.666667
0	(花生酱)	(面包)	0.6	0.8	0.6	1.0	1.250000
2	(果酱)	(面包)	0.2	0.8	0.2	1.0	1.250000
3	(花生酱, 果酱)	(面包)	0.2	0.8	0.2	1.0	1.250000
6	(花生酱, 牛奶)	(面包)	0.2	0.8	0.2	1.0	1.250000

图 6-9　关联规则

图 6-9 中展示了运用 Apriori 算法得到的关联规则。其中 antecedents 表示先行项，consequents 表示后项，support 表示支持度，confidence 表示置信度，lift 表示提升度。第 1 条规则提升度 lift 为 1.67，意味着如果一位顾客已经购买了果酱，那么他购买花生酱可能性是一般顾客的 1.67 倍。第 5 条规则提升度 lift 为 1.25，意味着如果一位顾客已经购买了花生酱，那么他购买面包的可能性是一般顾客的 1.25 倍。根据上述发现，重新优化商品的布局。将果酱和花生酱、面包放在一起，对于商品销量的提升会产生一定的促进作用。

计算关联规则的数量，代码如下。

```
print("Number of Associations: {}".format(association_rule.shape[0]))
```

输出结果如下。

```
Number of Associations: 8
```

通过输出结果可知，共生成 8 条关联规则。

5. 查看提升度、确信度的分布

根据图 6-9，绘制提升度和确信度的分布图，代码如下。

```
association_rule.hist("lift",grid = False, bins = 30)
plt.title("Lift")
plt.hist(association_rule[numpy.isfinite(association_rule['conviction'])].conviction.
values,bins = 30)
plt.title("Conviction")
```

输出图形如图 6-10 和图 6-11 所示,结果如下。

```
Text(0.5, 1.0, 'Lift')
Text(0.5, 1.0, 'Conviction')
```

图 6-10　提升度的分布

图 6-11　确信度的分布

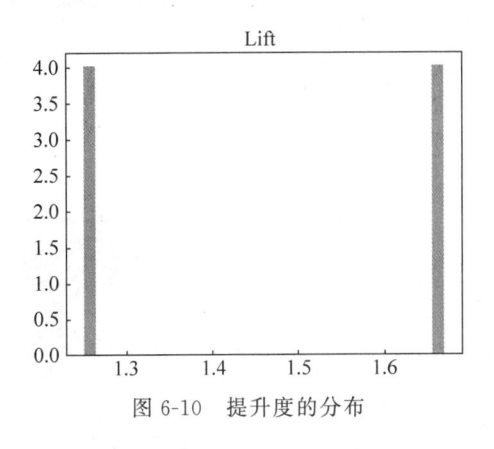

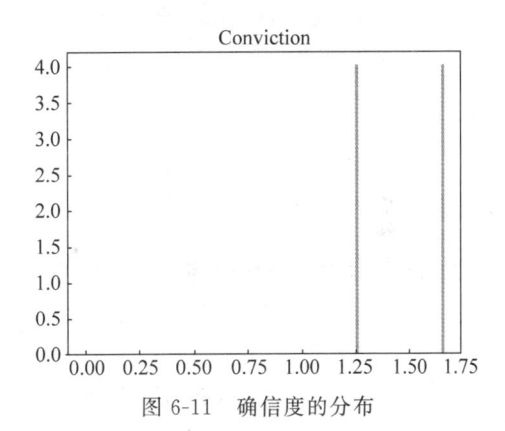

图 6-10 为提升度分布图,图 6-11 为确信度分布图。

6.4　无监督学习算法应用案例

6.4.1　葡萄酒分类——基于主成分分析的商务决策

1. 问题分析

葡萄酒作为世界上最早的饮料酒之一,其品质和文化早已被人们所认可。据统计,2022 年,我国规模以上葡萄酒生产企业 119 家,累计完成酿酒总产量 21.37 万千升,同比下降 22.12%;累计实现利润总额 3.4 亿元,与上年同期相比下降 9.88%。国产葡萄酒在近年来持续低迷,除疫情影响外,也与葡萄酒种类、酿酒葡萄基地建设历史、与进口葡萄酒竞争等因素息息相关。下面以葡萄酒为例,运用主成分分析对葡萄酒进行分类。

2. 数据来源

sklearn 的 wine 样本数据集中包括了三种酒 13 种不同成分。每行代表一种酒的样本,共有 178 个样本,一共有 14 个属性,其中,第一个属性 Classlabel 是类标识符,分别用 1/2/3 来表示,代表葡萄酒的三个分类,第 1 类有 59 个样本,第 2 类有 71 个样本,第 3 类有 48 个样本。后面的 13 个具体描述如表 6-8 所示。

表 6-8 wine 样本数据集属性

属　　性	说　　明
target	类别
Alcohol	酒精
Malic acid	苹果酸
Ash	灰
Alkalinity of ash	灰分的碱度
Magnesium	镁
Total phenoids	总酚
Flavonoids	黄酮类化合物
Noflavanoid phenols	非黄烷类酚类
Proanthocyanins	原花色素
Color intensity	颜色强度
Hue	色调
0D280/0315ofdiluted wines	稀释葡萄酒的 0D280/0315
proline	脯氨酸

3. 基于主成分分析的商务决策过程

（1）导入相关库和加载葡萄酒数据集

此案例需要导入 sklearn、pandas、numpy、matplotlib 等库，尤其是导入 PCA。同时加载并显示葡萄酒数据 wine.data。代码如下。

代码 6.4.1

```
import pandas as pd
import numpy as np
import matplotlib.pyplot as plt
from sklearn.model_selection import train_test_split
from sklearn.preprocessing import StandardScaler
from sklearn.decomposition import PCA
df_wine = pd.read_csv('https://archive.ics.uci.edu/ml/''machine-learning-databases/wine/wine.data', header=None)
df_wine.columns = ['Class label', 'Alcohol', 'Malic acid', 'Ash', 'Alcalinity of ash', 'Magnesium',
'Total phenols', 'Flavonoids', 'Nonflavanoid phenols', 'Proanthocyanins', 'Color intensity', 'Hue',
'OD280/OD315 of diluted wines', 'Proline']
df_wine.head()
```

输出结果如图 6-12 所示。

	Class label	Alcohol	Malic acid	Ash	Alcalinity of ash	Magnesium	Total phenols	Flavonoids	Nonflavanoid phenols	Proanthocyanins	Color intensity	Hue	OD280/OD315 of diluted wines	Proline
0	1	14.23	1.71	2.43	15.6	127	2.80	3.06	0.28	2.29	5.64	1.04	3.92	1065
1	1	13.20	1.78	2.14	11.2	100	2.65	2.76	0.26	1.28	4.38	1.05	3.40	1050
2	1	13.16	2.36	2.67	18.6	101	2.80	3.24	0.30	2.81	5.68	1.03	3.17	1185
3	1	14.37	1.95	2.50	16.8	113	3.85	3.49	0.24	2.18	7.80	0.86	3.45	1480
4	1	13.24	2.59	2.87	21.0	118	2.80	2.69	0.39	1.82	4.32	1.04	2.93	735

图 6-12　wine 数据集

图 6-12 为 wine 数据集前 5 行的样本数据，14 列为 14 个属性的样本值。
(2) 拆分训练集和测试集

将 wine 数据集按照 7：3 的比例划分训练集、测试集，标准化为单位方差，代码如下。

```
X, y = df_wine.iloc[:, 1:].values, df_wine.iloc[:, 0].values
x_train, x_test, y_train, y_test = train_test_split(X, y, test_size = 0.3, stratify = y,
random_state = 0)
sc = StandardScaler()                              #标准化
x_train_std = sc.fit_transform(x_train)
x_test_std = sc.transform(x_test)
cov_mat = np.cov(x_train_std.T)                    #计算标准化训练集的协方差矩阵
eigen_vals, eigen_vecs = np.linalg.eig(cov_mat)    #用 np.linalg.eig 完成特征分解
print('\nEigenvalues \n%s' % eigen_vals)
```

输出结果如下。

```
Eigenvalues [4.84274532 2.41602459 1.54845825 0.96120438 0.84166161 0.6620634
 0.51828472 0.34650377 0.3131368 0.10754642 0.21357215 0.15362835 0.1808613 ]
```

根据输出结果可知，产生 13 个特征向量 eigen_vals，对应的特征向量储存在 13×13 维矩阵 eigen_vecs 的列中。

(3) 总方差和解释方差

调用 numpy 的 cumsum 函数，可以计算出解释方差和，然后使用 matplotlib 的 step 函数绘图。

```
tot = sum(eigen_vals)                    #计算特征值的总和
var_exp = [(i / tot) for i in sorted(eigen_vals, reverse = True)] #计算每个特征值所占的方差
解释比例
cum_var_exp = np.cumsum(var_exp)         #对方差解释比例进行累积求和
plt.bar(range(1, 14), var_exp, alpha = 0.5, align = 'center', label = 'Individual explained variance')
plt.step(range(1, 14), cum_var_exp, where = 'mid', label = 'Cumulative explained variance')
plt.ylabel('Explained variance ratio')
plt.xlabel('Principal component index')
plt.legend(loc = 'best')
plt.tight_layout()
plt.show()
```

输出结果如图 6-13 所示。横坐标 Principal component index 为主成分，纵坐标 Explained variance ratio 为每个特征值所占的方差比例。Individual explained variance 为每个成分的贡献率，Cumulative explained variance 为累计贡献率。通过图 6-13 可以看出，第一主成分本身占方差的 40% 左右，即累计比例求和，前两个主成分合起来可解释数据集中几乎 60% 的方差。

(4) 特征变换

在把协方差矩阵分解为特征向量之后，将葡萄酒数据集变换到新的主成分轴，代码如下。

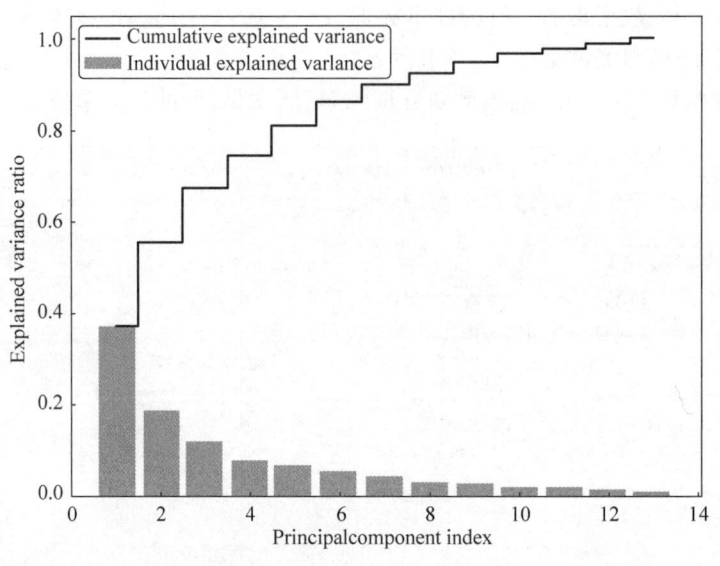

图 6-13　每个特征值所占的方差

```
eigen_pairs = [(np.abs(eigen_vals[i]), eigen_vecs[:, i])
              for i in range(len(eigen_vals))]
#将每个特征值的绝对值与对应的特征向量组成一个元组,通过 lambda k: k[0]指定按照元组中的
第一个元素进行排序,reverse = True 表示降序排列
eigen_pairs.sort(key = lambda k: k[0], reverse = True)
#eigen_pairs[0]表示第一个特征值-特征向量对,eigen_pairs[0][1]表示该特征值对应的特征向
量。通过[:, np.newaxis]将其转换为列向量。使用 np.hstack()函数将这两个列向量水平拼接起
来,形成投影矩阵 W
w = np.hstack((eigen_pairs[0][1][:, np.newaxis],eigen_pairs[1][1][:, np.newaxis]))
print('Matrix W:\n', w)
```

输出结果如下。

```
Matrix W: [[ -0.13724218  0.50303478] [ 0.24724326  0.16487119]
 [ -0.02545159  0.24456476] [ 0.20694508  -0.11352904] [ -0.15436582  0.28974518]
 [ -0.39376952  0.05080104] [ -0.41735106  -0.02287338] [ 0.30572896  0.09048885]
 [ -0.30668347  0.00835233] [ 0.07554066  0.54977581] [ -0.32613263  -0.20716433]
 [ -0.36861022  -0.24902536] [ -0.29669651  0.38022942]]
```

根据结果可知,依据前两个特征向量创建一个 13×2 维的投影矩阵 **W**。

用投影矩阵将 x(表示 13 维的行向量)变换到主成分分析子空间(主成分 1 和 2),代码如下。

```
x_train_pca = x_train_std.dot(w)
colors = ['r', 'b', 'g']
markers = ['s', 'x', 'o']
for l, c, m in zip(np.unique(y_train), colors, markers):
    plt.scatter(X_train_pca[y_train == l, 0],
```

```
        x_train_pca[y_train == l, 1], c = c, label = l, marker = m)
                            #属于标签为1的样本在第一和第二个主成分上的投影
plt.xlabel('PC 1')
plt.ylabel('PC 2')
plt.legend(loc = 'lower left')
plt.tight_layout()
plt.show()
```

输出结果如图 6-14 所示。由 6-14 散点图可以看出与第二主成分 PC2（y 轴）相比，数据更多地沿着 x 轴 PC1（第一主成分）传播，与前面方差解释比的结论一致。

使用 fit_transform 方法，将数据集转换到更低的空间，并绘制变换后的值以可视化该结果，代码如下。

```
pca = PCA(n_components = 2)           #降维后的特征数为2
xtrain_pca = pca.fit_transform(x_train_std)
x_test_pca = pca.transform(x_test_std)
plt.scatter(x_train_pca[:, 0], x_train_pca[:, 1])
plt.xlabel('PC 1')
plt.ylabel('PC 2')
```

输出结果如图 6-15 所示。图 6-15 为使用 PCA 降维后的葡萄酒数据集的散点图。

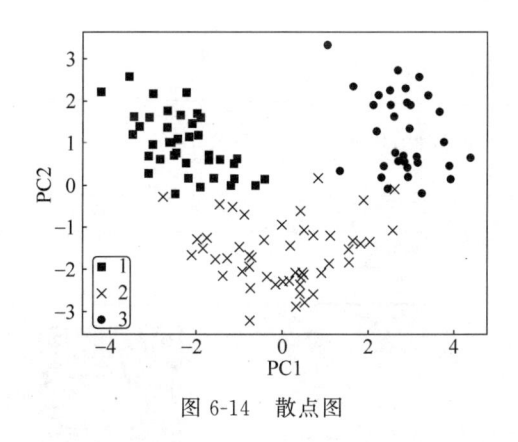

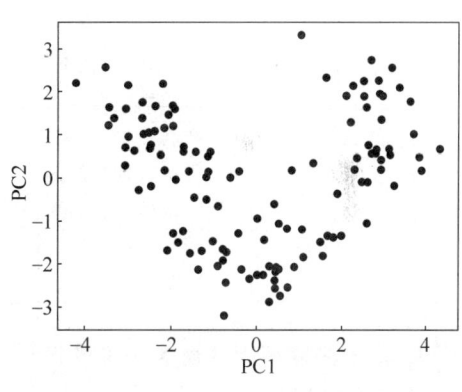

图 6-14 散点图　　　　图 6-15 使用 PCA 转换的葡萄酒数据集

6.4.2　在线零售数据分析——基于关联规则的商务决策

1. 问题分析

数据分析在在线零售企业经营中扮演着至关重要的角色。通过收集和分析数据，企业能够了解顾客的购物偏好、产品销售情况等信息，从而制定出更为科学的营销策略，提高销售额和利润率。

2. 数据来源

本案例选择 Kaggle 比赛"Online Retail"项目，实现在线零售企业的跨国交易数据集的数据分析与可视化，挖掘出数据背后的潜在规律和关联规则。这些分析结果对于优化企业的商务决策具有重要意义,能够指导企业更加精准地把握市场动态,提升竞争力。比赛界面如图 6-16 所示,链接为:https://www.kaggle.com/datasets/puneetbhaya/online-retail。

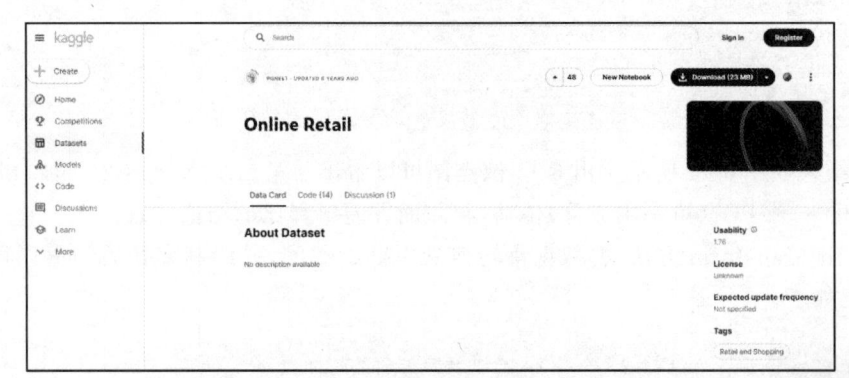

图 6-16 Online Retail 在线零售 Kaggle 比赛界面

此项目提供 541909 行 8 列数据,每行为一个订单交易,8 列为 8 个属性,具体描述如表 6-9 所示。

数据 6.4.2

表 6-9 样本数据集属性

属　性	说　　明
InvoiceNo	发票编号,退货单号由字母 C 开头
StockCode	商品编号,每个不同的产品分配唯一的 5 位整数
Description	商品描述
Quantity	商品数量,每笔交易的每件商品的数量,有负号代表有退货
InvoiceDate	订单日期和时间
UnitPrice	单价(英镑),单位产品价格
CustomerID	顾客号码,每个客户分配唯一的 5 位整数
Country	国家的名字,每个客户所在国家/地区的名称

3. 基于关联规则的商务决策过程

(1) 导入相关库

此案例需要导入 mlxtend、pandas、matplotlib 等库,尤其需要导入 apriori、association_rules。代码如下。

代码 6.4.2

```
import pandas as pd
import matplotlib.pyplot as plt
from mlxtend.frequent_patterns import apriori
from mlxtend.frequent_patterns import association_rules
import warnings
warnings.filterwarnings('ignore')
```

(2) 加载在线零售数据集

加载在线零售数据集并显示相关信息,代码如下。

```
df = pd.read_excel("./Online Retail.xlsx")
print('The data size is: ',df.shape)
df.head()
```

输出结果如下。

```
The data size is: (541909, 8)
<class 'pandas.core.frame.DataFrame'>
RangeIndex: 541909 entries, 0 to 541908
Data columns (total 8 columns):
 #   Column       Non-Null Count    Dtype
---  ------       --------------    -----
 0   InvoiceNo    541909 non-null   object
 1   StockCode    541909 non-null   object
 2   Description  540455 non-null   object
 3   Quantity     541909 non-null   int64
 4   InvoiceDate  541909 non-null   datetime64[ns]
 5   UnitPrice    541909 non-null   float64
 6   CustomerID   406829 non-null   float64
 7   Country      541909 non-null   object
dtypes: datetime64[ns](1), float64(2), int64(1), object(4)
memory usage: 33.1+ MB
```

输出图形如图 6-17 所示。

	InvoiceNo	StockCode	Description	Quantity	InvoiceDate	UnitPrice	CustomerID	Country
0	536365	85123A	WHITE HANGING HEART T-LIGHT HOLDER	6	2010-12-01 08:26:00	2.55	17850.0	United Kingdom
1	536365	71053	WHITE METAL LANTERN	6	2010-12-01 08:26:00	3.39	17850.0	United Kingdom
2	536365	84406B	CREAM CUPID HEARTS COAT HANGER	8	2010-12-01 08:26:00	2.75	17850.0	United Kingdom
3	536365	84029G	KNITTED UNION FLAG HOT WATER BOTTLE	6	2010-12-01 08:26:00	3.39	17850.0	United Kingdom
4	536365	84029E	RED WOOLLY HOTTIE WHITE HEART.	6	2010-12-01 08:26:00	3.39	17850.0	United Kingdom

图 6-17 "Online Retail"数据集

通过输出结果可知，共有 541909 条数据，8 个属性。Description 存在缺失，但考虑到 Description 可以描述商品且缺失数量不是很多，因此考虑保留 Description。图 6-17 展示了订单号 536365 包含的商品具体内容。

（3）数据清理

通过观察数据可以发现，有的 Description 里的内容为空，因为要对商品进行分析，所以 Description 为空的数据应删除，有的 Description 里的内容虽然不为空但包含空格，应删除空格。有的行 InvoiceNo 里内容为空，因为数据集按照发票编号排序，没有发票编号就是无用的，因此需要删除没有发票编号的行，并将发票编号转换成字符串类型，考虑到以 C 开头的发票为退货发票，因为我们要分析交易的内容，因此不考虑退货交易，应将其删除。代码如下。

```
df['Description'] = df['Description'].str.strip()            #删除描述内容里的空格
df.dropna(axis=0, subset=['Description'], inplace=True)      #删除描述内容为空的数据
```

```
df.dropna(axis = 0, subset = ['InvoiceNo'], inplace = True)    # 删除发票号码为空的数据
df['InvoiceNo'] = df['InvoiceNo'].astype('str')                # 将发票号码转换成字符串类型
df = df[~df['InvoiceNo'].str.contains('C')]                    # 删除发票'C'开头的数据
```

（4）数据筛选

我们以法国为例，按照发票编号、商品描述对数量分组求和，之后使用 unstack 函数将数据从“花括号结构”变成“表格”结构并用 reset_index 还原索引重新变为默认索引，最后将“NAN”的都填充为 0 并设置发票号码为索引，代码如下。

```
basket = (df[df['Country'] == "France"]
        .groupby(['InvoiceNo', 'Description'])['Quantity'].sum()
        .unstack().reset_index().fillna(0)
        .set_index('InvoiceNo'))
basket.shape
basket.head()
```

输出结果如图 6-18 所示。

Description InvoiceNo	10 COLOUR SPACEBOY PEN	12 COLOURED PARTY BALLOONS	12 EGG HOUSE PAINTED WOOD	12 MESSAGE CARDS WITH ENVELOPES	12 PENCIL SMALL TUBE WOODLAND	12 PENCILS SMALL TUBE RED RETROSPOT	12 PENCILS SMALL TUBE SKULL	12 PENCILS TALL TUBE POSY	12 PENCILS TALL TUBE RED RETROSPOT	12 PENCILS TALL TUBE WOODLAND	...	WRAP VINTAGE PETALS DESIGN	YE FA
536370	0.0	0.0	0.0	0.0	0.0	0.0	0.0	0.0	0.0	0.0	...	0.0	
536852	0.0	0.0	0.0	0.0	0.0	0.0	0.0	0.0	0.0	0.0	...	0.0	
536974	0.0	0.0	0.0	0.0	0.0	0.0	0.0	0.0	0.0	0.0	...	0.0	
537065	0.0	0.0	0.0	0.0	0.0	0.0	0.0	0.0	0.0	0.0	...	0.0	
537463	0.0	0.0	0.0	0.0	0.0	0.0	0.0	0.0	0.0	0.0	...	0.0	

5 rows × 1563 columns

图 6-18 法国订单数据

图 6-18 第一列为 InoviceNo 发票编号，其余的列为商品名称。通过图 6-18 可知，一共有 1563 件商品，数据也变成表格结构。下面我们要将购物数量转为 0/1 变量，即是否购买该物品。“>0”的值转换为 1，即购买了该商品，将“<=0”的值转换为 0，即未购买该商品。定义好函数之后使用 applymap()作用于 DataFrame 每一个元素，然后删除掉“POSTAGE”这列，因为该列为邮费，我们不需要探索邮费与商品之间的关联。

```
def encode_units(x):
    if x <= 0:
        return 0
    if x >= 1:
        return 1
basket_sets = basket.applymap(encode_units)
basket_sets.drop('POSTAGE', inplace = True, axis = 1)
basket_sets.shape
basket_sets.head()
```

输出结果如图 6-19 所示。

Description InvoiceNo	10 COLOUR SPACEBOY PEN	12 COLOURED PARTY BALLOONS	12 EGG HOUSE PAINTED WOOD	12 MESSAGE CARDS WITH ENVELOPES	12 PENCIL SMALL TUBE WOODLAND	12 PENCILS SMALL TUBE RED RETROSPOT	12 PENCILS SMALL TUBE SKULL	12 PENCILS TALL TUBE POSY	12 PENCILS TALL TUBE RED RETROSPOT	12 PENCILS TALL TUBE WOODLAND	...	WRAP VINTAGE PETALS DESIGN	YE FAS
536370	0	0	0	0	0	0	0	0	0	0	...	0	
536852	0	0	0	0	0	0	0	0	0	0	...	0	
536974	0	0	0	0	0	0	0	0	0	0	...	0	
537065	0	0	0	0	0	0	0	0	0	0	...	0	
537463	0	0	0	0	0	0	0	0	0	0	...	0	

5 rows × 1562 columns

图 6-19 法国订单新的数据

通过图 6-19 可知，还有 1562 件商品。

(5) 关联规则分析

将处理好的数据输进频繁项集模型，设置最小支持度为“0.07”并使用原列名；之后再将得到的频繁项集数据送入关联规则模型，设置关联规则为“提升度”，最小值为“1”，代码如下。

```
frequent_itemsets = apriori(basket_sets, min_support = 0.07, use_colnames = True)
print('frequent_itemsets num is:', len(frequent_itemsets))
rules = association_rules(frequent_itemsets, metric = "lift", min_threshold = 1)
print('rules num is:', len(rules))
rules
```

输出结果如下。

```
frequent_itemsets num is: 51
rules num is: 26
```

通过输出结果可知，频繁项集 frequent_itemsets 有 51 个，输出规则 rules 有 26 条。输出部分规则如图 6-20 所示。其中 antecedents 表示先行项，consequents 表示后项，support 表示支持度，confidence 表示置信度，lift 表示提升度。

接着可以再做一些筛选运算：提升度>=6，置信度>=0.8，代码如下。

```
selected_rules = rules[(rules['lift']> = 6) & (rules ['confidence']> = 0.8)]
print('selected rule num is:',len(selected_rules))
selected_rules
```

输出结果如下。

```
selected rule num is: 8
```

	antecedents	consequents	antecedent support	consequent support	support	confidence	lift
0	(ALARM CLOCK BAKELIKE PINK)	(ALARM CLOCK BAKELIKE GREEN)	0.102041	0.096939	0.073980	0.725000	7.478947
1	(ALARM CLOCK BAKELIKE GREEN)	(ALARM CLOCK BAKELIKE PINK)	0.096939	0.102041	0.073980	0.763158	7.478947
2	(ALARM CLOCK BAKELIKE RED)	(ALARM CLOCK BAKELIKE GREEN)	0.094388	0.096939	0.079082	0.837838	8.642959
3	(ALARM CLOCK BAKELIKE GREEN)	(ALARM CLOCK BAKELIKE RED)	0.096939	0.094388	0.079082	0.815789	8.642959
4	(ALARM CLOCK BAKELIKE PINK)	(ALARM CLOCK BAKELIKE RED)	0.102041	0.094388	0.073980	0.725000	7.681081
5	(ALARM CLOCK BAKELIKE RED)	(ALARM CLOCK BAKELIKE PINK)	0.094388	0.102041	0.073980	0.783784	7.681081
6	(DOLLY GIRL LUNCH BOX)	(SPACEBOY LUNCH BOX)	0.099490	0.125000	0.071429	0.717949	5.743590
7	(SPACEBOY LUNCH BOX)	(DOLLY GIRL LUNCH BOX)	0.125000	0.099490	0.071429	0.571429	5.743590
8	(PLASTERS IN TIN CIRCUS PARADE)	(PLASTERS IN TIN SPACEBOY)	0.168367	0.137755	0.089286	0.530303	3.849607
9	(PLASTERS IN TIN SPACEBOY)	(PLASTERS IN TIN CIRCUS PARADE)	0.137755	0.168367	0.089286	0.648148	3.849607
10	(PLASTERS IN TIN CIRCUS PARADE)	(PLASTERS IN TIN WOODLAND ANIMALS)	0.168367	0.170918	0.102041	0.606061	3.545907
11	(PLASTERS IN TIN WOODLAND ANIMALS)	(PLASTERS IN TIN CIRCUS PARADE)	0.170918	0.168367	0.102041	0.597015	3.545907
12	(PLASTERS IN TIN WOODLAND ANIMALS)	(PLASTERS IN TIN SPACEBOY)	0.170918	0.137755	0.104592	0.611940	4.442233
13	(PLASTERS IN TIN SPACEBOY)	(PLASTERS IN TIN WOODLAND ANIMALS)	0.137755	0.170918	0.104592	0.759259	4.442233
14	(SET/6 RED SPOTTY PAPER CUPS)	(SET/20 RED RETROSPOT PAPER NAPKINS)	0.137755	0.132653	0.102041	0.740741	5.584046
15	(SET/20 RED RETROSPOT PAPER NAPKINS)	(SET/6 RED SPOTTY PAPER CUPS)	0.132653	0.137755	0.102041	0.769231	5.584046
16	(SET/6 RED SPOTTY PAPER PLATES)	(SET/20 RED RETROSPOT PAPER NAPKINS)	0.127551	0.132653	0.102041	0.800000	6.030769

图 6-20　部分关联规则

通过输出结果可知 26 条规则中符合条件的规则有 8 个。输出规则如图 6-21 所示。

	antecedents	consequents	antecedent support	consequent support	support	confidence	lift
2	(ALARM CLOCK BAKELIKE RED)	(ALARM CLOCK BAKELIKE GREEN)	0.094388	0.096939	0.079082	0.837838	8.642959
3	(ALARM CLOCK BAKELIKE GREEN)	(ALARM CLOCK BAKELIKE RED)	0.096939	0.094388	0.079082	0.815789	8.642959
16	(SET/6 RED SPOTTY PAPER PLATES)	(SET/20 RED RETROSPOT PAPER NAPKINS)	0.127551	0.132653	0.102041	0.800000	6.030769
18	(SET/6 RED SPOTTY PAPER CUPS)	(SET/6 RED SPOTTY PAPER PLATES)	0.137755	0.127551	0.122449	0.888889	6.968889
19	(SET/6 RED SPOTTY PAPER PLATES)	(SET/6 RED SPOTTY PAPER CUPS)	0.127551	0.137755	0.122449	0.960000	6.968889
20	(SET/6 RED SPOTTY PAPER CUPS, SET/20 RED RETRO...)	(SET/6 RED SPOTTY PAPER PLATES)	0.102041	0.127551	0.099490	0.975000	7.644000
21	(SET/6 RED SPOTTY PAPER CUPS, SET/6 RED SPOTTY...)	(SET/20 RED RETROSPOT PAPER NAPKINS)	0.122449	0.132653	0.099490	0.812500	6.125000
22	(SET/6 RED SPOTTY PAPER PLATES, SET/20 RED RET...)	(SET/6 RED SPOTTY PAPER CUPS)	0.102041	0.137755	0.099490	0.975000	7.077778

图 6-21　符合条件的 8 个关联规则

通过图 6-21 可知，这些规则按照 lift 值大小排列。第 1 条规则的 lift 值达到 8.64，意味着如果一位顾客已经购买了商品 ALARM CLOCK BAKELIKE RED，那么他购买商品 ALARM CLOCK BAKELIKE GREEN 的可能性是一般顾客的 8.64 倍。

练 习 题

1. 请使用 Python 编写一个 K-means 聚类算法的实现,并对以下二维数据点进行聚类。

```
data = [(1.0, 2.0), (1.5, 1.8), (5.0, 8.0), (8.0, 8.0), (1.0, 0.6), (9.0, 11.0), (8.0, 2.0),
(10.0, 2.0), (9.0, 3.0), (2.0, 2.0), (3.0, 4.0), (6.0, 7.0), (5.0, 5.0), (7.0, 7.0), (3.0, 3.0),
(4.0, 4.0), (6.0, 6.0), (7.0, 8.0), (8.0, 9.0), (2.5, 2.5), (1.5, 3.0), (5.5, 7.0), (4.5, 5.5)]
max_iters = 100
```

2. 根据表 6-10,运用 Apriori 算法生成关联规则,设置最小关联度 min_support 为 0.05,规则的最小阈值 min_threshold 为 0.9。

表 6-10 消费者购买清单

序号	清单内容	序号	清单内容
1	衬衫,牛仔裤,鞋子	4	牛仔裤,T-恤
2	牛仔裤,T-恤	5	衬衫,短裤
3	鞋子,女裙,T-恤		

即测即练题

第 7 章
神经网络

本章学习目标

通过本章学习,学员应该能够:
(1) 了解什么是神经网络;
(2) 了解 BP 神经网络;
(3) 掌握如何用 Python Keras 库建立神经网络;
(4) 掌握卷积神经网络。

引导案例:中国天网

联合国数据显示,2016 年美国每十万人就有 5.35 人被谋杀,而中国每十万人只有 0.62 人,美国的谋杀案大约是中国的 9 倍。中国之所以这么安全,一定程度上归功于我国全球最大的视频监控系统"中国天网",视频镜头超过 2000 万个。以深圳为例,天网工程建立后,报案量从 2012 年的 59.4 万件降到了 2017 年的 20.5 万件,5 年时间里案件减少超过一半。当美国人还在纠结于监控侵犯隐私的时候,中国的天网工程已经为人民安全保驾护航。

视频 7.1
探秘"中国天网"

该工程不仅在中国全面普及,其技术更是处于世界领先水平,特别体现在人工智能和大数据的警务预测应用上。其人脸识别系统能够对人脸进行精准、快速的侦别,能在 1 秒内将实时照片与公安网上逃犯数据库中的数十万条数据进行比对,一旦发现逃犯,警务室内的警报系统会立即启动,并在屏幕上显示出网上逃犯的信息、逃犯号、人像照等信息,为警方提供了极大的便利和效率。

资料来源:https://www.163.com/dy/article/G3TV8C2C0532EXP1.html。

7.1 神经网络概述

神经网络(neural networks,NNs),通常被称为人工神经网络(artificial neural networks,ANNs),作为建模人类大脑工作机制的范例(见图 7-1)。神经网络是一种基于许多连接的处理单元或节点的信息处理系统,可以看作是一个有输入(源)、输出(汇聚)和隐藏(内部)节点的有向图。图 7-2 是一个简单的 3 层神经网络,一个输入层(input layer)4 个神经元,一个输出层(output layer)3 个神经元,一个隐藏层(hidden layer)6 个神经元。通过比较这两幅图,我们可以发现神经元的树突表示为输入节点,细胞核表示隐藏节点对数据进行处理,并将计算出的输出通过轴突转发。树突的宽度与每个输入数据相关联的权重成正比。

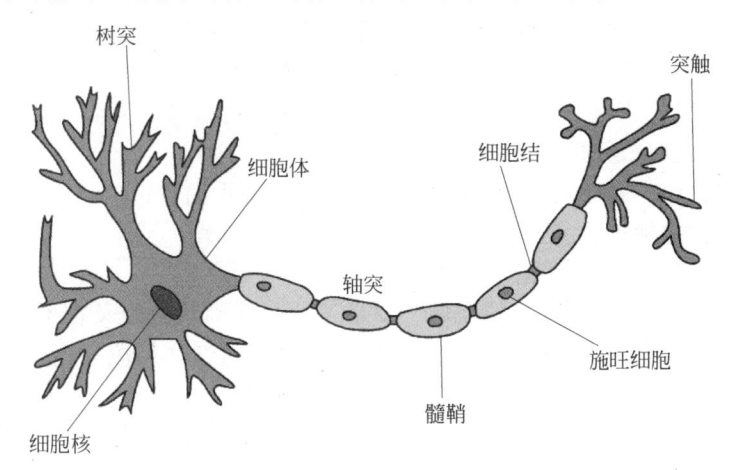

图 7-1 生物神经元

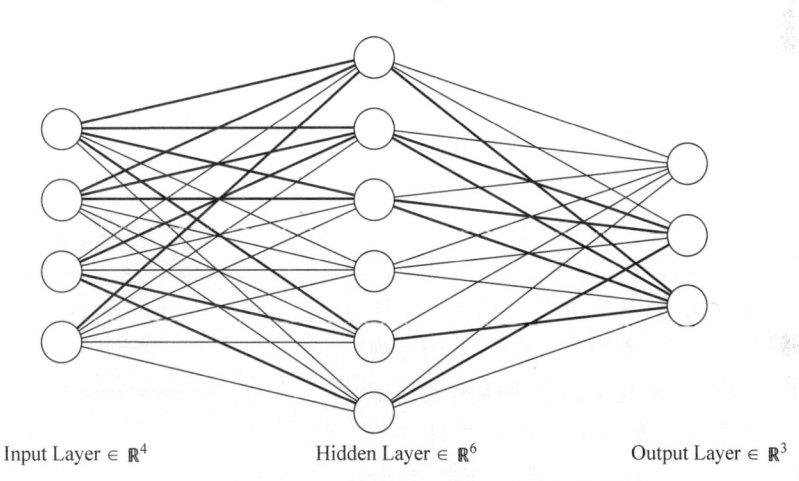

图 7-2 一个简单的带有一个隐藏层的神经网络

人工神经元的研究源于脑神经元学说,19 世纪末,在生物、生理学领域,瓦尔岱耶(Waldyer)等人创建了神经元学说。当时的生物学家就已经知道了神经元的结构,知道每个神经元大约与其他 1 万个神经元相连,人脑是由大约 100 亿到 1000 亿个神经元构成的。

受生物神经元的启发,1943 年心理学家 McCulloch 与数学家 Pitts 提出了人工神经元模型,如图 7-3 所示。人们也经常用他们两个人的名字首字母来命名这个模型,称之为 M-P 模型,该模型一直沿用至今。

神经网络是由大量人工神经元经广泛互连而组成的人工网络,用来模拟脑神经系统的结构和功能。人工神经网络可看成是以人工神经元为节点,用有向加权弧连接起来的有向图。在此有向

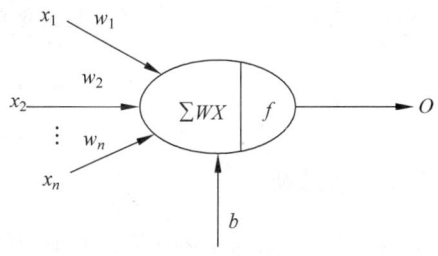

图 7-3 人工神经元模型

图中,人工神经元就是对生物神经元的模拟,而有向弧则是对轴突—突触—树突的模拟。有向弧的权值表示相互连接的两个人工神经元间相互作用的强弱。

神经网络的一个主要缺点是它看起来像黑盒子,这意味着很难向终端用户解释。尽管如此,自20世纪60年代以来,神经网络的早期成功使其得以广泛应用于多个领域,如计算机视觉、语音识别和自然语言处理等。应用NNs的任务包括以下类别。

- 函数近似或回归分析,包括时间序列预测和建模;
- 分类,包括模式和序列识别、新颖性检测和序贯决策制造;
- 数据处理,包括过滤、聚类、盲信号分离和压缩。

神经网络适合具有以下特征的问题。

- 样本数据可以向量化表示的问题。要学习的目标函数是定义在可以用向量描述的实例之上的,向量由预先定义的特征组成。输入属性之间可以高度相关,也可以相互独立,输入值可以是任何实数。
- 训练集数据质量不高的问题。神经网络学习算法对于训练数据中的错误有非常好的鲁棒性。
- 需要多个输出值的问题。神经网络学习算法可以很方便地设定输出层的单元数量,从而对应多个输出问题。
- 决策结果的可解释性要求不高的问题。由于神经网络方法学习到的权值通常缺乏语义层面的解释性,难于与领域知识结合。

神经网络构成了深度学习的核心,深度学习是机器学习领域的一个重要分支。如图7-4所示,神经网络不仅是深度学习算法的基本构建模块,而且它们在解决各种复杂的数据密集型问题中发挥着关键作用。它们能够高效地处理和分析海量数据,例如对数十亿图像进行分类、提升语音识别技术的准确性,以及为用户推荐最适合的视频内容。通过这些功能,神经网络极大地推动了人工智能在多个领域的应用和发展。

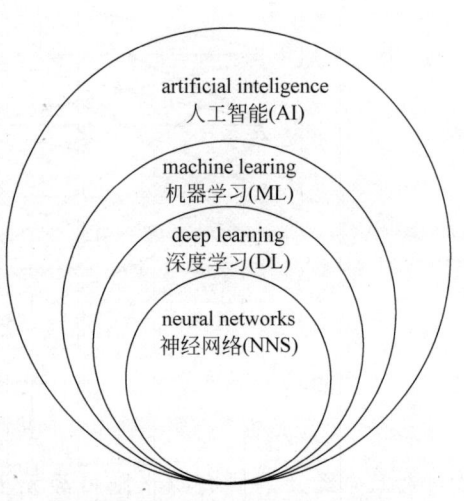

图 7-4　AI、ML、DL 与 NNs 的关系

在以下章节中,我们将首先简要介绍NNs的一些基本概念,包括感知机、多层感知机,然后介绍反向传播算法。最后,我们将演示如何使用Python中的Keras深度学习框架来构建NNs。此外,我们还将介绍一些其他的深度神经网络,如卷积神经网络。

7.2　多层感知机

7.2.1　感知机

感知机(perceptrons)可以被认为是神经网络的基础,它是由弗兰克·罗森布拉特(Frank Rosenblatt)在1957年发明的。它是最早的神经网络,可以视为一种最简单的前馈式人工神经网络,是一种二元分类器,只能用于实现线性可分分类。

- 感知机的结构

感知机的基本原理是通过计算输入特征的线性组合,然后使用激活函数对结果进行二分类。感知机接受由数字向量表示的所有输入(inputs)$X=\{x_1,x_2,\cdots,x_n\}$,每个输入节点都有相应的权值(weights)$W=\{w_1,w_2,\cdots,w_n\}$,然后将每个输入数据与相应的权值相乘相加,称为组合函数(summation function)$\sum_{i=1}^{n}w_ix_i+b$,其中b为偏置,再将求和的结果输入一个激活函数(activation function),该函数决定输出节点(output)y的值(0或1)。图7-5是一个感知机工作过程的图示。

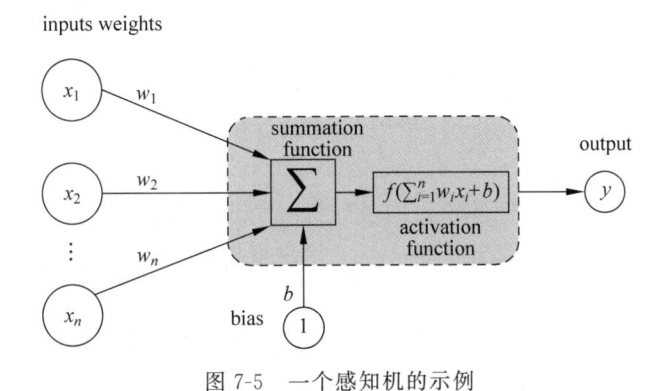

图 7-5　一个感知机的示例

在最初提出的感知机中使用的激活函数是单位阶跃函数,但也使用了一些其他类型的函数,如符号函数。感知机可以通过使用 sigmoid 型函数来计算连续输出,该函数有一个连续的导数,它用于反向传播(见第7.3节)。事实上,感知机和神经网络之间的主要区别之一是激活函数。下面以例7-1说明感知机的过程。

例 7-1

考虑一个带有两个输入和一个偏差输入的感知机。它将输入$x=(x_1,x_2,x_3)=(2,4,1)$转换为单个输出y。所使用的权重分别为2、1和−4。那么该感知机对输入向量的加权值为:$S=2\times2+4\times1+1\times(-4)=4$。通过使用单位阶跃函数,我们得到

$$y=f(S)=\begin{cases}1 \text{ if } S\geqslant 0\\ 0 \text{ otherwise}\end{cases}$$

在这个例子中,我们得到了$S=4>0$的输出值为1,那么这个样本就属于类"1"了。

- 感知机学习规则(训练过程)

不同的权重和激活函数会影响感知机的输出,然后影响我们做出决策。感知机的目标是提高分类的准确性,这在很大程度上依赖于由学习规则决定的相应权重。学习规则被设计用来调整权重值,以更好地近似一些用于分类或预测的函数。因此,调整权值的有效学习规则是将预测输出值y^*与目标(真)输出值y之间的差异最小化,数学上是$\min c(w)=$

$|y-y^*|$,这是一个依赖于权值的误差函数。在感知机中使用的初始学习规则可以通过以下步骤来描述。

步骤1：将权重初始化为0或较小的随机数。

步骤2：对于每个训练输入 $D=\{(x_1,y_1),\cdots,(x_m,y_m)\}$，$x_i$ 为 n 维输入向量，y_i 为输出对应的二进制值。我们可以使用感知机网络计算预测输出值 y_i^*，然后权重更新格式为 $\omega_i:=\omega_i+\Delta\omega_i$，其中权重的变化：$\Delta\omega_i=\eta(y_i-y_i^*)x_i$，$\eta$ 是用户预定义的学习速率(常量范围从0到1)，值越大，权重变化越不稳定。经验法则是设置 η 等于训练输入集中条目数量的倒数。这里要注意的是，权值向量中的所有权值都同时更新，换句话说，所有这些权值都立即更新，同时考虑训练数据集中的一对，而不是在遍历所有数据后。例如，对于一个具有二维输入的训练数据集，权重被更新为

$$\Delta\omega_0=\eta(y_i-y_i^*)x_{i,0}$$
$$\Delta\omega_1=\eta(y_i-y_i^*)x_{i,1}$$
$$\Delta\omega_2=\eta(y_i-y_i^*)x_{i,2}$$

式中，$x_{i,j=0,1,2}$ 为第 2 个训练输入向量的第 2 个元素的值。

步骤3：重复步骤2，直到错误 $c(w)$ 小于用户指定的少量错误，或完成了预定的迭代次数。

当训练数据集为线性可分时，保证了学习规则(算法)收敛到稳定状态。需要注意的是，虽然单层感知机的权值更容易训练和学习，但上述权重更新过程不适用于感知机建模非线性问题，因为阶跃激活函数是不可微的。在现实世界中，大多数问题都是非线性的和多类的。如果我们想发现这些模式，就应该开发其他模型，如多层网络，这将在下一节中讨论。

7.2.2 多层感知机

多层感知机(multi-layer perceptrons, MLP)，有时被称为前馈神经网络，通常由两层或更多的非线性激活节点组成，这些节点比单一感知机具有更大的处理能力来处理更复杂的决策问题。MLP 也可以看作是多个感知机的网络，可以说，如果一个神经网络中有两层或更多层，它是一个多层感知机，否则，它应该被称为单一感知机。

图 7-2 显示了一个具有单一隐藏层的多层感知机。隐藏层中节点的输出取决于输入层的输出以及与它们之间的连接相关联的权值。然后，这些输出进入输出层中相应的连接节点。请注意，即使是某些神经元的输出也可以成为其他神经元的输入，MLP 不允许循环。

- 一个 MLP 的架构

最常见的 MLP 体系结构类型是全连接的前馈神经网络，其中相邻两层的神经元与相应的权值完全成对连接，但单一层内的神经元不共享连接。

与 MLP 网络结构相关的另外两个问题是隐藏层的数量和每个隐藏层中的神经元的数量，它们是由用户指定的模型超参数。第一个问题决定了要学习的参数(权重)的数量。一个具有多个隐藏层的 MLP 可以被称为更深层次的 MLP，如图 7-6 所示。根据柯尔莫戈罗夫定理，一个 MLP 理论上不需要超过两层隐藏层来执行两组数字之间的映射。至少有一

个隐层的 MLP 是通用逼近器,即通过一个包含单个隐藏层且使用任意连续非线性激活函数的前馈神经网络,可以任意逼近决策边界。事实上,对于许多实际问题,3 层神经网络通常比 2 层神经网络有更好的性能,而更深的网络(如 4、5、6 层)往往不会带来显著的性能提升。

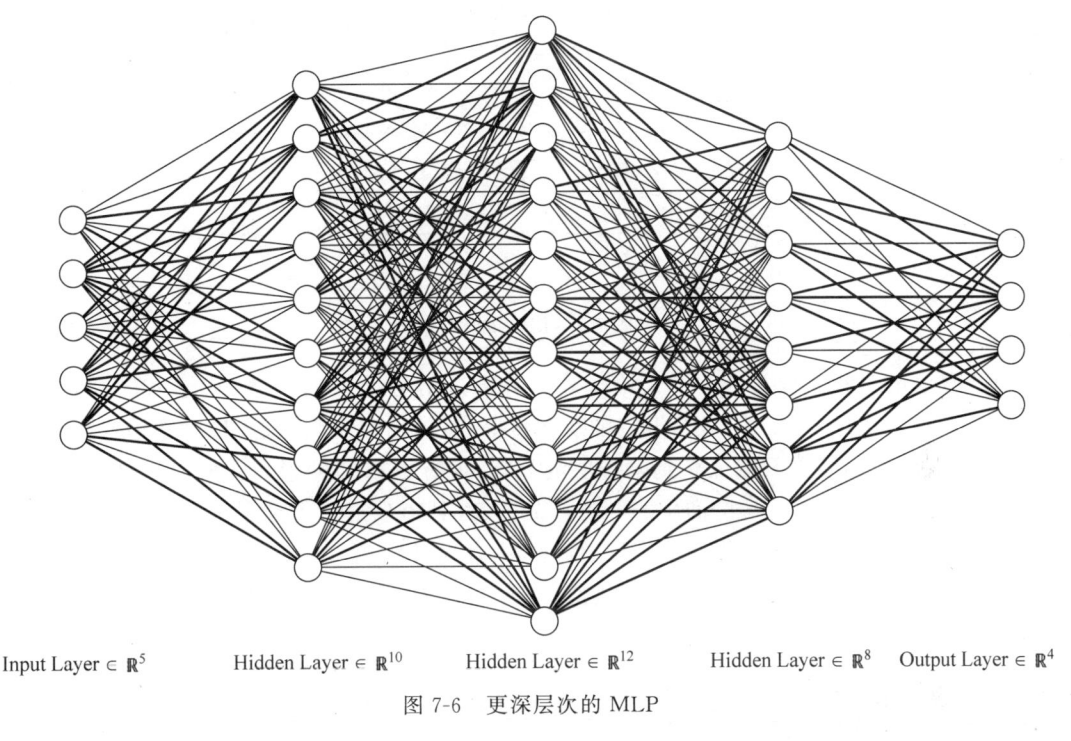

Input Layer ∈ $\mathbb{R}^5$　　Hidden Layer ∈ $\mathbb{R}^{10}$　　Hidden Layer ∈ $\mathbb{R}^{12}$　　Hidden Layer ∈ $\mathbb{R}^8$　　Output Layer ∈ $\mathbb{R}^4$

图 7-6　更深层次的 MLP

在设计神经网络时,选择合适的隐藏层神经元数量是至关重要的。一个常见的经验法则是将隐藏层神经元的数量设定在输入特征数量到输出层维度之间。增加神经元数量和层数可以增强网络对复杂函数的表示能力。然而,如果每层中的神经元数量过多,MLP 可能会出现过拟合的现象。这意味着模型可能会捕捉到训练数据中的噪声而非潜在的、有价值的数据关系,这在处理实际问题时可能会导致不理想的结果。因此,平衡模型的复杂度和泛化能力是神经网络设计中的一个关键挑战。

• 学习规则

在 MLP 的参数学习方面,反向传播算法是多层网络中最流行的算法之一,它从单层感知机网络向前迈出了重要的一步。学习过程从输出层向后开始,再到输入层。简而言之,反向传播可以从输出中与期望结果相比的误差中学习,并调整权重以最小化输出节点上的总误差。反向传播算法将在 7.3 节重点介绍。

7.3　反向传播算法

反向传播(back propagation,BP)算法,也称为误差的反向传播算法,是大卫·鲁梅尔哈特(David Rumelhart)、杰弗里·辛顿(Geoffrey Hinton)和罗纳德·威廉姆斯(Ronald Williams)在 1986 年提出的。BP 算法由输入层、隐藏层、输出层组成,如图 7-7 所示。输入层为信息的输入端。隐藏层是信息的处理端,可以设置这个隐藏层的层数。输出层为信息的输出端,也就是我们要的结果。W,V 分别是输入层到隐藏层、隐藏层到输出层的权重。

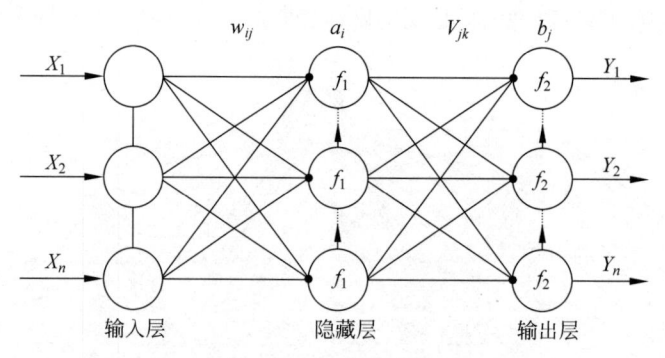

图 7-7　BP 算法组成

BP 算法的过程主要分为两个阶段,第一阶段是信号的前向传播,从输入层经过隐藏层,最后到达输出层;第二阶段是误差的反向传播,从输出层到隐藏层,最后到输入层,依次调节隐藏层到输出层以及输入层到隐藏层的权重、偏置权重和偏置。我们以产品投放为例简要说明 BP 算法核心。某厂商生产一种产品,投放到市场之后得到了消费者的反馈,根据消费者的反馈,厂商对产品进一步升级、优化,一直循环往复,直到实现最终目的——生产出让消费者更满意的产品。产品投放就是"信号的前向传播",消费者的反馈就是"误差的反向传播"。

7.3.1　激活函数

激活函数是神经网络设计的一个核心单元。根据生物学理论,大脑中的每个神经元具有不同的处理功能,当处理某一个任务时,一些神经元会异常活跃,而另一些神经元则几乎不参与工作。与之相对应,在神经网络中,把处于活跃状态的神经元称为激活态,处于非活跃状态的神经元称为抑制态,激活函数赋予神经元自我学习和适应的能力。

激活函数的作用在于引入非线性的学习和处理能力,而这正是多层神经网络具有处理非线性问题的关键。实际上,对于多层神经网络,如果只是添加隐藏层,而没有为隐藏层添加激活函数,那么不管添加了多少隐藏层,其效果与单层感知机都一样。

为满足神经网络的功能,激活函数需要具有以下性质。
- 非线性:这是激活函数首要的性质,也是非线性拟合的保证;
- 可微性:在训练网络模型时,基于梯度下降算法的模型最优化方法要求激活函数可导;
- 单调性:保证模型的简单。

BP 算法常用的激活函数有以下几种。

1. 阶跃函数

阶跃函数(heaviside step function)是最理想的激活函数,它直接将输入数据映射为 0 或 1,对应神经元相应的抑制或激活状态,如图 7-8 所示。但是阶跃函数是不连续、不光滑和不可导的函数,因此在实际应用中不会采用此函数作为激活函数,但它为寻找可用的激活函数提供了依据。

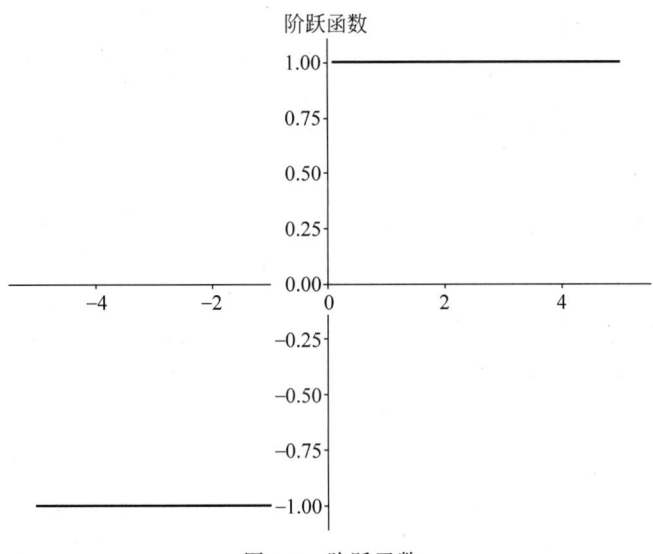

图 7-8 阶跃函数

2. sigmoid 函数

一个 sigmoid 函数有一个"S"形的曲线,因此也被称为 S 型生长曲线,它是单调递增的(见图 4-5)。一个典型的 S 型函数是一个逻辑函数,定义为

$$f(x)=\frac{1}{1+\mathrm{e}^{-x}} \tag{7-1}$$

sigmoid 函数曾经是最常用的激活函数,它把数据压缩到[0,1]之间,处在中间部分的数据变换较大,重要的特征会集中在这一部分区域,称为活跃区。相反,位于两侧的数据变换较小,神经元处于抑制状态。sigmoid 函数作为激活函数存在以下两个不足。

(1)利用反向传播算法来训练神经网络时,会产生梯度消失问题,导致训练深层网络的效果不佳。

(2)经过 sigmoid 函数处理后的输出数据为非负数,会使得梯度在训练过程中不稳定。上述问题的存在,使得 sigmoid 函数在神经网络越来越少被采用。

3. tanh 函数

双曲正切函数(tanh 函数)与 sigmoid 函数相比较,具有更稳定的梯度,这是因为经过 tanh 函数处理后的输出数据的均值为 0,相当于做了归一化处理,避免了 sigmoid 函数的第二个问题,tanh 函数表示为

$$f(x)=\frac{\mathrm{e}^{x}-\mathrm{e}^{-x}}{\mathrm{e}^{x}+\mathrm{e}^{-x}} \tag{7-2}$$

但是由于 tanh 函数的导数小于 1,因此在反向传播算法中,同样存在梯度消失的问题。tanh 函数见图 7-9 所示。

4. ReLU 函数

ReLU 函数(linear rectification function,线性整流函数)是近似生物神经元的激活函数,数学公式定义为

$$f(x)=\max(0,x) \tag{7-3}$$

ReLU 函数被证明在大多数应用场合是优于 sigmoid 函数,其图形如图 7-10 所示。

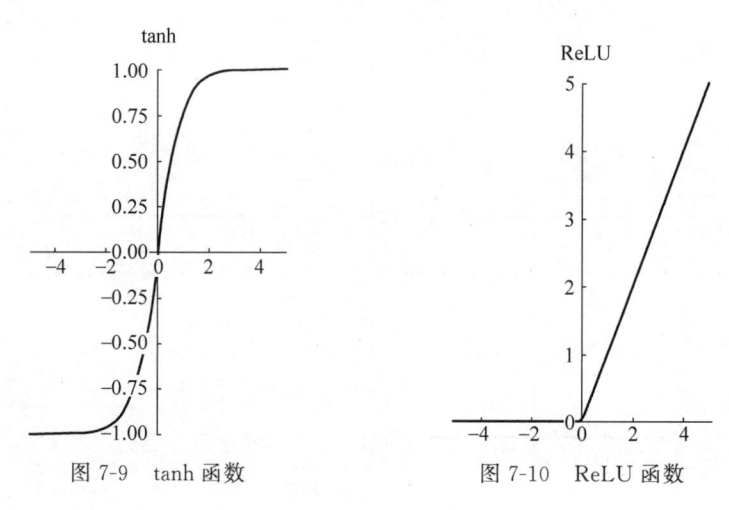

图 7-9 tanh 函数

图 7-10 ReLU 函数

它具有以下优点。

(1) 单侧抑制:当输入小于 0 时,神经元处于抑制状态,反之,则处于激活状态;

(2) 相对宽阔的兴奋边界:ReLU 相对于 sigmoid 函数和 tanh 函数,其激活区域要宽阔的多,只要输入大于 0,就会处于激活状态;

(3) 稀疏激活性:sigmoid 函数和 tanh 函数的导数会把抑制状态的神经元置为非常小的值,从而参与到后续的计算中去。而 ReLU 则将抑制状态的神经元直接置为 0,使得这些神经元不再参与后继的计算,收敛的速度远快于其他激活函数。

7.3.2 损失函数

神经网络设计的一个重要方面是损失函数的选择,该函数将一个或多个变量的值映射到一个实数上,直观地表示与这些值相关的一些"代价"。

对于反向传播,使用损失函数来计算训练元组通过网络传播后预测的网络输出与其期望输出之间的差值。这种预测误差类似于回归模型中的残差。请注意,有时损失函数被称为成本函数(或错误函数),因为它们都必须定义一个目标函数来衡量给定训练数据集的模型性能,而它们的目的是最小化或最大化。从直观上看,如果模型对训练数据的分类能力较差,则损失会更大,否则损失会更小。

有许多不同类型的损失函数。在这部分中,我们只介绍了实践中常用的几种。

1. 均方误差(MSE)

MSE 是在许多实际应用中应用最广泛的损失函数之一。MSE 公式可以写为

$$L(w,b)=\frac{1}{2m}\sum_{i=1}^{m}(o_i-y_i)^2 \tag{7-4}$$

分母中的 2 只是为了方便简化以后导数的计算。将 y_i 公式代入公式 7-4,则

$$L(w,b) = \frac{1}{2m}\sum_{i=1}^{m}(o_i - y_i)^2 = \frac{1}{2m}\sum_{i=1}^{m}(o_i - \sigma(\boldsymbol{WX}+b))^2 \quad (7\text{-}5)$$

其中 o_i 为真实输出值，$y_{i\in m}$ 为类间的预测输出值，$\boldsymbol{X}=[x_1,x_2,\cdots,x_n]'$ 为输入向量，$\boldsymbol{W}$ 为需要优化的权值向量，$\sigma()$ 为所使用的可以被前面描述的任何类型替换的激活函数。

请注意，平均绝对误差（MAE）也被用作一个非常简单的损失函数。然而，计算 MAE 的导数是有问题的。相比之下，MSE 具有良好的数学性质，使其导数更容易。在采用梯度下降算法时，尤其更加方便。特别是，如果目标变量的分布是高斯分布的，则它是在最大似然推理框架下的首选损失函数。

2. 交叉熵损失

除了 MSE 之外，交叉熵损失或对数损失是另一个流行的损失函数，它源于信息论，以概率值[0,1]作为输出来衡量模型的性能。它旨在用于二进制和多类分类问题。交叉熵损失的特性是，当预测的概率接近真实的标签时，它会迅速减少（见图 7-11）。一个完美的模型的交叉熵损失为零，例如，当实际观测标签为 1 时，预测为 0.15 的概率会比预测值 0.05 差，并导致较高的损失值。"真实"概率 o 与估计分布 y 之间的交叉熵为

$$H(o,y) = -\sum_{1}^{m} o_i \log y_i \quad (7\text{-}6)$$

更具体地说，对于类数等于 2（通常用 0 和 1 标记）的二进制分类，交叉熵可以写为

$$H(o,y) = -o\log y - (1-o)\log(1-y) \quad (7\text{-}7)$$

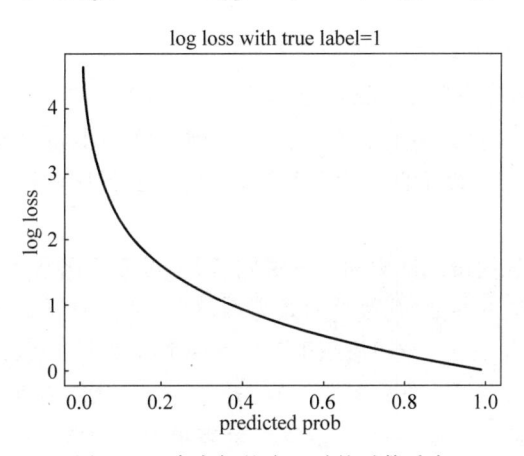

图 7-11　真实标签为 1 时的对数丢失

3. 散度损失

KL 散度（KL divergence, KLD），也被称为相对熵，是一个非对称度量，用于衡量两个概率分布之间的差异。在简单的情况下，如果 KLD 等于 0，则所考虑的两个分布是相同的。给定 P 作为观察值或实际测量的概率分布，Q 表示 P 的近似或模型分布。$D_{KL}(P \parallel Q)$，是从 Q 到 P 的散度，解释为使用 Q 的最优编码方法 $\log\left(\dfrac{1}{Q(x)}\right)$ 来编码 P

分布中的变量。

$$D_{KL}(P \parallel Q) = \sum_{x \in X} P(x) \log\left(\frac{P(x)}{Q(x)}\right)$$
$$= \sum_{x \in X} P(x) \log P(x) - \sum_{x \in X} P(x) \log Q(x) \quad (7\text{-}8)$$
$$= H(P, Q) - H(P)$$

其中 $H(P,Q)$ 为 P 和 Q 的交叉熵，$H(P)$ 为 P 的熵。KLD 的目标是根据输入的分布 Q 来近似输出真实概率分布 P，这可以通过最小化 $D_{KL}(P \parallel Q)$ 来实现。P 和 Q 之间的相似性越高，KLD 就会越低。如果 P 和 Q 完全匹配，$D_{KL}(P \parallel Q) = 0$。

综上所述，我们可以按照下面的建议来选择神经网络的损失函数。

(1) 回归问题(预测连续值)
- 输出层配置：一个具有线性激活函数的节点；
- 损失函数：均方误差(MSE)。

(2) 二进制分类问题(样本归属二元类别判定)
- 输出图层配置：具有 S 型激活函数的一个节点；
- 损失函数：交叉熵。

(3) 多分类问题(样本归属多元类别判定)
- 输出图层配置：使用 softmax 激活函数为每个类提供一个节点；
- 损失函数：交叉熵。

7.3.3 梯度下降

梯度下降，又称为最速下降法(steepest descent)，由柯西(Cauchy)在 1847 年提出，是机器学习中最常用的优化算法。梯度下降是指计算神经网络中每一层权值的损失函数的导数，BP 算法也是一种基于梯度下降的学习算法，因此理解梯度下降是有效理解神经网络的关键。

梯度下降在微分中采用链式法则和乘积法则，用于对激活函数和损失函数进行微分。链式法则用于计算复合函数的导数，其数学形式为：若存在复合函数 $h(x) = f(g(x))$，则其导数为 $h'(x) = f'(g(x)) + g'(x)$。乘积法则用于计算两个或多个函数(或复合函数)的乘积的导数，其公式为 $(f(x) \cdot g(x))' = f'(x) \cdot g(x) + f(x) \cdot g'(x)$。在神经网络中。层级结构通过链式法则逐层传递梯度。例如，一个三层网络可表示为 $f(WX+b) = f_3(f_2(f_1(X)))$，其中 f_1, f_2, f_3 分别为各层的函数。

在呈现梯度下降之前，我们应该定义一些符号，用来指代神经网络中的一些参数。
- 数据集 D，由输入输出对组成 (x_i, o_i)，$i = 1, 2, \cdots, m$，其中输入向量 $\boldsymbol{X}_i$ 为 n 维，m 是数据集中样本的大小。
- 损失函数 $L(w, b)$，定义所需输出之间的错误 o_i 和预测输出神经网络的 y_i。
- 待优化的参数，由 $\boldsymbol{W}$ 和 $\boldsymbol{b}$ 的向量组成，其中 $\boldsymbol{W}$ 的每个条目 w_{pq}^k 表示第 $(k-1)$ 层 q 个阶段和第 k 层 p 个节点之间的权重。b_p^k 是第 k 层节点 p 的偏差。

- k 层中节点 p 的输出，用 $a_p^k = \sigma(s_p^k)$，$s_p^k = \sum_q w_{pq}^k a_p^{k-1} + b_p^k$ 表示。对于输出层 $k=0$，$a_q^0 = x_i^q$，其中 x_i^q 是输出向量 $\boldsymbol{X}_i$ 的第 q 个元素。如图 7-12 所示，我们可以得到 a_1^k：$a_1^k = \sigma(a_1^2 * w_{11}^k + a_2^2 * w_{12}^k + a_3^2 * w_{13}^k + b_1^k)$。

图 7-12 显示了一个简化的网络中的这些符号。

为了训练神经网络，梯度下降的核心思想是沿着损失函数梯度负方向迭代更新权重和偏差参数。设参数集 $\theta = [w, b]$，则更新规则为 $\theta(t+1) := \theta(t) - \eta \Delta\theta(t)$，其中 是学习率，$\theta(t)$ 表示第 t 次迭代时的参数值，是损失函数对参数的梯度，即 $\Delta\theta = [\Delta w, \Delta b] = \left[\dfrac{\partial L}{\partial w}, \dfrac{\partial L}{\partial b}\right]$。

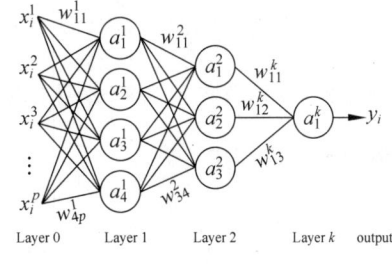

图 7-12　k 层神经网络的简单表示

将梯度下降应用于损失函数的目标是找到权重/偏差的最优组合，使预测输出和期望值之间的差异尽可能小。我们用 MSE 的损失函数来说明推导梯度的过程。损失函数为 $L(w,b) = \dfrac{1}{2m}\sum_{i=1}^{m}(o_i - y_i)^2$，我们的目标是损失函数最小：$\mathop{\mathrm{argmin}}\limits_{\theta} \dfrac{1}{2m}\sum_{i=1}^{m}(o_i - y_i)^2$。需要说明的是，下面使用的公式推导仅适用于具有单输出的简单神经网络（o_i 和 y_i 为标量）。通过系统性地应用链式法则和乘积法则，该推导过程可以扩展到其他具有任意数量输出的神经网络模型。

还需要指出的是，上述损失函数是经过所有训练样本处理后的总误差函数，可以分解为所有单个误差项的和。由于一个函数和的导数是每个函数的导数的和，所以我们可以开始用一个单独的样本来计算导数，然后得到所有训练集的一般形式。因此，通过使用链式法则，推导出损失函数 L_i 关于 w_{pq}^k 的偏导数。

$$\frac{\partial L_i}{\partial w_{pq}^k} = \frac{\partial L_i}{\partial y_i}\frac{\partial y_i}{\partial w_{pq}^k} = \frac{\partial L_i}{\partial y_i}\frac{\partial y_i}{\partial s_p^k}\frac{\partial s_p^k}{\partial w_{pq}^k} \tag{7-9}$$

其中，右边的第一项为 $\dfrac{\partial L_i}{\partial y_i} = \dfrac{\partial [1/2(o_i - y_i)^2]}{y_i} = y_i - o_i$。第二项 $\dfrac{\partial y_i}{\partial s_p^k}$ 是激活函数的偏导数，即 $\dfrac{\partial y_i}{\partial s_p^k} = \dfrac{\partial a_p^k(s_p^k)}{\partial s_p^k}$，如果激活函数是 S 型函数，则可以写成 $\dfrac{\partial a_p^k(s_p^k)}{\partial s_p^k} = y_i(1-y_i)$。第三项 $\dfrac{\partial s_p^k}{\partial w_{pq}^k}$ 可根据公式 7-10 计算。

$$\frac{\partial s_p^k}{\partial w_{pq}^k} = \frac{\partial(\sum_q w_{pq}^k a_q^{k-1} + b_p^k)}{\partial w_{pq}^k} = a_q^{k-1} \tag{7-10}$$

将这些误差项结合在一起，我们可以得到损失函数对最后一层的权重的偏导数。

$$\frac{\partial L_i}{\partial w_{pq}^k} = \frac{\partial L_i}{\partial y_i}\frac{\partial y_i}{\partial w_{pq}^k} = \frac{\partial L_i}{\partial y_i}\frac{\partial y_i}{\partial s_p^k}\frac{\partial s_p^k}{\partial w_{pq}^k} = (y_i - o_i) \cdot y_i(1-y_i) \cdot a_q^{k-1} \tag{7-11}$$

特别是我们可以替换 $k=m$ 和 $q=1$（因为每个单独的样本只有一个输出节点），因此偏导数可以写成

$$\frac{\partial L_i}{\partial w_{p1}^m} = \frac{\partial L_i}{\partial y_i}\frac{\partial y_i}{\partial w_{p1}^m} = \frac{\partial L_i}{\partial y_i}\frac{\partial y_i}{\partial s_p^m}\frac{\partial s_p^m}{\partial w_{p1}^m} = (y_i - o_i) \cdot y_i(1-y_i) \cdot a_1^{m-1} \quad (7\text{-}12)$$

然而，当这个问题涉及计算任意隐层中的损失函数的导数时，它就有点复杂了。要计算偏导数，我们首先定义第 k 层的第 p 节点的误差为 δ_p^k，表示为 $\delta_p^k = \frac{\partial L_i}{\partial s_p^k}$。那么损失函数的偏导数可以写成

$$\frac{\partial L_i}{\partial w_{pq}^k} = \delta_p^k \frac{\partial s_p^k}{\partial w_{pq}^k} = \delta_p^k a_q^{k-1} \quad (7\text{-}13)$$

这是合理的，因为权重 w_{pq}^k 将 $k-1$ 层中节点 q 的输出连接到 BP 计算图中的 k 层的输入节点 p。注意，这里我们没有指定一个特定的错误函数或激活函数。通过应用链式法则，我们可以重写关于 δ_p^k 的形式。

$$\delta_p^k = \sum_r \frac{\partial L_i}{\partial s_r^{k+1}} \frac{\partial s_r^{k+1}}{\partial s_p^k} \quad (7\text{-}14)$$

由于 $s_r^{k+1} = \sum_p w_{rp}^{k+1} a_p^k + b_r^{k+1} = \sum_p w_{rp}^{k+1}\sigma(s_p^k) + b_r^{k+1}$，$s_r^{k+1}$ 对 s_p^k 的导数只与 w_{rp}^{k+1} 和 $\sigma(s_p^k)$ 的导数有关。

$$\frac{\partial s_r^{k+1}}{\partial s_p^k} = w_{rp}^{k+1}\sigma'(s_p^k) \quad (7\text{-}15)$$

然后将其替换回损失函数的偏导数，可以表示为

$$\delta_p^k = \sum_r \frac{\partial L_i}{\partial s_r^{k+1}} \frac{\partial s_r^{k+1}}{\partial s_p^k} = \sum_r \frac{\partial L_i}{\partial s_r^{k+1}} w_{rp}^{k+1}\sigma'(s_p^k) \quad (7\text{-}16)$$

用 $\frac{\partial L_i}{\partial s_r^{k+1}}$ 替换定义 δ_r^{k+1}，然后交换它们的位置，我们得到

$$\delta_p^k = \sum_r \delta_r^{k+1} w_{rp}^{k+1}\sigma'(s_p^k) = \sigma'(s_p^k)\sum_r \delta_r^{k+1} w_{rp}^{k+1} \quad (7\text{-}17)$$

把它们放在一起，我们可以把损失函数对隐藏层 w_{ij} 中的权重的偏导数写成

$$\frac{\partial L_i}{\partial w_{pq}^k} = a_q^{k-1}\delta_p^k = a_q^{k-1}\sigma'(s_p^k)\sum_r \delta_r^{k+1} w_{rp}^{k+1} \quad (7\text{-}18)$$

同样，我们可以得到损失函数对网络中偏差的偏导数方程为

$$\frac{\partial L_i}{\partial b_p^k} = \delta_p^k = \sigma'(s_p^k)\sum_r \delta_r^{k+1} w_{rp}^{k+1} \quad (7\text{-}19)$$

实际上，公式 7-18 和公式 7-19 是神经网络更新权值和偏差的核心方程，它们决定了这些重要参数的调整方向。因此，迭代应用这两个重要的方程可以逐步降低损失函数值，从而缩小预测输出和真实输出之间的差异。需要注意的是，梯度下降并不能保证找到损失函数的最小值，尤其在目标函数为非凸函数时。

值得注意的是,权重更新后的频率会受到进入神经网络模型的训练样本大小影响,从而影响到梯度下降的准确性。通常,从样本量的角度对模型进行训练有三种模式:(1)Online或增量模式。在这种模式下,在将每个训练样本输入网络后,就会改变权值。此模式适用于训练数据集不大且没有异常值的情况。(2)批处理或脱机模式。在该模式下,将所有训练样本输入模型后,对权值进行更新,批处理训练模式对训练数据集的方差具有更强的鲁棒性;(3)随机模式或小批处理模式。在这种模式下,从训练数据集中随机抽取一些样本(由用户预定义),并在这些小批处理上以批处理模式完成训练过程。这种模式可以帮助你避免陷入局部最优状态。

在神经网络中,经常会用到 epoch(时期)、batch(批)、iterations(迭代)的概念。epoch 是指所有的训练样本在网络模型中完成前后传递一次,即所有训练样本在神经网络中都进行了一次正向传播和一次反向传播。在实践中,对于一个大规模的数据集,一个 epoch 太大了,无法一次输入计算机,所以我们应该把它分成几个较小的 batch。batch 是每次送入网络中训练的一部分数据,batch size 就是每个 batch 中训练样本的数量。

iterations 是指完成一个 epoch 所需的 batch 次数。每一次迭代都是一次权重更新,每一次权重更新需要 batch size 个数据进行运算得到损失函数,再通过 BP 算法更新参数。因此,一次 epoch 总处理数量 = iterations 次数×batch size 大小。假设我们有 2000 个数据,分成 4 个 batch,那么 batch size 就是 500。运行所有的数据进行训练,完成 1 个 epoch,需要进行 4 次 iterations。

7.3.4 反向传播算法步骤和示例

一般情况下,BP 算法进行以下 6 个典型步骤,假设适当的学习速率 η、参数的随机初始化 w_{ij}^k、隐藏层数、激活函数、损失函数、epoch、batch size 和 iterations。

步骤 1:输入输出对(x_i, o_i),$i=1,2,\cdots,m$,从训练数据集中随机选择一批样本。

步骤 2:正向传播。输入通过神经网络传递,并计算相应的输出 y_i,包括 s_p^k 和 a_p^k,从输入到输出层。

步骤 3:输出误差计算。计算从损失函数到特定神经元及其权重的偏导数。

步骤 4:将每个输入输出对的梯度合并,得到一批训练数据集 $\dfrac{\partial L}{\partial w_{pq}^k} = \dfrac{1}{mb}\sum_i \dfrac{\partial L_i}{\partial w_{pq}^k}$ 和 $\dfrac{\partial L}{\partial b_p^k} = \dfrac{1}{mb}\sum_i \dfrac{\partial L_i}{\partial b_p^k}$ 的总梯度,mb 为批大小。

步骤 5:权重和偏差更新。将学习速率与步骤 4 中获得的总梯度相乘,并沿着梯度的负方向移动。根据反向传播算法的结果,将这些参数更改为一个新的值。

步骤 6:不断迭代,直到收敛。重复步骤 1 到步骤 5,训练网络向越来越少的全局损失函数,直到算法收敛到一个较小的值或满足其他停止标准,如迭代数或循环数。

在完成上述步骤后,训练网络对输入模型中的任何新的输入数据进行预测,然后生成预测结果,用于决策。

为了直观地理解 BP，在下面给出一个具体的例子来说明该算法。假设有一个隐藏层和两个神经元的神经网络，其结构如图 7-13 所示。

假设训练数据集包含一个单一的样本：输入向量 $\boldsymbol{X}=(x_1,x_2,x_3)$，设置为 $[1,4,5]$，输出 $\boldsymbol{O}=(o_1,o_2)$，预计将是 $[0.1,0.05]$。如前一节所述，反向传播的目标是找到最优的权值，以最小化预测输出和期望值之间的差异。请注意，即使我们在本例中只使用了一个隐藏层，当需要处理更多的隐藏层时，BP 过程也很适用。

首先，我们通过网络进行正向传播，得到预测的输出值 y_i。具体实现过程如下：将输入数据前馈至网络，我们将未应用激活函数的值记为 $s_1^1,s_2^1,s_1^2\,s_2^2$（本例中使用的是 S 型激活函数），激活后输出特征值 a_1^1,a_2^1，输出层生成预测值 y_1,y_2。然后利用图 7-14 的初始值和第 7.3.3 节的公式计算隐藏层的输出，结果如下。

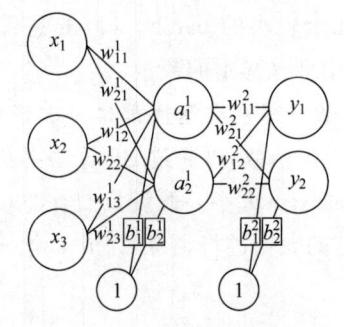

图 7-13　示例中神经网络的结构　　　　图 7-14　神经网络的初始化

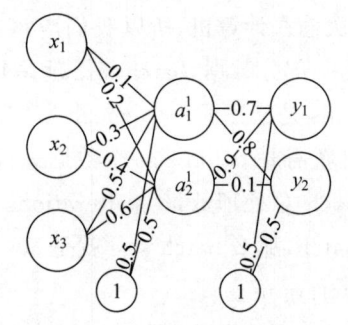

对于 s_1^1 和 a_1^1：

$$s_1^1 = w_{11}^1 x_1 + w_{12}^1 x_2 + w_{13}^1 x_3 + b_1^1 = 0.1(1) + 0.3(4) + 0.5(5) + 0.5 = 4.3$$

$$a_1^1 = \sigma(s_1^1) = \sigma(4.3) = 0.9866$$

对 a_2^1 和 s_2^1 执行相同的过程我们得到

$$s_2^1 = w_{21}^1 x_1 + w_{22}^1 x_2 + w_{23}^1 x_3 + b_2^1 = 0.2(1) + 0.4(4) + 0.6(5) + 0.5 = 5.3$$

$$a_2^1 = \sigma(s_2^1) = \sigma(5.3) = 0.9950$$

其次，我们使用隐藏层 a_1^1 和 a_2^1 对输出层重复该操作作为输入，得到

$$s_1^2 = w_{11}^2 a_1^1 + w_{12}^2 a_2^1 + b_1^2 = 0.7(0.9866) + 0.9(0.9950) + 0.5 = 2.0862$$

$$y_1 = \sigma(s_1^2) = \sigma(2.0862) = 0.8896$$

同样，我们也可以计算出输出层中第二个神经元的输出值

$$s_2^2 = w_{21}^2 a_1^1 + w_{22}^2 a_2^1 + b_2^2 = 0.8(0.9866) + 0.1(0.9950) + 0.5 = 1.3888$$

$$y_2 = \sigma(s_2^2) = \sigma(1.3888) = 0.8004$$

在这个例子中，我们使用平方误差函数作为损失函数，因此总误差是将所有的输出误差加起来。

$$L = \frac{1}{2}[(o_1 - y_1)^2 + (o_2 - y_2)^2]$$

因为我们只关心损失函数对权重和偏差的导数,所以我们不需要计算损失函数的值。

$$\frac{\partial L}{\partial y_1} = y_1 - o_1$$

$$\frac{\partial L}{\partial y_2} = y_2 - o_2$$

下一步是通过网络反向传播来计算所有关于权值和偏差参数的偏导数。在这个阶段,我们将首先计算有关 $w_{11}^2, w_{21}^2, w_{12}^2, w_{21}^2$ 输出层的导数。通过应用链式规则,并考虑到 w_{11}^2,我们得到

$$\frac{\partial L}{\partial w_{11}^2} = \frac{\partial L}{\partial y_1} \frac{\partial y_1}{\partial s_1^2} \frac{\partial s_1^2}{\partial w_{11}^2} = (y_1 - o_1)(y_1(1 - y_1))a_1^1$$

$$= (0.8896 - 0.1)(0.8896(1 - 0.8896))(0.9866) = 0.0765$$

其中 $\frac{\partial L}{\partial y_1} = (y_1 - o_1), \frac{\partial y_1}{\partial s_1^2} = (y_1(1 - y_1)) \frac{\partial s_1^2}{\partial w_{11}^2} = a_1^1$。同样地,我们也可以得到其他的导数

$$\frac{\partial L}{\partial w_{12}^2} = \frac{\partial L}{\partial y_1} \frac{\partial y_1}{\partial s_1^2} \frac{\partial s_1^2}{\partial w_{12}^2} = (y_1 - o_1)(y_1(1 - y_1))a_2^1$$

$$= (0.8896 - 0.1)(0.8896(1 - 0.8896))(0.9950) = 0.0772$$

$$\frac{\partial L}{\partial w_{21}^2} = \frac{\partial L}{\partial y_2} \frac{\partial y_2}{\partial s_2^2} \frac{\partial s_2^2}{\partial w_{21}^2} = (y_2 - o_2)(y_2(1 - y_2))a_1^1$$

$$= (0.8004 - 0.05)(0.8004(1 - 0.8004))(0.9866) = 0.1183$$

$$\frac{\partial L}{\partial w_{22}^2} = \frac{\partial L}{\partial y_2} \frac{\partial y_2}{\partial s_2^2} \frac{\partial s_2^2}{\partial w_{22}^2} = (y_2 - o_2)(y_2(1 - y_2))a_2^1$$

$$= (0.8004 - 0.05)(0.8004(1 - 0.8004))(0.9950) = 0.1193$$

$$\frac{\partial L}{\partial b_1^2} = \frac{\partial L}{\partial y_1} \frac{\partial y_1}{\partial s_1^2} \frac{\partial s_1^2}{\partial b_1^2} = (y_1 - o_1)(y_1(1 - y_1))(1)$$

$$= (0.8896 - 0.1)(0.8896(1 - 0.8896))(1) = 0.0775$$

$$\frac{\partial L}{\partial b_2^2} = \frac{\partial L}{\partial y_2} \frac{\partial y_2}{\partial s_2^2} \frac{\partial s_2^2}{\partial b_2^2} = (y_2 - o_2)(y_2(1 - y_2))(1)$$

$$= (0.8004 - 0.05)(0.8004(1 - 0.8004))(1) = 0.1199$$

现在我们可以继续对隐层进行反向传播,以计算连接输入层到隐层的参数的偏导数,即,$w_{11}^1, w_{21}^1, w_{12}^1, w_{22}^1, w_{13}^1, w_{23}^1$。从 $\frac{\partial L}{\partial w_{11}^1}, \frac{\partial L}{\partial w_{12}^1}, \frac{\partial L}{\partial w_{13}^1}, \frac{\partial L}{\partial b_1^1}$ 开始,因为它们都会流过 a_1^1。我们可以用公式(7-18)和公式(7-19)得到如下结果。

$$\frac{\partial L}{\partial w_{11}^1} = \delta_1^1 x_1 = \sigma(s_1^1)(1-\sigma(s_1^1))(\delta_1^2 w_{11}^2 + \delta_2^2 w_{21}^2)x_1$$
$$= a_1^1(1-a_1^1)[(y_1-o_1)y_1(1-y_1)(0.7)+(y_2-o_2)y_2(1-y_2)(0.8)]x_1$$
$$= 0.9866(1-0.9866)[(0.7896)(0.0983)(0.7)+(0.7504)(0.1598)(0.8)](1)$$
$$= 0.0132 \times 0.1502 \times 1$$
$$= 0.0020$$

$$\frac{\partial L}{\partial w_{12}^1} = \delta_1^1 x_2 = \sigma(s_1^1)(1-\sigma(s_1^1))(\delta_1^2 w_{11}^2 + \delta_2^2 w_{21}^2)x_2$$
$$= a_1^1(1-a_1^1)[(y_1-o_1)y_1(1-y_1)(0.7)+(y_2-o_2)y_2(1-y_2)(0.8)]x_2$$
$$= 0.9866(1-0.9866)[(0.7896)(0.0983)(0.7)+(0.7504)(0.1598)(0.8)](4)$$
$$= 0.0132 \times 0.1502 \times 4$$
$$= 0.0079$$

$$\frac{\partial L}{\partial w_{13}^1} = \delta_1^1 x_2 = \sigma(s_1^1)(1-\sigma(s_1^1))(\delta_1^2 w_{11}^2 + \delta_2^2 w_{21}^2)x_3$$
$$= a_1^1(1-a_1^1)[(y_1-o_1)y_1(1-y_1)(0.7)+(y_2-o_2)y_2(1-y_2)(0.8)]x_3$$
$$= 0.9866(1-0.9866)[(0.7896)(0.0983)(0.7)+(0.7504)(0.1598)(0.8)](5)$$
$$= 0.0132 \times 0.1502 \times 5$$
$$= 0.0099$$

$$\frac{\partial L}{\partial b_1^1} = \delta_1^1 = \sigma(s_1^1)(1-\sigma(s_1^1))(\delta_1^2 w_{11}^2 + \delta_2^2 w_{21}^2)$$
$$= a_1^1(1-a_1^1)[(y_1-o_1)y_1(1-y_1)(0.7)+(y_2-o_2)y_2(1-y_2)(0.8)]$$
$$= 0.9866(1-0.9866)[(0.7896)(0.0983)(0.7)+(0.7504)(0.1598)(0.8)]$$
$$= 0.0132 \times 0.1502$$
$$= 0.0020$$

同样地，我们也可以计算出 $\frac{\partial L}{\partial w_{21}^1}, \frac{\partial L}{\partial w_{22}^1}, \frac{\partial L}{\partial w_{23}^1}, \frac{\partial L}{\partial b_2^1}$ 的偏导数

$$\frac{\partial L}{\partial w_{21}^1} = \delta_2^1 x_1 = \sigma(s_2^1)(1-\sigma(s_2^1))(\delta_1^2 w_{12}^2 + \delta_2^2 w_{22}^2)x_1$$
$$= a_2^1(1-a_2^1)[(y_1-o_1)y_1(1-y_1)(0.7)+(y_2-o_2)y_2(1-y_2)(0.8)]x_1$$
$$= 0.9950(1-0.9950)[(0.7896)(0.0983)(0.9)+(0.7504)(0.1598)(0.1)](1)$$
$$= 0.0049 \times 0.0818 \times 1$$
$$= 0.0004$$

$$\frac{\partial L}{\partial w_{22}^1} = \delta_2^1 x_2 = \sigma(s_2^1)(1-\sigma(s_2^1))(\delta_1^2 w_{12}^2 + \delta_2^2 w_{22}^2)x_2$$
$$= a_2^1(1-a_2^1)[(y_1-o_1)y_1(1-y_1)(0.7)+(y_2-o_2)y_2(1-y_2)(0.8)]x_2$$
$$= 0.9950(1-0.9950)[(0.7896)(0.0983)(0.9)+(0.7504)(0.1598)(0.1)](4)$$

$$= 0.0049 \times 0.0818 \times 4$$
$$= 0.0016$$

$$\frac{\partial L}{\partial w_{23}^1} = \delta_2^1 x_3 = \sigma(s_2^1)(1-\sigma(s_2^1))(\delta_1^2 w_{12}^2 + \delta_2^2 w_{22}^2)x_3$$
$$= a_2^1(1-a_2^1)[(y_1-o_1)y_1(1-y_1)(0.7) + (y_2-o_2)y_2(1-y_2)(0.8)]x_3$$
$$= 0.9950(1-0.9950)[(0.7896)(0.0983)(0.9) + (0.7504)(0.1598)(0.1)](1)$$
$$= 0.0049 \times 0.0818 \times 5$$
$$= 0.0020$$

$$\frac{\partial L}{\partial b_2^1} = \delta_2^1 = \sigma(s_2^1)(1-\sigma(s_2^1))(\delta_1^2 w_{12}^2 + \delta_2^2 w_{22}^2)$$
$$= a_2^1(1-a_2^1)[(y_1-o_1)y_1(1-y_1)(0.9) + (y_2-o_2)y_2(1-y_2)(0.1)]$$
$$= 0.9950(1-0.9950)[(0.7896)(0.0983)(0.9) + (0.7504)(0.1598)(0.1)]$$
$$= 0.0049 \times 0.0818$$
$$= 0.0004$$

到目前为止，我们有了所有的导数，并在更新了所有的权重和偏差参数后完成了一次迭代。我们设置学习率 η 为 0.01。这些步骤应该重复多次，直到损失函数收敛到一些小的值，参数变得稳定。显然，手工完成所有这些计算是乏味甚至不可能的。现在，我们更愿意使用一个将在下一节中演示的机器学习算法包。

7.4 深度神经网络

到目前为止，我们讨论过的所有传统或"普通"神经网络都应该被称为"浅层"网络，它在输入和输出层之间只有一层隐藏的神经元层。实际上，有很多神经网络架构来处理许多不同的复杂问题。一个深度神经网络（deep neural networks，DNN）可以有两个或更多的神经元"隐藏层"来处理输入。下面我们来介绍两种流行的 DNN 体系结构，即卷积神经网络（CNN）和递归神经网络（RNN）。

7.4.1 卷积神经网络

卷积神经网络（convolutional neural networks，CNN）以其在计算机视觉和图像识别领域的出色表现而闻名。事实证明，除了增强机器人和自动驾驶车辆的视觉能力外，CNN 还能成功地识别人脸、物体和交通标志的图像，如图 7-15 所示。

CNN 采用了一种叫作卷积的数学运算，这是一种特殊的线性运算。CNN 首先执行卷积操作，其中包括"扫描"图像，每次分析图像的一小部分，并创建一个包含每个特征属于所需类的概率的特征映射。第二步是池化，它在降低每个特征的维数的同时保持其最重要的信息。池化层单独在每个深度上进行操作，用最大化操作减小每个深度切片的空间大小。最常见的形式是使用大小为 2×2 滤波器的池化层，以 2 为步长对每一个深度切片进行采样，从 CNN 扫描的每个像素区域中取最大值，丢弃 75% 的输入数据。如图 7-16 所示，左上

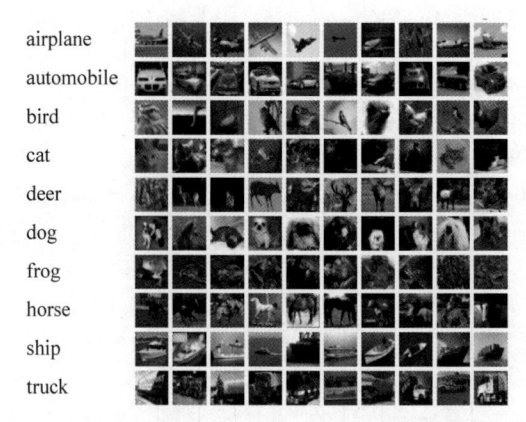

图 7-15　来自 CIFAR-10 数据集的图像

注：图像来自于 https：//www.cs.toronto.edu/~kriz/cifar.html

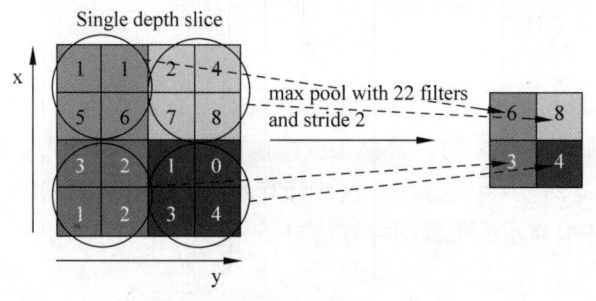

图 7-16　2×2 过滤器的最大池操作

角 2×2 过滤器取最大值 6，右上角 2×2 过滤器取最大值 8，左下角 2×2 过滤器取最大值 3，右下角 2×2 过滤器取最大值 4。除了最大池化外，池化单元还可以执行其他功能，例如平均池化，L2 范数池化等。

最后，当特征在正确的粒度级别时，它会创建一个完全连接的神经网络，分析最终的概率，并决定图像属于哪个类别。最后一步也可以用于更复杂的任务，例如为图像生成标题。通常，在图 7-17 所示的 CNN 中会有 4 种主要操作。

- 卷积（convolution）
- 非线性操作（ReLU）
- 池化或子采样（pooling）
- 全连接（fully connected）

卷积层通过对输入端的不同特征采用卷积操作，发挥了特征提取器的作用。ReLU 是一种非线性操作，用于通过将激活图中的负值设置为零，而不影响卷积层的接受域。池化是一种非线性降采样的形式，用于逐步减少表示的空间大小，减少网络中的参数数量、内存占用和计算量，从而控制过拟合。最后，在经过多个卷积层和池化层之后，使用全连接层作为传统的多层感知机，在输出层中使用一个 softmax 激活函数来决定图像属于哪个类别。

总之，CNN 是一层序列，CNN 的每一层通过可微函数将一个激活量转换为另一个激活

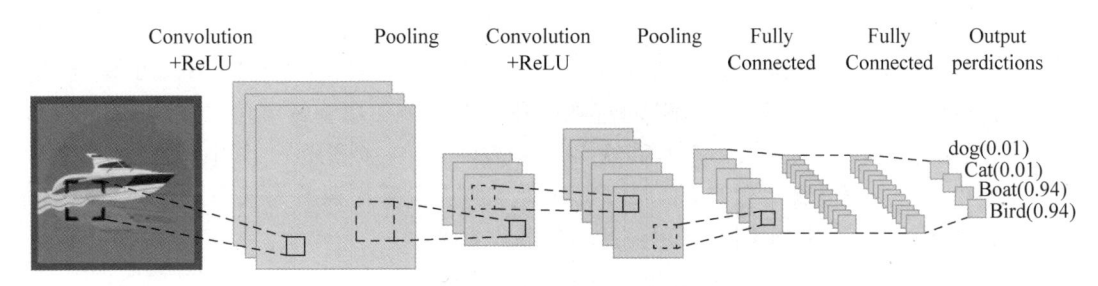

图 7-17　典型的 CNN 架构

量。不同类型的层,包括局部的和完全连接的,被堆叠形成一个 CNN 架构。CNN 在模式/图像识别问题上表现最好,在某些情况下甚至优于人类。

7.4.2　递归神经网络

递归神经网络(recursive neural networks,RNN)是一种深度学习算法,源自前馈神经网络,用于处理连续数据,如自然语言、语音记录、视频、音频或不断发生的多个事件。基本的 RNN(也称为香草 RNN)是一个由神经元节点组成的网络,被组织成连续的层。在给定的层中,每个节点通过一个定向(单向)连接到下一层连续层中的每个其他节点(见图 7-18)。所以它有一个"记忆",可以捕捉到目前为止计算出的历史信息。

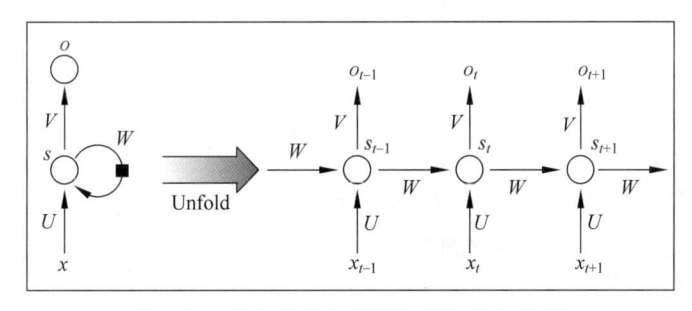

图 7-18　参与其前向计算的展开基本 RNN

- 输入:x_t 是在时间步长 t 时的输入。
- 隐藏输出:s_t 是在时间步长 t 时的隐藏状态。它是 RNN 的记忆部分,用来捕获之前时间步长发生的历史信息,可以运用隐藏状态 s_{t-1} 和现在时刻的输入 x_t 来计算它,即,$s_t = f(Ux_t + Ws_{t-1})$。函数 f 通常非线性的,如 tanh 或 ReLU。
- 输出:o_t 是模型在时间步长 t 上的预测 $o_t = soft\max(Vs_t)$。

对于 RNN 中的反向传播,它被称为跨时间的反向传播(backpropagation through time,BPTT)。实际上,BPTT 使用链规则从最新的时间步长返回到前一步,然后返回到前一个步骤。每次使用梯度下降来发现每个神经元和隐藏状态函数的最佳权值。这些参数定义了前面步骤中的多少信息应该结转到后续的每个步骤中。RNN 已被应用于语言建模和文本生成、机器翻译、语音识别、时间序列异常检测、视频标记等多个领域。

其他复杂类型的 RNN 也已经被开发出来,以解决普通 RNN 模型的一些缺点,如双向RNN、深度(双向)RNN、LSTM(长短期记忆网络)和 GRU(门控循环单元)。LSTM 可以被视为一种特殊类型的 RNN,旨在通过一个门控机制来解决梯度消失的问题。第一层函数的输出是第二层的输入,该输出是第三层的输入,以此类推。链的长度给出了模型的深度,这也是对深度学习中使用的术语"深度"的直观解释。有三个门用于调节信息进出 LSTM 单元的传播:遗忘门(F_t),输入门(I_t),和输出门(O_t)(如图 7-19 所示)。其中,遗忘门决定从先前步骤中保留或删除哪些信息,输入门负责从当前步骤添加到单元状态的重要信息,输出门执行从当前单元状态中提取有用信息的任务作为输出。

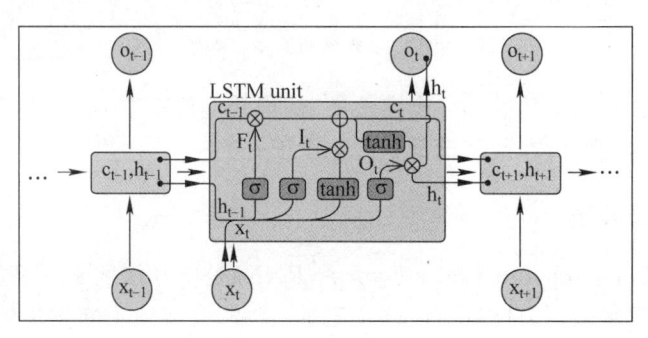

图 7-19 一个 LSTM 单元的结构

7.5 神经网络的代码实现

本节我们将使用 Python Keras 框架建立神经网络。Keras 是一个用 Python 编写的深度学习 API,运行在机器学习平台 TensorFlow 之上。它的开发的重点是实现快速实验。Keras 包含许多实现常用的神经网络构建块,如:层、目标、激活函数、优化器等,让处理图像和文本数据变得更容易。除了标准的神经网络,Keras 也支持卷积和递归神经网络。它还支持其他常见的实用程序层,如批处理规范化和池化。

Keras 有两类主要的模型:Sequential 顺序模型和函数式 API 的 Model 类模型。Sequential 顺序模型适用于简单的线性堆叠模型,如全连接网络和卷积神经网络。函数式 API 适用于更加复杂的模型,如多输入、多输出和共享层的模型,它允许用户定义任意的网络结构,可以构建非常灵活的模型。函数式 API 是一种图形模型,用户可以通过定义输入和输出来构建网络。例如,下面的代码定义了一个简单的函数式 API 的 Model 模型。

```
import tensorflow as tf
from tensorflow.keras.models import Sequential
from tensorflow.keras.layers import Input, Dense
from tensorflow.keras.models import Model
inputs = Input(shape = (100,))
x = Dense(64, activation = 'relu')(inputs)
outputs = Dense(10, activation = 'softmax')(x)
model = Model(inputs = inputs, outputs = outputs)
…
```

Sequential 顺序模型允许用户以顺序方式构建神经网络,无须手动配置神经网络图的

连接。使用 Sequential 函数，用户可以快速构建和迭代不同类型的神经网络模型。Sequential 函数为

```
Sequential(layers)
```

layers 表示神经网络层。通过将网络层实例的列表传递给 Sequential()，即可创建一个 Sequential 模型。Sequential 函数支持常见的神经网络层，如全连接层、拉平层、卷积层、池化层、局部连接层、递归层、嵌入层、高级激活层、规范层、噪声层、包装层等。下面我们介绍几个主要的神经网络层。

（1）常用层

Dense 层：全连接层，构造函数如下。

```
Dense(units,activation = None,use_bias = True,kernel_initializer = 'glorot_uniform',
bias_initializer = 'zeros',kernel_regularizer = None,bias_regularizer = None,
activity_regularizer = None,kernel_constraint = None,bias_constraint = None)
```

构造函数的主要参数如下。

- units：大于 0 的整数，代表该层的输出维度。
- use_bias：布尔值，是否使用偏置项。
- kernel_initializer：权值初始化方法，为预定义初始化方法名的字符串，或用于初始化权重的初始化器。
- bias_initializer：偏置向量初始化方法，为预定义初始化方法名的字符串，或用于初始化偏置向量的初始化器。
- regularizer：正则化项，kernel 为权重的、bias 为偏置的，activity 为输出的。
- constraints：约束项，kernel 为权重的，bias 为偏置的。
- activation：激活函数，为预定义的激活函数名（参考激活函数），或一个自定义的逐元素函数。如果不指定该参数，将不会使用任何激活函数。
- input_dim：该层输入的维度。

Flatten 层：拉平层，用来将输入"压平"，即把多维的输入一维化，常用在从卷积层到全连接层的过渡。Flatten 不影响 batch 的大小，构造函数如下。

```
Flatten( )
```

（2）卷积层

Conv1D：一维卷积层，构造函数如下。

```
Conv1D(filters, kernel_size, strides = 1, padding = 'valid', dilation_rate = 1, activation = None,
use_bias = True, kernel_initializer = 'glorot_uniform', bias_initializer = 'zeros',
kernel_regularizer = None, bias_regularizer = None, activity_regularizer = None,
kernel_constraint = None, bias_constraint = None)
```

Conv2D：二维卷积层，构造函数如下。

```
Conv2D(filters, kernel_size, strides = 1, padding = 'valid', activation = 'relu', input_shape)
```

构造函数的主要参数如下。
- filters：过滤器数量。
- kernel_size：指定（方形）卷积窗口的高和宽的数字。
- strides：卷积步长，默认值为 1。
- padding：卷积如何处理边缘。可选项有{valid,same}。默认值为 valid，表示只进行有效的卷积，即对边界数据不处理；same 代表保留边界处的卷积结果，通常会导致输出 shape 与输入 shape 相同。
- activation：激活函数，通常设为 relu。如果未指定任何值，则不使用任何激活函数。
- input_shape：指定输入层的高度，宽度和深度的元组。当卷积层作为模型第一层时，必须提供此参数，否则不需要。

（3）池化层

MaxPooling1D：对时域 1D 信号进行最大值池化，构造函数如下。

```
MaxPooling1D(pool_size = 2, strides = None, padding = 'valid')
```

MaxPooling2D：为空域信号施加最大值池化，构造函数如下。

```
MaxPooling2D(pool_size = (2, 2), strides = None, padding = 'valid', data_format = None)
```

构造函数的主要参数如下。
- pool_size：指定池化窗口高度和宽度的数字。
- strides：垂直和水平 stride。如果不指定任何值，默认值为 pool_size。
- padding：选项包括 valid 和 same。默认值为 valid。

Sequential 顺序模型的常用方法如表 7-1 所示。

表 7-1 Sequential 顺序模型的常用方法

方 法	说 明
add()	将各层添加到模型中
compile(optimizer, loss = None, metrics = None, loss_weights = None, sample_weight_mode = None, weighted_metrics = None, target_tensors = None)	配置训练模型
fit(x=None, y=None, batch_size=None, epochs=1, verbose=1, callbacks=None, validation_split=0.0, validation_data=None, shuffle=True, class_weight=None, sample_weight=None, initial_epoch=0, steps_per_epoch=None, validation_steps=None)	以固定数量的轮次（数据集上的迭代）训练模型
evaluate(x=None,y=None,batch_size=None,verbose=1,sample_weight=None, steps=None)	在测试模式，返回误差值和评估标准值，计算逐批次进行
predict(x, batch_size=None, verbose=0, steps=None)	为输入样本生成输出预测，计算逐批次进行

Sequential 顺序模型运行用户通过 add() 方法依次添加层。例如，下面的代码定义了一个简单的 Sequential 模型。

```
from tensorflow.keras.models import Sequential
from tensorflow.keras.layers import Dense
model = Sequential()
model.add(Dense(64, activation = 'relu', input_dim = 100))
model.add(Dense(10, activation = 'softmax'))
```

下面我们以一个例子来展示如何运用 Keras 库建立完整的神经网络。

1. 数据准备

在这个例子中，我们将建立一个神经网络来解决一个有 2 个输入和 4 个输出的分类问题。这里使用的数据是由下面的代码生成的，生成 4 组数据，每组 250 个，共 1000 个样本数据，每组数据聚类中心分别为 (15,0)、(15,15)、(0,15)、(30,15)。我们首先应该从 Keras 导入一些包，这些包是定义函数和类所必需的。

代码 7.5.1

```
import tensorflow as tf
from tensorflow.keras.models import Sequential
from tensorflow.keras.layers import Dense
from tensorflow.keras.utils import to_categorical
import matplotlib.pyplot as plt
import numpy as np
from sklearn.datasets import make_blobs
num_samples_total = 1000 # 生成四组数据，每组 250 个，共 1000 个数据
training_split = 250
cluster_centers = [(15,0), (15,15), (0,15), (30,15)]
num_classes = len(cluster_centers)
```

在数据集生成后，其目标被转换为与分类交叉熵损失兼容的一个热编码向量。然后，我们对训练数据和测试数据进行了分割，代码如下。

```
loss_function_used = 'categorical_crossentropy'          # 使用分类交叉熵损失函数
X, targets = make_blobs(n_samples = num_samples_total, centers = cluster_centers, n_
    features = num_classes, center_box = (0, 1), cluster_std = 1.5)
plt.scatter(X_training[:,0], X_training[:,1])            # 绘制散点图
plt.title('Nonlinear data')
plt.xlabel('X1')
plt.ylabel('X2')
X_traing,X_testing = X[traing_split:,:],X[:traing_split:,:]   # 分割训练数据
targets_traing,targets_testing = targets[traing_split:],targets[:training_split]
                                                         # 分割测试数据
categorical_targets_training = to_categorical(targets_training, num_classes = num_classes)
categorical_targets_testing = to_categorical(targets_testing, num_classes = num_classes)
                                                         # 转换为一个热编码向量
```

输出结果如图 7-20 所示。

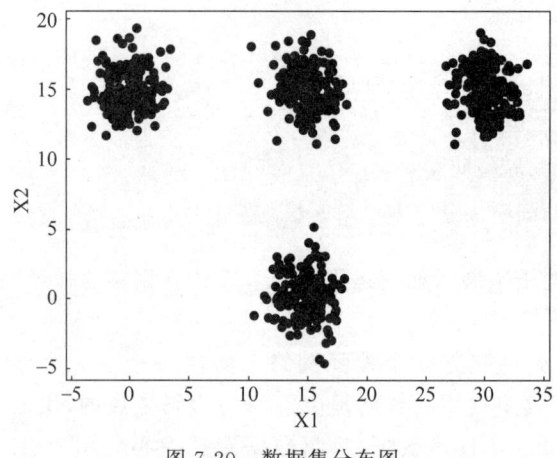

图 7-20　数据集分布图

通过图 7-20 可以看出，共 4 组数据，每组数据都围绕自己的聚类中心。

2. Keras 模型定义

Keras 中的模型被定义为一系列的层。我们使用简单的顺序类来配置模型，而不是模型类。为简单起见，所实现的模型有三层，最后一层作为输出层。

```
feature_vector_length = len(X_training[0]) # 创建有神经网络层的 Sequential 模型
input_shape = (feature_vector_length,)
model = Sequential([Dense(16, input_shape = input_shape, activation = 'relu'),
    Dense(8, activation = 'relu'),
    Dense(num_classes, activation = 'softmax')])
```

注意，添加第一个密集层的那行代码定义了两件事，即输入层和有 16 个节点的第一个隐藏层。一旦指定了输入形状，Keras 将自动推断出后续图层的输入形状。最后一层是一个输出层，有 4 个节点，每个集群一个。所以这是一个非常简单和紧密连接的网络。

3. 编译 Keras 模型

为了编译模型，我们应该配置损失函数（设为分类交叉熵损失函数）、优化器，以及一些报告模型性能的指标（设为 accuracy）。代码如下。

```
model.compile(optimizer = 'adam', loss = 'categorical_crossentropy', metrics = ['accuracy'])
```

4. 训练 Keras 模型

在模型编译后，通过调用 fit() 函数，用生成的数据集训练模型。类似地，应该指定一些参数，如 epoch 的数量、batch-size、验证集。我们拟合了 30 次 epoch 的训练数据，batch-size 为 5。20% 的训练数据用于验证。代码如下。

```
Model_fit = model.fit(X_training, categorical_targets_training, epochs = 30, batch_size = 5,
    verbose = 1, validation_split = 0.2)
```

5. 评估 Keras 模型

一旦我们完成模型的训练,就可以使用评估函数对网络进行评估,该函数将返回一个包含两个值的列表:模型在测试数据集上的损失和准确性。代码如下。

```
test_results = model.evaluate(X_testing, categorical_targets_testing, verbose = 1)
print(f'Test results - Loss: {test_results} - Accuracy: {test_results[1] * 100} % ')
```

输出结果如下。

```
Test results - Loss: [0.007522229105234146, 0.9959999918937683] - Accuracy: 99.59999918937683 %
```

该模型的测试损失为 0.0075,测试精度为 99.6%。这是一个完美的模型,但是,它在实践中更为复杂,通常无法获得如此非常好的精度。

6. 做出预测

最后一步是应用训练后的模型对新数据进行预测。在这里,我们只是假装训练数据集是一个我们以前从未见过的新数据集。代码如下。

```
predictions = model.predict(X_testing)
predicted_classes = np.argmax(predictions, axis = 1)  # 将预测结果转换为类别
for i in range(5):
    print(f'{X_testing[i].tolist()} => {predicted_classes[i]} (expected {targets_testing[i]})')
```

输出结果如下。

```
[-0.025820896635320353, 16.626969953330324] => 2 (expected 2)
[31.712313748023174, 14.890760823455146] => 3 (expected 3)
[-0.31024595215046974, 13.1625498184387] => 2 (expected 2)
[16.80358061809596, -0.467281765804334] => 0 (expected 0)
[-1.025755142086146, 17.483809197263408] => 2 (expected 2)
```

二维数据是测试样本的特征值,=>后面的第一个数字是预测的类别,括号中 expected 的数字是实际的类别。从输出结果可以看出,对于这 5 个样本,模型的预测都是正确的,因为预测类别和期望类别是一致的。

7.6 神经网络算法应用案例

7.6.1 房价预测——基于神经网络的商务决策

1. 问题分析

随着经济的不断发展和人口的增长,房地产市场一直是社会关注的热点之一。房价预测作为该领域的关键研究方向,对于个人和整体经济决策均具有深远影响。对个人而言,购房决策涉及重大经济投入,房价预测能够揭示未来房价走势的信息,帮助个人做出明智的购房决策。房地产市场的健康发展对于国家经济的稳定和可持续发展具有重要的意义。

政府需紧密关注房价走势,结合预测数据,科学制定调控和税收政策,以确保房地产市场的平稳有序发展。

2. 数据来源

本案例选用了 Kaggle 平台上的房价数据,比赛界面如图 7-21 所示,链接为 https://www.kaggle.com/competitions/house-prices-advanced-regression-techniques。

数据 7.6.1

图 7-21 House Prices 房价 Kaggle 比赛界面

此案例是基于 Kaggle 赛事方提供的含有 79 个解释变量的爱荷华州艾姆斯市住宅信息数据,预测每一套住宅的最终价格。数据包括训练模型所需的训练数据集(train.csv),以及用于测试模型性能的测试数据集(test.csv)。每一条数据记录表示的是每间房屋的相关信息,其中训练数据和测试数据分别各有 1460 条,数据的特征列有 79 个,其中 35 个是数值类型的,44 个类别类型。

3. 基于神经网络的商务决策过程

(1) 导入相关库

本案例需要导入的库,包括 numpy、pandas、seaborn、matplotlib、sklearn 等。

代码 7.6.1

```
import numpy as np
import pandas as pd
import matplotlib.pyplot as plt
import warnings, csv
import tensorflow as tf
warnings.filterwarnings('ignore')
plt.style.use('ggplot')
from sklearn.base import BaseEstimator, TransformerMixin, RegressorMixin, clone
from sklearn.preprocessing import LabelEncoder
from sklearn.preprocessing import RobustScaler, StandardScaler
from sklearn.metrics import mean_squared_error
from sklearn.pipeline import Pipeline, make_pipeline
from scipy.stats import skew
from sklearn.decomposition import PCA
from sklearn.linear_model import Lasso
```

(2) 查看并了解数据

首先,对训练数据集进行一个初步的了解,代码如下。

```
train = pd.read_csv('train.csv')
print('The shape of training data:', train.shape)
train.head()
```

输出结果如下,输出图形如图 7-22 所示。

```
The shape of training data:(1460,81)
```

Id	MSSubClass	MSZoning	LotFrontage	LotArea	Street	Alley	LotShape	LandContour	Utilities	...	PoolArea	PoolQC	Fence	MiscFeature	MiscVal	MoSold
1	60	RL	65.00	8450	Pave	NaN	Reg	Lvl	AllPub	...	0	NaN	NaN	NaN	0	2
2	20	RL	80.00	9600	Pave	NaN	Reg	Lvl	AllPub	...	0	NaN	NaN	NaN	0	5
3	60	RL	68.00	11250	Pave	NaN	IR1	Lvl	AllPub	...	0	NaN	NaN	NaN	0	9
4	70	RL	60.00	9550	Pave	NaN	IR1	Lvl	AllPub	...	0	NaN	NaN	NaN	0	2

图 7-22 住宅训练数据

通过输出结果可知,住宅训练数据总共有 1460 条,81 列,最后一列是预测目标销售价格 SalePrice。图 7-22 仅显示出前 4 条部分列的数据。

然后对测试数据进行了解,代码如下。

```
test = pd.read_csv('test.csv')
print('The shape of testing data:', test.shape)
test.head()
```

输出结果如下,输出图形如图 7-23 所示。

```
The shape of testing data:(1459,80)
```

Id	MSSubClass	MSZoning	LotFrontage	LotArea	Street	Alley	LotShape	LandContour	Utilities	...	ScreenPorch	PoolArea	PoolQC	Fence	MiscFeature	MiscVal
1461	20	RH	80.00	11622	Pave	NaN	Reg	Lvl	AllPub	...	120	0	NaN	MnPrv	NaN	0
1462	20	RL	81.00	14267	Pave	NaN	IR1	Lvl	AllPub	...	0	0	NaN	NaN	Gar2	12500
1463	60	RL	74.00	13830	Pave	NaN	IR1	Lvl	AllPub	...	0	0	NaN	MnPrv	NaN	0
1464	60	RL	78.00	9978	Pave	NaN	IR1	Lvl	AllPub	...	0	0	NaN	NaN	NaN	0

图 7-23 住宅测试数据

通过输出结果可知,住宅测试数据一共是 1459 条,80 列。图 7-23 仅显示出前 4 条部分列的数据。

(3) 数据清洗

首先我们要对 NaN 值进行处理,清洗掉 NaN 值,用其他的值来补全,补全方式如下。

① 用 0 填补:特征为数字,0 有实际意义时;

② 用 None 填补:特征为抽象,None 有实际意义时;

③ 用众数填补：如住宅类型等；

④ 剩余特征视具体情况而定，如根据其他特征进行分组后，用中位数填补。

数据清洗代码如下。

```
# 根据特征说明文档,以下特征缺失代表没有,所以直接补充为'None'就可以了
N_list = ["PoolQC", "MiscFeature", "Alley", "Fence", "FireplaceQu", "GarageQual", "GarageCond",
" GarageFinish", " GarageYrBlt", " GarageType"," BsmtExposure", " BsmtCond", " BsmtQual",
"BsmtFinType2", "BsmtFinType1", "MasVnrType"]
for n in N_list:
    data[n].fillna("None", inplace = True)
Z_list = [ "MasVnrArea", "BsmtUnfSF", "TotalBsmtSF", "GarageCars", "BsmtFinSF2", "BsmtFinSF1",
"GarageArea"]   # 同样参照特征说明,对于那些可能为零的特征值,缺失值要全部补零:
for z in Z_list:
    data[z].fillna(0, inplace = True)
M_list = ["MSZoning", "BsmtHalfBath", "BsmtFullBath", "Utilities", "Functional", "Electrical",
"KitchenQual", "SaleType","Exterior1st", "Exterior2nd"]  # 其他特征用众数填补
for m in M_list:
 data[m].fillna(data[m].mode()[0], inplace = True)
data['LotAreaCut'] = pd.qcut(data['LotArea'], 10)    # 按照数字大小,十个为一组将特征划分,目的是防止下面取中位数后仍为 NaN
data['LotFrontage'] = data.groupby(['LotAreaCut', 'Neighborhood'])['LotFrontage'].transform(lambda x: x.fillna(x.median()))
data['LotFrontage'] = data.groupby(['LotAreaCut'])['LotFrontage'].transform(lambda x:x.fillna(x.median()))   # 按照 LotAreaCut 和 Neighborhood 分组后的中位数进行填补 NaN
```

（4）特征工程（feature engineering）

① 从原始数据中提取出特征值以供使用：对于部分特征数值无具体数量含义，或与房价没有很强烈的正相关关系，将离散型的数字特征转为字符串；

② 手动识别出那些不适合用 LabelEncoder 处理的特征，例如每个值对应的价格平均数差额较大，对于这些特征使用手动分类；

③ LabelEncoder 处理特征，比如年份，越老的房子相对越便宜，价格曲线波动较小；

④ 数据平滑处理，增添虚拟变量。平滑处理指的是使特征的峰度更符合高斯分布，虚拟变量指的是通过 skew_dummies 使所有特征转为数值变量，也就是 one-hot 特征。代码如下。

```
class labelenc(BaseEstimator, TransformerMixin):        # 标签编码
    def __init__(self):
        pass
    def fit(self, X, y = None):
        return self
    def transform(self, X):
        lab = LabelEncoder()
        X['YearBuilt'] = lab.fit_transform(X['YearBuilt'])
        X['YearRemodAdd'] = lab.fit_transform(X['YearRemodAdd'])
        X['GarageYrBlt'] = lab.fit_transform(X['GarageYrBlt'])
```

```
            return X
class skew_dummies(BaseEstimator, TransformerMixin):            # 数据平滑处理,增添虚拟变量
    def __init__(self, skew = 0.5):
        self.skew = skew
    def fit(self, X, y = None):
        return self
    def transform(self, X):
        X_numeric = X.select_dtypes(exclude = ["object"])    # 剔除文字类型特征
        skewness = X_numeric.apply(lambda x: skew(x))        # 计算数字类型特征数据峰度
        # 提取峰度大于阈值的特征 index
        skewness_feature = skewness[abs(skewness) >= self.skew].index
        X[skewness_feature] = np.log1p(X[skewness_feature])    # 数据平滑处理
        X = pd.get_dummies(X)                                  # 增添虚拟变量,增添 one-hot 特征
        return X
NumStr = ["MSSubClass", "BsmtFullBath", "BsmtHalfBath", "HalfBath", "BedroomAbvGr",
"KitchenAbvGr", "MoSold", "YrSold", "YearBuilt", "YearRemodAdd", "LowQualFinSF", "GarageYrBlt"]
for col in NumStr:
    data[col] = data[col].astype(str)
# 手动分类,用于处理不能直接用 LabelEncoder 的特征
data.groupby(['MSSubClass'])[['SalePrice']].agg(['mean','median','count'])
data = map_values(data)
print('after map_value:', data.shape)
data.drop("LotAreaCut", axis = 1, inplace = True)            # 删掉无作用的两个特征
data.drop(['SalePrice'], axis = 1, inplace = True)
# 封装处理步骤,并处理数据 (1.标准化标签 2.数据平滑处理,增添虚拟变量)
pipe = Pipeline([('labenc', labelenc()), ('skew_dummies', skew_dummies(skew = 1))])
copy = data.copy()
data_pipe = pipe.fit_transform(copy)
print('after pipe1:', data_pipe.shape)
```

(5) PCA 降维

通过提取保留数据的某些主要特征,来对数据进行降维,从而减少输入层神经元的个数。代码如下。

```
def pca_manage(train, n_components):
    print("feature number is --- " + str(n_components))
pca = PCA(svd_solver = 'auto', n_components = n_components, whiten = True).fit(train)
    with open('pca.pickle','wb') as f:
        pickle.dump(pca, f)
    return pca
```

(6) 神经网络搭建

神经网络的架构由输入层、隐藏层和输出层构成,输入层的神经元个数与输入数据的维度(即特征值)基本相同,隐藏层的神经元个数则需要根据具体情况设置,输出层的神经元个数与我们要进行拟合的数据个数相同。我们输入样本和标签到网络,网络通过不断更新内部的参数来对数据进行拟合,但是网络并不是直接训练内部的参数,而是使用反向传

播，通过训练损失值来更新参数。这里的损失值可以简单理解为神经网络的漏洞。通过对漏洞进行补充，我们可以达到一个更理想的结果。本例中有一些特别的点需要注意：使用L2进行正则化（权重衰减）。权重衰减是一种常用的正则化技术，它通过在损失函数中添加一个惩罚项来限制模型的复杂度，从而防止过拟合；loss函数选择了均方根误差来进行训练。代码如下。

```python
train_x_data = x_train_scaled[:1200]
test_x_data = x_train_scaled[1200:]
train_y_data = label[:1200]
test_y_data = label[1200:]
input_size = 410
num_classes = 1
model = tf.keras.Sequential([tf.keras.layers.Dense(2 * input_size + 1, activation = 'relu',
    input_shape = (input_size,)),tf.keras.layers.Dense(num_classes)])
model.compile(optimizer = tf.keras.optimizers.Adam(learning_rate = 0.01),
    loss = tf.keras.losses.MeanSquaredError(),metrics = ['mse'])             #创建神经网络
history = model.fit(train_x_data, train_y_data, epochs = 800, verbose = 0)   #训练模型
train_loss = model.evaluate(train_x_data, train_y_data)                       #训练集误差值
test_loss = model.evaluate(test_x_data, test_y_data)                          #测试集误差值
print('train_mean_squared_error:', train_loss[1], 'test_mean_squared_error:', test_loss[1])
```

输出结果如下。

```
origion data shape:(2917,80)
after map_value:(2917,103)
after pipe1:(2917,405)
after normalizion(1458,405)
after pipe2:(2917,426)
after PCA:(1458,410)(1459,410)
```

通过以上输出结果我们可以看到，整体数据集的 shape 随着我们的处理在一步步变化，越来越便于处理。

原始数据中，训练数据加测试数据的 shape 为 2917×80。经过 map 函数处理，返回了迭代后的数据集的 shape 为 2917×103。两次封装处理后，得到的结果分别为 2917×405 和 2917×426，可以看到第二次的处理结果较好，所以选用 pipe2 的结果。最终经过 PCA 降维，我们得到了 shape 为 1458×410 和 1459×410 的数据。

训练结果如下。

```
38/38 ——————————— 0s 2ms/step - loss: 0.0097 - mse: 0.0097
9/9 ——————————— 0s 2ms/step - loss: 0.0827 - mse: 0.0827
train_mean_squared_error: 0.009451250545680523
test_mean_squared_error: 0.08346598595380783
46/46 ——————————— 0s 3ms/step
```

然后我们通过 MSE 检测模型的预测值和真实值之间的偏差，进行回归评价。训练数

据和测试数据的误差值分别为 0.009 和 0.083。证明我们的预测值和真实值之间误差较小,训练结果较好。

(7) 房价预测

通过数据我们可以得到根据房子的不同特征如公共设施差异、电气、厨房质量、销售类型等预测得出的房价数据。将测试集数据代入模型,我们得到了房价的预测结果数据(存储在 result.csv 文件中),代码如下。

```
result = model.predict(x_test_scaled)
result = [np.exp(x) for x in result]
csv_write(result)
```

预测的房价部分数据如图 7-24 所示。

图 7-24 中第一列为房子的 ID 序号,第二列为预测的房价。

Id	SalePrice
1461	126238.67
1462	126021.21
1463	192523.12
1464	112747.37
1465	159580.19
1466	178262.94
1467	249813.42
1468	146308.92
1469	206276.5
1470	218174.34

图 7-24 预测的房价部分数据

7.6.2 图像识别——基于卷积神经网络的商务决策

1. 问题分析

在商务决策中,图像识别技术正展现出其广泛的应用价值。通过精准的图像识别,企业能够高效地辅助商品库存管理、实时监控、客流量分析以及实现精准推荐等关键业务环节。这些应用不仅提升了企业的运营效率,也为顾客带来了更为个性化的体验。为了深入探索图像识别在商务决策中的实际应用,本节将运用先进的卷积神经网络进行图像识别。

2. 数据来源

本案例选用了 Kaggle 平台上的 Dogs vs. Cats 猫狗识别项目,该项目要求参赛者运用卷积神经网络技术,通过训练模型实现对猫和狗的准确分类。比赛界面如图 7-25 所示,链接为 https://www.kaggle.com/competitions/dogs-vs-cats。通过这个项目,我们期望能够进一步挖掘图像识别技术在商务决策中的潜力,为企业的数字化转型和智能化升级提供有力支持。

本节构建一个基本的模型框架供读者了解其基本原理。卷积神经网络主要用于对图像进行分类或识别它们之间的模式相似性。因此,卷积神经网络接收一个正常的彩色图像作为一个矩形框,其宽度和高度是由沿着这些尺寸的像素数量测量的,其深度是三层深,每一个字母的 RGB,这些深度层被称为渠道。为了简化需要,我们在这里只考虑灰度图像。当图像通过卷积网络移动时,不同的模式就像正常的神经网络一样被识别出来。卷积神经网络不是一次只关注一个像素,而是接收像素的方形斑块并通过一个过滤器。该过滤器也是一个比图像本身小的正方形矩阵,在大小上与补丁相等,它也被称为内核。

3. 基于卷积神经网络的商务决策过程

(1) 数据集处理

猫狗识别数据集共包含 25000 张 JPEG 数据集照片,其中猫和狗的照片各占 12500 张。

图 7-25　Dogs vs. Cats 猫狗识别 Kaggle 比赛界面

由于数据集数量过大，因此我们在下载的 Kaggle 数据集基础上，创建一个新的小数据集，其中包含三个子集，即猫和狗的数据集：各 1000 个样本的训练集 train、各 500 个样本的验证集 validation、各 500 个样本的测试集 test。代码如下。

代码 7.6.2

```python
import os, shutil
original_dataset_dir = './input/train'              # kaggle所有数据集路径
base_dir = './input/cats_and_dogs_small'            # 新的小数据集放置路径
os.mkdir(base_dir)
train_dir = os.path.join(base_dir, 'train')
os.mkdir(train_dir)
validation_dir = os.path.join(base_dir, 'validation')
os.mkdir(validation_dir)
test_dir = os.path.join(base_dir, 'test')
os.mkdir(test_dir)
train_cats_dir = os.path.join(train_dir, 'cats')
os.mkdir(train_cats_dir)
train_dogs_dir = os.path.join(train_dir, 'dogs')
os.mkdir(train_dogs_dir)
validation_cats_dir = os.path.join(validation_dir, 'cats')
os.mkdir(validation_cats_dir)
validation_dogs_dir = os.path.join(validation_dir, 'dogs')
os.mkdir(validation_dogs_dir)
test_cats_dir = os.path.join(test_dir, 'cats')
os.mkdir(test_cats_dir)
test_dogs_dir = os.path.join(test_dir, 'dogs')
os.mkdir(test_dogs_dir)

fnames = ['cat.{}.jpg'.format(i) for i in range(1000)]
```

```python
for fname in fnames:
    src = os.path.join(original_dataset_dir, fname)
    dst = os.path.join(train_cats_dir, fname)
    shutil.copyfile(src, dst)

fnames = ['cat.{}.jpg'.format(i) for i in range(1000, 1500)]
for fname in fnames:
    src = os.path.join(original_dataset_dir, fname)
    dst = os.path.join(validation_cats_dir, fname)
    shutil.copyfile(src, dst)

fnames = ['cat.{}.jpg'.format(i) for i in range(1500, 2000)]
for fname in fnames:
    src = os.path.join(original_dataset_dir, fname)
    dst = os.path.join(test_cats_dir, fname)
    shutil.copyfile(src, dst)

fnames = ['dog.{}.jpg'.format(i) for i in range(1000)]
for fname in fnames:
    src = os.path.join(original_dataset_dir, fname)
    dst = os.path.join(train_dogs_dir, fname)
    shutil.copyfile(src, dst)

fnames = ['dog.{}.jpg'.format(i) for i in range(1000, 1500)]
for fname in fnames:
    src = os.path.join(original_dataset_dir, fname)
    dst = os.path.join(validation_dogs_dir, fname)
    shutil.copyfile(src, dst)

fnames = ['dog.{}.jpg'.format(i) for i in range(1500, 2000)]
for fname in fnames:
    src = os.path.join(original_dataset_dir, fname)
    dst = os.path.join(test_dogs_dir, fname)
    shutil.copyfile(src, dst)
print('total training cat images:', len(os.listdir(train_cats_dir)))
print('total training dog images:', len(os.listdir(train_dogs_dir)))
print('total validation cat images:', len(os.listdir(validation_cats_dir)))
print('total validation dog images:', len(os.listdir(validation_dogs_dir)))
print('total test cat images:', len(os.listdir(test_cats_dir)))
print('total test dog images:', len(os.listdir(test_dogs_dir)))
```

输出结果如下。

```
total training cat images: 1000
total training dog images: 1000
total validation cat images: 500
total validation dog images: 500
```

```
total test cat images: 500
total test dog images: 500
```

输出结果表示训练集中有 1000 张猫图片、1000 张狗图片,验证集中有 500 张猫图片、500 张狗图片,测试集中有 500 张猫图片、500 张狗图片。

(2) 导入相关库

本案例需要导入 Tensorflow、Keras 库用于构建模型,代码如下。

```
import matplotlib.pyplot as plt
from keras import layers
from keras import models
from tensorflow.keras import optimizers
from keras.preprocessing.image import ImageDataGenerator
```

(3) 构建猫狗分类的小型卷积神经网络

本案例分别添加了 4 层卷积层和 4 层最大池化层。运用的是 Sequential 顺序模型。添加卷积层、池化层、拉平层、全连接层到模型中。卷积层的过滤器数量逐次增加,strides 使用默认值 1。最大池化层,strides 默认和 pool_size 等设置为 2,意味着,最大池化层每次都能将图片宽高压缩一半,代码如下。

```
model = models.Sequential()
model.add(layers.Conv2D(32,(3,3),activation = 'relu',input_shape = (150, 150, 3)))
model.add(layers.MaxPooling2D((2, 2)))
model.add(layers.Conv2D(64, (3, 3), activation = 'relu'))
model.add(layers.MaxPooling2D((2, 2)))
model.add(layers.Conv2D(128, (3, 3), activation = 'relu'))
model.add(layers.MaxPooling2D((2, 2)))
model.add(layers.Conv2D(128, (3, 3), activation = 'relu'))
model.add(layers.MaxPooling2D((2, 2)))
model.add(layers.Flatten())
model.add(layers.Dense(512, activation = 'relu'))
model.add(layers.Dense(1, activation = 'sigmoid'))
print(model.summary())
model.compile(loss = 'binary_crossentropy',optimizer = optimizers.RMSprop(lr = 1e - 4),
metrics = ['acc'])
```

输出结果如图 7-26 所示。

通过图 7-26 可知,这个模型一共有 3453121 个参数,只有卷积层和全连接层有参数,且全连接层的参数个数远远超过卷积层。

我们通过数据增强对图像预处理以获得更多的、类似的、多样化的数据。通过 ImageDataGenerator() 函数生成训练集和测试集数据的过程为:每次从文件夹中取 batch_size=20 张图片进行处理。对其中每张图片按照中 train_datagen 和 test_datagen 的定义均除以 255,然后将大小变为 (150,150)。代码如下。

```
Model: "sequential"
Layer (type)                    Output Shape              Param #
=================================================================
conv2d (Conv2D)                 (None, 148, 148, 32)      896
max_pooling2d (MaxPooling2      (None, 74, 74, 32)        0
D)
conv2d_1 (Conv2D)               (None, 72, 72, 64)        18496
max_pooling2d_1 (MaxPoolin      (None, 36, 36, 64)        0
g2D)
conv2d_2 (Conv2D)               (None, 34, 34, 128)       73856
max_pooling2d_2 (MaxPoolin      (None, 17, 17, 128)       0
g2D)
conv2d_3 (Conv2D)               (None, 15, 15, 128)       147584
max_pooling2d_3 (MaxPoolin      (None, 7, 7, 128)         0
g2D)
flatten (Flatten)               (None, 6272)              0
dense (Dense)                   (None, 512)               3211776
dense_1 (Dense)                 (None, 1)                 513
=================================================================
Total params: 3453121 (13.17 MB)
Trainable params: 3453121 (13.17 MB)
Non-trainable params: 0 (0.00 Byte)
```

图 7-26　特征图维度变化

```
train_datagen = ImageDataGenerator(rescale = 1./255)
test_datagen = ImageDataGenerator(rescale = 1./255)
train_dir = './input/cats_and_dogs_small/train'    # 此处改成自己的路径
validation_dir = './input/cats_and_dogs_small/validation'
train_generator = train_datagen.flow_from_directory(train_dir, target_size = (150, 150),
batch_size = 20,class_mode = 'binary')
validation_generator = test_datagen.flow_from_directory(validation_dir,target_size = (150,
150),class_mode = 'binary')
```

利用批量生成器拟合模型，并保存模型，代码如下。

```
catdogdata = model.fit_generator(train_generator, steps_per_epoch = 100, epochs = 30,
validation_data = validation_generator,validation_steps = 50)
model.save('./input/cats_and_dogs_small2')
```

(4) 绘制精度和损失

运用 matplotlib 绘制模型的精度和损失，代码如下。

```
acc = catdogdata.history['acc']
val_acc = catdogdata.history['val_acc']
loss = catdogdata.history['loss']
val_loss = catdogdata.history['val_loss']
epochs = range(1, len(acc) + 1)
```

```
plt.plot(epochs, acc, 'bo', label = 'Training acc')
plt.plot(epochs, val_acc, 'b', label = 'Validation acc')
plt.title('Training and validation accuracy')
plt.legend()
plt.figure()
plt.plot(epochs, loss, 'bo', label = 'Training loss')
plt.plot(epochs, val_loss, 'b', label = 'Validation loss')
plt.title('Training and validation loss')
plt.legend()
plt.show()
```

经过 100 个轮次，模型训练完毕，输出部分结果如图 7-27、图 7-28 和图 7-29 所示。

```
Epoch 22/30
100/100 [==============================] - 55s 543ms/step - loss: 0.0269 - acc: 0.9915
Epoch 23/30
100/100 [==============================] - 70s 697ms/step - loss: 0.0834 - acc: 0.9840
Epoch 24/30
100/100 [==============================] - 61s 612ms/step - loss: 0.0438 - acc: 0.9900
Epoch 25/30
100/100 [==============================] - 52s 514ms/step - loss: 0.0611 - acc: 0.9870
Epoch 26/30
100/100 [==============================] - 57s 566ms/step - loss: 0.0572 - acc: 0.9845
Epoch 27/30
100/100 [==============================] - 59s 591ms/step - loss: 0.0811 - acc: 0.9820
Epoch 28/30
100/100 [==============================] - 65s 650ms/step - loss: 0.0115 - acc: 0.9960
Epoch 29/30
100/100 [==============================] - 76s 754ms/step - loss: 0.0399 - acc: 0.9920
Epoch 30/30
100/100 [==============================] - 49s 490ms/step - loss: 0.0379 - acc: 0.9905
```

图 7-27　模型的精度和损失数据

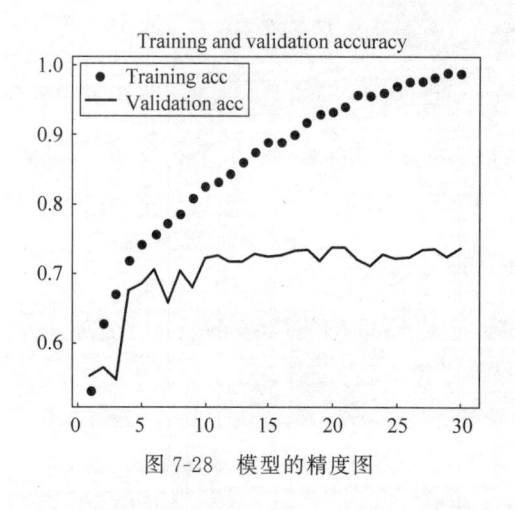

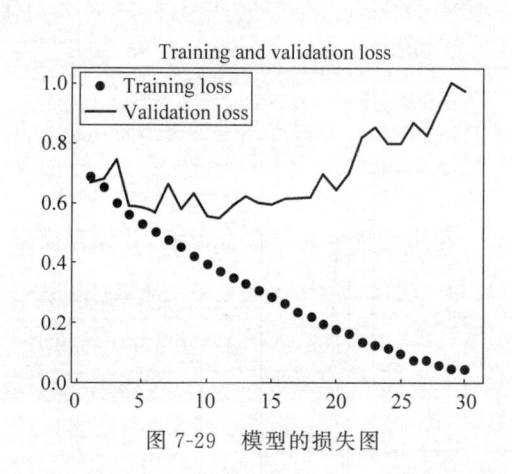

图 7-28　模型的精度图

图 7-29　模型的损失图

由图 7-27 可以发现，30 个 epoch，每个 epoch 大概需要 60 秒，在训练集上的准确率很高，在 98％左右。训练集、验证集准确率如图 7-28 所示，随着迭代次数越来越多，训练集、验证集准确率也越来越高。训练集、验证集错误率如图 7-29 所示，随着迭代次数越来越多，训练集错误率越来越低，但验证集错误率先低后高。

练 习 题

1. 简述神经网络的基本组成单元,并解释其工作原理。
2. 什么是反向传播算法?它在神经网络训练中的作用是什么?
3. 使用 Python 实现一个简单的反向传播神经网络,包括前向传播和反向传播过程。网络包括一个输入层、一个隐藏层和一个输出层。使用 sigmoid 激活函数,并使用均方误差(MSE)作为损失函数。
4. 使用 Keras 库实现一个简单的神经网络,使用鸢尾花数据集进行分类任务。网络包括一个输入层、一个或多个隐藏层,以及一个输出层。

即测即练题

参 考 文 献

[1] BEN-HUR Asa, HORN D, Siegelmann H, et al. Support vector clustering[J]. Journal of Machine Learning Research, 2001, 2: 125-137.

[2] CYBENKO G. Approximation by superpositions of a sigmoidal function[J]. Mathematics of Control, Signals and Systems, 1989, 2(4): 303-314.

[3] DUNHAM M H. Data Mining Introductory and Advanced Topics [M]. Prentice Hall/Pearson Education, 2003.

[4] ESTIVILL-CASTRO V. Why so many clustering algorithms: a position paper[J]. ACM SIGKDD explorations newsletter, 2002, 4(1): 65-75.

[5] HIPP J, GüNTZER U, NAKHAEIZADEH G. Algorithms for association rule mining-a general survey and comparison[J]. ACM sigkdd explorations newsletter, 2000, 2: 58-64.

[6] HINTON G, DENG L, YU D, et al. Deep neural networks for acoustic modeling in speech recognition: The shared views of four research groups[J]. IEEE Signal processing magazine, 2012, 29(6): 82-97.

[7] KOTSIANTIS S, KANELLOPOULOS D. Association rules mining: A recent overview[J]. GESTS International Transactions on Computer Science and Engineering, 2006, 32: 71-82.

[8] MISHRA V, MISHRA T K, MISHRA A. Algorithms for Association Rule Mining: A General Survey on Benefits And Drawbacks of Algorithms [J]. International Journal of Advanced Research in Computer Science, 2013, 4(3): 58-64.

[9] MEYER D, LEISCH F, HORNIK K. The support vector machine under test[J]. Neurocomputing, 2003, 55 (1-2): 169-186.

[10] Miljanovic M. Comparative analysis of recurrent and finite impulse response neural networks in time series prediction[J]. Indian Journal of Computer Science and Engineering, 2012, 3(1): 180-191.

[11] Rosenblatt F. The perceptron: a probabilistic model for information storage and organization in the brain[J]. Psychological review, 1958, 65(6): 386.

[12] Sokal R R, Michener C D, Kansas U O. A Statistical Method for Evaluating Systematic Relationships [M]. University of Kansas, 1958.

[13] SENGUPTA S, BASAK S, SAIKIA P, et al. A review of deep learning with special emphasis on architectures, applications and recent trends[J]. Knowledge-Based Systems. 2020, 194: 105596.

[14] SHRESTHA A, Mahmood A. Review of Deep Learning Algorithms and Architectures[J]. IEEE Access, 2019, 7: 53040-53065.

[15] XU D, TIAN Y. A. Comprehensive Survey of Clustering Algorithms[J]. Annals of Data Science, 2015, 2(2): 165-193.

[16] 周志华. 机器学习[M]. 北京: 清华大学出版社, 2016.

[17] 邓立国, 郭雅秋, 陈子尧, 等. scikit-learn 机器学习实战[M]. 北京: 清华大学出版社, 2022.

[18] 王宇韬, 钱妍竹. Python 大数据分析与机器学习商业案例实战[M]. 北京: 机械工业出版社, 2020.

[19] VASWANI A, SHAZEER N, PARMAR N, et al. Attention is all you need[J]. Advances in Neural Information Processing Systems, 2017, 30: 5998-6008.

[20] HE K, ZHANG X, Ren S, et al. Deep residual learning for image recognition[J]. Proceedings of the IEEE conference on computer vision and pattern recognition, 2016, 770-778.

[21] GOODFELLOW I,BENGIO Y,COURVILLE A Deep learning[M]. MIT Press,2016.
[22] SILVER D,HUANG A,MADDISON CJ,et al. Mastering the game of Go with deep neural networks and tree search[J]. Nature,2016,529(7587):484-489.
[23] 马克明,周志华.深度学习模型的自适应训练方法[J].计算机研究与发展,2023,60(1):150-162.
[24] 张明华,张强,王小明.基于深度神经网络的图像识别研究进展[J].模式识别与人工智能,2022,35(2):321-335.

教师服务

感谢您选用清华大学出版社的教材！为了更好地服务教学，我们为授课教师提供本书的教学辅助资源，以及本学科重点教材信息。请您扫码获取。

》 教辅获取

本书教辅资源，授课教师扫码获取

》 样书赠送

管理科学与工程类 重点教材，教师扫码获取样书

清华大学出版社

E-mail: tupfuwu@163.com
电话：010-83470332 / 83470142
地址：北京市海淀区双清路学研大厦 B 座 509
网址：https://www.tup.com.cn/
传真：8610-83470107
邮编：100084